读客中国史入门文库

顺着文库编号读历史，中国史来龙去脉无比清晰！

三国不演义

刘关张从未桃园结义？诸葛亮更没草船借箭？

翻开本书，还原历史上真实的曹操、刘备、诸葛亮……

王觉仁　著

河南文艺出版社

·郑州·

图书在版编目（CIP）数据

三国不演义 / 王觉仁著. -- 郑州 ：河南文艺出版社，2021.7（2025.4重印）
ISBN 978-7-5559-1177-7

Ⅰ. ①三… Ⅱ. ①王… Ⅲ. ①中国历史－三国时代－通俗读物 Ⅳ. ①K236.09

中国版本图书馆CIP数据核字（2021）第114284号

三国不演义

著　　者 王觉仁
责任编辑 梁素娟
特约编辑 王　珺　　乔佳晨
责任校对 殷现堂
策　　划 读客文化
版　　权 读客文化
封面设计 陈　晨
封面插画 朱嘉伟
出版发行 河南文艺出版社
印　　刷 三河市龙大印装有限公司
开　　本 710mm × 1000mm 1/16
印　　张 19
字　　数 273千
版　　次 2021年7月第1版　2025年4月第9次印刷
定　　价 54.00元

如有印刷、装订质量问题，请致电010-87681002（免费更换，邮寄到付）

目　录

第一章　大汉帝国的黄昏

第二章　三国一哥成长史

第三章　乱世开场

第四章　军阀割据

第五章　挟天子以令诸侯

第六章　下一个出局者

第七章　官渡之战

第八章　北方的平定

第一章
大汉帝国的黄昏

奇葩天子的鸵鸟术

东汉，光和六年（公元 183 年）春。

三月二十一日，朝廷大赦天下。

这是汉灵帝刘宏即位的第十六个年头，也是他第十五次大赦天下。

是的，你没看错，几乎每年都来一次。纵观刘宏一生，在位二十一年，足足大赦了二十次天下。据《后汉书》记载，仅登基之初的建宁三年（公元 170 年）是例外，之后每年必赦，相当持之以恒，可以说是不死不休。

在中国古代，大赦天下本也是常事，但凡登基、改元、册封皇后什么的，通常都要赦一下，可像刘宏赦得如此频繁、如此一以贯之的，委实也不多见。

其实，刘宏也并不想把“大赦天下”当饭吃，可他不得不这么做。因为自从当上大汉天子，这个将近四百岁的老大帝国就仿佛开启了末日模式——外有鲜卑年年入寇，内有叛乱此起彼伏，还有干旱、洪水、蝗灾、瘟疫、地震、山崩、海啸等自然灾害，也跟约好了似的纷至沓来，轮番肆虐，把刘宏搞得很头大。

所以，刘宏只能频频以“大赦天下”来安慰臣民，顺便自我麻醉。到后来他几乎形成了条件反射，连京城有个民妇生了一对“两头四臂”的连体婴，感觉不祥的刘宏也要赶紧大赦一下（《后汉书·孝灵帝纪》：“洛阳女子生儿，两头四臂。”）。

都说“国之将亡，必有妖孽”，老话诚不欺我。若是个别妇人生一两个怪胎倒也罢了，问题是连畜生们也跟着添乱。

就拿光和元年（公元 178 年）来说吧。这年四月间，中央官署“侍中寺”里有只母鸡竟突然变性，“雌鸡化为雄”，不但长出鸡冠还打起了鸣；六月，天子寝宫温德殿东边的院子里，突然有条十几丈长的“黑气”从天而降，目击者声称看见了一条龙；等到了冬天，洛阳坊间有匹马居然生下了一个人……不知道这是不是有人存心恶搞，反正《后汉书》是正儿八经把它载入史册了，《后汉书·孝灵帝纪》里白纸黑字写着：“是岁……京师马生人。”

刘宏被这一系列诡异事件弄得心神不宁，就责成大臣们做出解释。议郎蔡邕上奏：“这是上天对天子的告诫和谴责，因为天子亲近宦官、女子和小人。”

刘宏一听就很不爽，加上宦官头子大长秋曹节、中常侍王甫在一旁煽风点火，便把蔡邕打入了大牢，还准备押赴闹市砍头。后来有人替蔡邕求情，才改判为流放朔方。

蔡邕说天子亲近宦官，这事天下人都知道，算不上什么秘密，但很多事就是这样——他当领导的可以做，你做下属的就是不能说，敢说就死定了。

平心而论，“宦官乱政”并非灵帝一朝的特产，而是东汉王朝由来已久的一大痼疾。若究其病因，就不得不追溯到东汉历代天子的寿命问题。

东汉共有十三任正统皇帝（在安帝和顺帝之间，还有一位北乡侯刘懿做过半年多皇帝便去世了，正史未单独为其列传，故不被视为正统），光武帝刘秀活得最久，按周岁算，卒年 62 岁，之后就开始一路走下坡：明帝刘庄 47 岁，章帝刘炟 32 岁，和帝刘肇 27 岁。再往后的儿孙皇帝们，更是竞相刷新天子早亡的纪录：殇帝刘隆不到 1 岁，安帝刘祜 31 岁，顺帝刘保 29 岁，冲帝刘炳仅 2 岁，质帝刘缵仅 8 岁，桓帝刘志 35 岁；而我们眼前的这位灵帝刘宏，到头来也只活了 32 岁（一说 33 岁）；少帝刘辩仅 24 岁，最后一位亡国之君献帝刘协，尽管一辈子活得战战兢兢朝不保夕，反倒是苦撑苦熬地挨到53岁才闭眼。

如果掐头去尾来算的话，中间的十一个皇帝平均寿命才24岁半。放在今天，也就大学毕业两年多，职场的门道还没摸清呢，就莫名其妙毙了命。

没有人知道东汉的天子们为何都那么短命，仿佛被下了什么恶毒的诅咒一样。

其实，东汉皇帝早亡的原因并不重要，就历史而言，重要的是研究这个现象所导致的后果。

翻开史书，我们不难发现，“东汉诸帝皆不永年”这一事实，直接导致了两个极其严重的政治后果：

一、外戚擅权；

二、宦官乱政。

为什么会产生这样的恶果？

道理很简单：天子早亡，自然膝下无子或仅有幼子，结果便是幼主即位。而幼主即位，母后自然要临朝听政，然后一帮外戚就会入主中枢、独揽大权。等到小皇帝慢慢长大，必然不甘心大权旁落，于是就与最亲近的宦官联手，诛杀外戚。宦官由此立下大功，遂取代外戚掌控大权，然后迫害忠良，祸乱朝政，种种倒行逆施比起外戚有过之无不及。没过多久，宿命降临，天子年纪轻轻又驾崩了，于是新一轮的“幼主即位、母后临朝、外戚擅权、宦官乱政”的戏码便再次上演……

整个东汉中后期差不多一百年的历史，基本上都是在这一毫无想象力的老套剧情中绕来绕去，求出无期。

用哲学家尼采的话说，这叫“永恒轮回”。

用中国老百姓的话说，这就叫“鬼打墙”。

于是，帝国政治就在这样一个令人无奈的死循环中渐渐糜烂。等交到灵帝刘宏的手上时，东汉王朝早已成为一个名副其实的烂摊子。

不过此刻，距离这个烂摊子的最终破产还有些时日，所以刘宏尚且可以慢慢折腾。

如果给中国历史上的皇帝做一个昏君排行榜，刘宏能进入前十，相信不会有太大争议。

至于上榜理由，除了前面提到的频繁大赦，其他随便列出几条，都足以令人大跌眼镜。

首先，就是公开卖官。

稍微了解中国历史的人都知道，“卖官鬻爵”向来是一种极其恶劣的腐败行为，历代统治者无不对此深恶痛绝，必欲除之而后快。然而刘宏偏偏反其道而行之，竟然堂而皇之地在宫中设立了卖官署，明码标价地公开出售各级官职：官秩四百石的卖价四百万，官秩二千石的卖价二千万，以此类推，一石官秩卖一万钱。

除了全自费的，还有半自费的。比如那些被朝廷征辟或地方察举的官员，想要走马上任，就得先交纳一半或三分之一的费用。

除了固定价格，还有浮动价格。比如要当一个地方的县令，就要视此地的财政收入和经济水平来厘定价格，一线的膏腴之地卖得贵，十八线小县城就便宜得多，品种多样，任君选购。

除了一次性付款，还可以办理分期还款。买官者若无法全额付清，可以先交首付就去上任，然后分期还款，当然还要加上贷款利息。总之，规则跟我们今天的按揭买房并无二致。以后要是有人跟你说，“按揭”这种玩法是西方经济学的发明，或者说是什么现代化的金融工具，你大可以拿这个证据去告诉他这不过是我们古代皇帝玩剩下的。

以上都是公开出售的，还有一种属于内部特惠，如果你有本事跟天子身边的人攀上关系（诸如宦官或奶妈之类），就能享受更大的优惠：三公之位，一千万；九卿之位，五百万。

就这样，“卖官”在灵帝一朝成了一项新型经济产业，“买官”也就成了一种全新的投资方式。不论你是商人还是农民，也不管是文盲还是流氓，只要凑够本钱，就可以买个一官半职，等到了任上再去拼命搜刮。

羊毛出在羊身上。可想而知，到头来，老百姓还是所有成本的最终承担者。

刘宏把卖官生意做得红红火火，四面八方的财富滚滚而来。不过，要是以为这些钱都进了国库，那你就错了，刘宏没那么傻。从头到尾，所有卖官收入分文不少地流入了他设在皇宫西园的小金库。

皇帝天天躺着数钱，可怜的是下面一些穷得叮当响的清官。当时，一个叫司马直的官员，按正常程序准备就任巨鹿太守，却因为两袖清风、囊中羞涩无法上任。刘宏知道他没钱，就破例给了他一个优惠价，减免三百万。可司马直还是交不出，只能仰天长叹：“为民父母，反而要盘剥百姓以求官，吾不忍也。”于是托病辞官。

刘宏不准，强迫他交钱上任。

司马直走投无路，被迫自杀。

除了卖官，刘宏还喜欢各种搞怪，借以丰富自己的业余文化生活。

他挖空心思地在后宫开发了一条商业街，让宫女们扮成商贩和顾客，买卖货物，讨价还价，卖力吆喝，相互竞争；还让宫女扮成小偷，挤在人群里偷东西；而他本人则扮成招摇过市的大款和她们做生意，玩得不亦乐乎。

搞完了商业街，刘宏余兴未消，又把西园改造成了动物乐园，让成群结队的狗都戴上官员的冠帽，佩上官员的印绶，前呼后拥向他朝拜；刘宏则亲自驾驶四头驴拉的车子，一边在西园来回转悠，一边对着那些狗大喊“狗官”。

不知道刘宏的这声“狗官”有没有指桑骂槐的意味，反正我料想，当时的朝臣们听了，心里一定很不是滋味。

据史书称，天子“驾驴巡游”的行为艺术很快引发了一场时尚潮流。一时间，洛阳的官绅士民纷纷效仿，满大街都跑起了驴车。驴市行情立刻看涨，价格贵得跟马一样。

碰见这样的皇帝，我们只能用一句话来形容：

这真是一个奇葩。

时至光和年间，将近四百岁的大汉帝国已经像一间破茅屋一样四面漏风、摇摇欲坠，可灵帝刘宏依旧活得轻松自在。虽然接踵而至的外患、内乱和各种天灾人祸不时也会让他心烦，但充其量就像微风掠过湖面，荡起几丝涟漪后，一切便又复归平静。

就拿光和六年（公元 183 年）来说，夏天，多地爆发严重干旱；入秋，金城郡（今甘肃兰州市）一带的黄河暴涨，泛滥了二十多里；不久，五原郡

（今内蒙古包头市）又发生了山崩。可想而知，一定有不少百姓受灾，而且活在水深火热之中。然而遍翻史书，却很少看到朝廷有什么赈灾举措，倒是在《后汉书·孝灵帝纪》中，有一条这样的记载："河内人妇食夫，河南人夫食妇。"

冷冰冰的十二个字，不动声色地躺在泛黄的史料中。稍不留意，你可能就错过了。

能让惜墨如金的史家愿意记录下来，想必不是个例，况且"河内""河南"本身就表明事件在多地发生。我不敢去想象大规模的"夫妇相食"会是怎样的一幕人间惨剧，光是这不带丝毫感情色彩的十二个字，就足以刺痛我的眼睛了。

对刘宏而言，拨款赈灾是没有的，心生忧患也是没有的。

你干旱，你涨水，你山崩，你母鸡变性，你夫妇相食……都没问题，我刘宏大赦天下了啊！

是的，任你妖孽横生四海沸腾，大汉天子刘宏有且只有大赦天下。

千百年来，无数后人读史至此，或许都会在内心深处发出一句诅咒："大汉不亡，天理难容。"

这一年，有个名叫张角的巨鹿人想必就在发出这样的诅咒，因为时隔不久，他就喊出一句震惊天下的口号：苍天已死，黄天当立！

不过此刻，他还躲在历史的暗处，尚未走到聚光灯下。

早在十余年前，差不多与刘宏登基同时，张角就以传道的方式开始招揽徒众了。

张角称自己是神派来的救世主——"大贤良师"。他告诉那些贫病交加的人：你之所以受苦，是因为在道德上有罪，所以要向神跪拜和忏悔。

神在哪里？

凡夫俗子们看不见。

张角说：你们被罪恶覆盖，所以看不见。不过没关系，你们可以看见神的使者，那就是我——大贤良师。

可是，您为何能做大贤良师呢？

张角微微一笑：行吧，那我露一手。

他端出一碗声称被自己祝福过的符水，让信徒喝下去。说来也怪，喝完那碗浑浊的符水，有些病人的病居然就好了。原本还半信半疑的信徒们顿时佩服得五体投地，随即奔走相告。

“太平道”迅速风靡天下。十余年间，张角的信众就遍布青、徐、幽、冀、荆、扬、兖、豫八州，有人甚至变卖了财产前去投奔。据说，由于投奔的人实在太多，一度引起了交通堵塞。而且，来不及赶到地方就病死在半路的，有上万人之多。

当时，很多州牧郡守得知张角治病救人后，无不交口称赞，说他深受群众爱戴，还鼓励人民向善，推广教化，是个好人啊！

消息很快传到朝廷。当朝太尉杨赐听说后，第一反应不是感动，而是警惕。因为聚众传道这种事，在任何朝代都是很敏感的，何况今日汉朝正值内忧外患、四方骚然之时，这个张大师搞出这么大动静，怕不是什么好兆头。

杨赐随即起草奏章，建议朝廷立刻捕杀张角等人，把危险扼杀在萌芽状态。可是，奏章刚刚呈上，还没等皇帝批示，杨赐就被调职了，此事遂石沉大海。他的秘书刘陶一看，这样不行，于是赶紧又写了一封递了上去。

刘宏拿到奏章，只瞄了一眼便扔到一旁：不就是个乡下神棍吗，这也值得大惊小怪？你刘陶最近是不是没有事做？那你去帮忙重新注解一下《春秋》。

然后，刘陶就被打发走了。

刘宏很淡定，他并不认为这个神棍张角比洪水、地震、瘟疫更值得关心，甚至都不认为他比某个生了连体婴的民妇更为不祥。

于是，社稷灭亡的灾难就在刘宏的淡定中悄悄降临。

当一个皇帝对天下大势麻木不仁、对社稷苍生漠不关心，只会频繁借助“大赦天下”来自我麻痹，像只鸵鸟一样把头埋进沙子里的时候，历史性的灾难就注定要降临了。

凛冬将至。

苍天已死，黄天当立

在这个世界上，宗教和政治往往只有一线之隔，有时候甚至很难分清。

宗教许诺来世的天堂，政治追求今生的乐土，共同点都是对现实不满。一般而言，宗教的下手处，是消灭自己灵魂的罪恶；而政治的目标，则是要消灭这个世间的罪恶。然而在历史上，二者经常混淆不清。政治一旦披上拯救苍生的外衣，就会化身为宗教；宗教倘若丢掉爱与慈悲的精神，就会蜕变成政治。

说白了，政治利用宗教洗脑，看上去就尤其吸引人；宗教利用政治杀人，成效也会特别显著。

而东汉末年，我们中国的张角大师，显然也深谙此道。

十余年间，他利用宗教特有的魅惑力量吸引了许许多多善男信女，然后等时机渐渐成熟，就以政治化、军事化手段把万千徒众打造成一个严密的组织。他按照区域，把信众们划分为三十六方，所谓“方”，相当于分舵，也可以理解为军区。大方万余人，小方六七千人，每方任命一个统帅。

为了区分敌我、亮明旗号，也为了彰显“黄天”必然取代“苍天”，所有太平道信众一律以黄巾裹头，故号“黄巾军”。

作为一个政治、军事组织，特工部门或者说谍报工作自然是标配。张角手底下有一个叫马元义的分舵舵主，大概就是负责这项工作的。此人建立的谍报系统，居然渗透到了洛阳皇宫中——灵帝刘宏身边的中常侍封谞、徐奉等人，就被他发展成了卧底。

一切准备就绪，张角向数十万部众下达了行动口令：

苍天已死，黄天当立，岁在甲子，天下大吉！

光和六年（公元183年），岁在癸亥。甲子，就是次年，这是中国古代历法中新一轮干支的开端，在张角看来，这显然象征着新的天命。

确切的起义时间，就定在甲子年（公元184年）的三月初五。

外有建制化的几十万部众枕戈待旦，内有中常侍这样的高级间谍做内应，张角即将发动的这场起义，如果不出意外的话，很可能会一举颠覆东汉王朝。

然而，墨菲定律告诉我们：如果意外会发生，不管概率多小，它总会发生。

在张角的几十万信徒中，终究还是出了一个叛徒。

此人名叫唐周，于光和七年（公元 184 年）春上书告发了马元义。刘宏如梦初醒，这才意识到杨赐和刘陶的警告并非空穴来风，赶紧下令抓捕了马元义，并处以车裂（五马分尸）之刑；同时展开大搜捕，不论官民，只要信奉太平道的，一律处死。据说，仅在京师洛阳就杀了一千多人。

眼看天机已泄，张角立刻抛弃了温情脉脉的宗教人设，由“大贤良师”摇身一变，成了霸气侧漏的“天公将军”。他的二弟张宝称“地公将军”，三弟张梁称“人公将军”。

是年二月，张角提前起兵。一声令下，三十六个军区数十万部众同时响应。

黄巾之乱就此爆发。

一个金戈铁马、征战杀伐的百年乱世就此拉开了序幕。

黄巾军起兵后，四处攻城略地，州郡官兵莫之能御，纷纷弃城而逃。旬月之间，洛阳北面的幽州（今河北北部）、冀州（今河北中南部），西南面的帝乡南阳（今河南南阳市），东南面紧邻的颍川（今河南禹州市）、汝南（今河南平舆县西北）等州郡相继失陷。据说，安平国（今河北衡水市冀州区）、甘陵国（今山东临清市）两地的亲王甚至被当地的变民给绑了，直接送到了张角面前。

一时间，朝野震动，天下骚然。

刘宏万般惊骇，慌忙把自己的大舅子、时任河南尹的何进擢升为大将军，命他率禁军在都亭（京郊驿站）一带布防，同时分兵进驻洛阳外围的函谷、伊阙、太谷、广成、轘辕、旋门、孟津、小平津八个险关要隘，共同拱卫京师；稍后，又命北中郎将卢植、左中郎将皇甫嵩、右中郎将朱儁，兵分三路征讨黄巾军。

可是，没有钱是打不了仗的。皇甫嵩直言不讳地上奏皇帝，请他把小金库里的钱拿出来，充作军饷。

若是平时，谁敢打自己小金库的主意，刘宏一定会让他提前退休。但值此社稷存亡之秋，尽管刘宏很不情愿，可掂量一下轻重后，也只好忍痛割肉。

钱有了，皇甫嵩又说军中缺战马，要求征用皇宫马厩里那些膘肥体壮的宝马良驹。刘宏也没辙，只能照办。

是年四月，皇甫嵩、朱儁出师，兵分两路进击颍川。朱儁迎面碰上黄巾将领波才，双方展开遭遇战，朱儁失利，被迫退却；皇甫嵩遂孤军进驻颍川东北面的长社（今河南长葛市）。波才旗开得胜，自信心顿时爆棚，率部将长社团团包围。

孤军深入，又身陷重围，此乃兵家之大忌。皇甫嵩的部众人心惶惶，都觉得这回死定了。不过，皇甫嵩却很镇定。他知道，眼前的对手虽然来势汹汹、挟新胜之威，但终究只是一群不懂兵法、缺乏战争经验的暴民而已。对付他们，皇甫嵩心里还是有底的。

果然，当他登上城楼，举目朝波才的营地望去，便忍不住笑了。

这群草包！他们居然把大营扎在了一大片茅草地的边上——只要拿火把一扔，不就可以火烧连营，把他们全都烤熟吗？

当然，要火攻，还得有风。

幸运的是，此刻，皇甫嵩身旁的一杆汉军大旗正在大风中猎猎招展。

波才，是你自己蠢，那就别怪我下狠手了。

当天深夜，趁黄巾军酣睡之际，皇甫嵩派遣了一支突击队，手执火把，策马直扑波才大营。同时命部众登上城墙，配合突击队鼓噪呐喊，制造大军合围的声势。

行动开始后，一切不出所料，当睡梦中的波才及其部众猝然惊醒时，周围已是一片火海和震天的喊杀声。黄巾军瞬间溃散，争相逃命。紧接着，皇甫嵩又亲率主力杀到，早已魂飞魄散的波才根本无力抵御，只好带着残部仓皇逃窜。

就在这场歼灭战接近尾声之际，一位年轻将领恰好率一支轻骑赶到了战场。

他是得知皇甫嵩被围，拼了老命连夜赶来救援的，不料刚一到，人家就打赢了。史书没有记载这位年轻将领此刻的心情，不过我想，在庆幸官军得胜之余，他一定多少有些失落。

憋足了吃奶的劲头一拳挥出，结果却打在了棉花上——不，是连棉花都没打着。

如果只是错过一次战役，这种失落感很快就会过去，问题是，在接下来的好几年时间里，这个年轻人的满腔报国之志，却一直派不上什么大用场。英雄无用武之地的失落感，将在不短的岁月里始终萦绕着他。

直到有一天，他把一个叫刘协的落魄天子从残破的洛阳接到了许都，属于他的时代才终于来临。

说到这，想必读者早已猜出这个未来的弄潮儿是谁了——没错，这个人就是曹操。

眼下，他的职务是骑都尉，官秩二千石。级别虽然不算低，但在此时的大汉帝国，年轻的曹都尉还只是一个名不见经传的小人物。

当然，锥处囊中，迟早是要刺破麻袋露出锋芒的。而到了锋芒毕露的那一刻，它就不再是一把锥子了。它将成为一柄利剑，一柄令天地为之变色、历史为之改辙的倚天长剑……

当年五月，曹操与皇甫嵩、朱儁合兵一处，乘胜追击，大破黄巾，斩杀波才、彭脱及部众数万人，接连克复颍川、汝南和陈郡（今河南淮阳），官军士气大振。

正当皇甫嵩等人扫荡河南战场时，卢植也在河北战场连战连捷，击溃了由张角亲自率领的黄巾主力。张角被迫退守广宗，发誓要在此血战到底。

卢植率部进抵广宗城下，将张角包围。他一边命部众沿城墙四周挖掘壕沟，防止张角突围，一边加紧制造攻城云梯，准备一鼓作气，彻底歼灭张角。

可就在决战前夕的节骨眼上，卢植的大营来了一位朝廷特使。

他叫左丰，是灵帝刘宏的贴身宦官（时称小黄门），此行是奉旨前来监军的。这一幕，想必经常阅读中国历史的读者都不会陌生，甚至常看古装片的观众都能猜出下面的剧情。

左丰一到，卢植的属下就劝他赶紧给姓左的包个大红包，否则这尊瘟神肯定会搞事。可是，卢植却一口回绝。

众所周知，卢植是东汉末年一代大儒，为人正直，品行高洁，日后叱咤风云的公孙瓒、刘备早年都是他的学生。不仅如此，他下马可读书、上马可杀贼，就在不久前刚刚平定了九江、庐江一带的叛乱，可谓文武双全。所以，张角才会跟他一交手就被打得找不着北。

这样的人物，怎么可能低三下四去跟宦官行贿？

左丰在军营里等红包，可左等右等，最后连个红包皮都没见着，一怒之下回了洛阳，对皇帝说："广宗那伙贼人，分分钟可以灭掉，可我们卢大指挥能打却不打，出工不出力，怕是要坐等老天爷打个雷劈死张角才算完。"（《资治通鉴·汉纪五十》：丰还，言于帝曰："广宗贼易破耳，卢中郎固垒息军，以待天诛。"）

正直的将领在前线浴血奋战，卑鄙的宦官在背后造谣中伤，然后还有智商不在线的昏君坐在大殿上。结果当然可想而知，刘宏很生气，一纸诏书把卢植扔进囚车，拉回了洛阳，立刻判处死刑，只是念在他过去功劳的分上，"减死一等"，相当于给了死缓。

卢植进了大牢，可仗还得接着打。刘宏很快就任命了一个新的前线总指挥。

这个人就是董卓。

此时的刘宏当然不会知道，短短几年以后，这个董卓就将成为大汉帝国的掘墓人。

董卓，字仲颖，陇西郡临洮县（今甘肃岷县）人，长年在西北边陲与羌胡打交道或打仗，练就了一身过人的武艺。《三国志》就称其"有才武，膂力少比"。据说打仗的时候，这家伙经常背着两个箭囊上阵，然后左右开弓，嗖嗖连射，一副很拉风的样子，令羌胡闻风丧胆。

桓帝时期，董卓曾入朝担任羽林郎，此后辗转边境各地，历任军司马、县令、都尉等职，还当过西域的戊己校尉。黄巾起义这一年，董卓官居并州刺史、河东太守。刘宏任命他为东中郎将，命其出征河北。

平心而论，刘宏选中他并没什么问题，毕竟董卓也是刀尖上滚过百儿八十回的老将了，打起仗来怎么也得比文人出身的卢植给力吧？

可是，让刘宏大跌眼镜的是，董卓居然在关键时刻掉了链子。

他先是在广宗围着张角打了差不多两个月，但张角早已把该城经营得固若金汤，董卓捞不到丝毫便宜，只好放弃广宗，掉头去打据守在下曲阳（今河北晋州市西北）的张宝。他可能是想拣个软柿子来捏，或者是想有枣没枣总得打一竿，否则没法跟皇帝交代。不料，人家张宝也不是吃素的，攥紧拳头给了他一个迎头痛击。

这场仗具体是怎么打的，史书无载，反正董卓就这么败了。刘宏震怒，把董卓的本兼各职全撤了，然后扔进了大牢。

有道是世事难料，谁也没想到卢植前脚刚进去，董卓后脚也来跟他做伴了。直到这一年年底，刘宏再次习惯性地大赦天下，董卓和卢植才双双出狱。

前线又没人了。刘宏看来看去，实在没什么更好的人选，只好把皇甫嵩从河南调了过去。差不多在这个时候，困守广宗的张角突发急病，没几天便撒手人寰，扔下穷途末路的黄巾余众，跟他的神“中黄太乙”做述职报告去了。

张梁接过指挥权，领导余部继续抵抗。

皇甫嵩开赴河北后，与张梁在广宗又鏖战了两个月，一直打到了冬天，仍旧不能取胜。

这支黄巾军之所以这么能打，原因不外乎两个：首先，他们是张角亲自带出来的兵，属于黄巾中的精锐，战斗力最强，不是波才那帮人可比的；其次，他们已经没有退路，只能拼死一搏，如老子所言，“抗兵相若，哀者胜矣”。当对抗的两支军队实力相当时，一定是被侵略的、心怀悲愤的那一方获胜。

俗话说“化悲痛为力量”，说的就是这个道理。

不过，尽管这支黄巾军最为扛揍，但扛得过卢植，扛得过董卓，却终究扛不过皇甫嵩。因为，皇甫嵩一来没有小黄门索贿，可以按自己的方式和节奏来打，二来他比董卓更有定力，也更有耐心。

虽然老子说悲愤的一方会获胜，但是如果悲愤的时间太久，人也是会麻木的。

某日，皇甫嵩与张梁在广宗城下列阵厮杀了一天，胜负难分，于是各自收兵。次日，皇甫嵩坚守营垒，故意不出兵，同时派出斥候侦察敌情。很快，探子回报：黄巾军经过昨日大战，都已疲惫不堪，且戒备松懈。

机会来了。

再能扛揍，黄巾军也是肉做的，不是铁打的。何况他们已经在这里整整坚守了半年，而时间无疑是这个世界上最能消磨意志的利器之一。

皇甫嵩当机立断，连夜集结兵马，于拂晓突然发起总攻。这一仗打得十分惨烈，双方从清晨一直苦战到黄昏，最终，黄巾军全线溃败。张梁战死，部众有三万余人被杀被俘，还有五万多人投河溺毙。

当年十一月，皇甫嵩乘胜进攻，顺利克复下曲阳，斩杀张宝，击杀及俘虏十余万人。破城之后，皇甫嵩命人掘开张角的坟墓，剖棺戮尸，然后传首京师。

随着张氏三兄弟的败亡，黄巾军主力被基本荡平。此后，虽然还有残部在各地掀起余波，而且人数不少，动辄万计，但因失去了精神领袖，缺乏统一指挥，人再多也不过是各自为战的乌合之众，翻不起什么大浪了。

事实证明，皇甫嵩就是黄巾军的克星。如果没有他，黄巾之乱即使最后能平定，也一定不会如此迅速。

看到张角的头颅后，刘宏悬了快一年的心终于放回了肚子里。

还好，小金库的钱总算没白花，虽然肉疼的感觉还在，但只要天下复归太平，往后再努力挣回来就是了。

轰轰烈烈的黄巾起义就这么渐次消歇了，老迈的大汉帝国貌似躲过了一劫，有惊无险。然而，这只是假象。尽管这场暴乱并未颠覆大汉社稷，却彻底动摇了它的根基。换言之，正是这场暴乱，最终耗尽了东汉王朝本已所剩无几的气数。

接下来的几年，这个老大帝国还将在灵帝刘宏的花式折腾中苟延残喘，不过有一点是毫无疑问的，那就是，丧钟已经敲响。

只可惜，刘宏听不见。

当然，就算听见了，他也不会知道，丧钟是为谁而鸣……

昏君的立储困局

这年年底，大汉朝廷改元“中平”，取“中兴”和“太平”之意。可是，理想很丰满，现实很骨感。此时的汉朝，既没有丝毫中兴的气象，也一点不太平。

黄巾军余党仍旧在各地作乱，光名号就令人眼花缭乱，如：黑山、黄龙、白波、青牛角、张白骑、左髭丈八、平汉、大计、雷公、浮云、白雀、杨凤、于毒、五鹿、李大目等。其中，多则两三万人，少则六七千人，而以“黑山”最众，据说势力最盛时将近一百万人。

当然，这里头包括了很多非战斗人员。黄巾军有个特点，就是行军打仗的时候，会把妻儿老小全都带上。也许是担心自己造反去了，家人没有活路，而且会遭官府报复，索性就拉着一块儿走了。因此，所谓“百万之众”云云，其中大半都是老弱妇孺。

天下乱成了一锅粥，灵帝刘宏却视而不见，依然“锲而不舍”地继续捞金。

中平二年（公元 185 年）春，皇宫中一座叫“云台”的高层建筑被火烧了。重建需要大把的钱，可小金库已经被黄巾之乱掏空了，该上哪儿赚快钱呢？

刘宏正自犯愁，大长秋赵忠和中常侍张让及时献计，建议给天下田亩增加赋税，每亩加十钱。这显然是在竭泽而渔，等于把全天下的百姓往死里逼，可刘宏不管那么多，当即批准。

不久，重建云台的工程如期启动。

只要有大工程，就有权力寻租，赵忠、张让这帮宦官自然是深谙此道。当各州郡的木材和石料运抵京城，他们就以不合规格为由百般刁难，强迫供货商打折，一直打到原价的一折才予以收购，然后一转手就以市场价卖掉。有人不肯接受敲诈，宦官们就任由他们的木材堆积腐烂。于是，一连数年都有大量建材运来，可要么被转卖掉，要么腐烂掉，总之宫殿就是营造不完。

这些猫腻，刘宏未必没有察觉，可他要靠宦官们创收，当然要睁一只眼闭一只眼。反正他赚大头，宦官们赚小头，大家心照不宣。

似乎是为了表明自己跟宦官有多么亲密，刘宏甚至在公开场合说了这么一句话：“张常侍是我父，赵常侍是我母。”

身为皇帝，竟主动认宦官做爹妈，刘宏此举，在中国历史上不仅前无古人，而且后无来者，彻底刷新了人们对“昏君”二字的认知。

虽说后来的许多朝代，嚣张跋扈的大宦官也是层出不穷，如中唐权宦李辅国也曾被唐代宗尊为“尚父”，可那只是代宗麻痹他的手段，后来就把他干掉了，连头都扔进了厕所；再如明末大太监魏忠贤，同样权势滔天，可再怎么牛也只是“九千岁”，比万岁低一级，绝不可能爬到皇帝头上去当爹。

总而言之，在中国古代，昏君和权宦虽然都代不乏人，但像刘宏这样真心实意认阉人做爹妈、昏得如此没节操没下限的，确实是空前绝后独一份。

这年六月，刘宏又把张让等十二个中常侍全部封为列侯。封侯倒也罢了，反正是个人就知道刘宏宠幸宦官，可笑的是，刘宏给他们封侯的理由居然是“讨张角有功”。

这已经够无耻的了，但很快，更无耻的事情接踵而至。

上回，差点被宦官整死的是卢植，这次终于轮到皇甫嵩了。

皇甫嵩平定张角后，因功升任左车骑将军，随后又奉命征讨黄巾军余党，一直是戎马倥偬，照理也没空跟宦官闲扯。可事情坏就坏在，他由河南转战河北，途经邺城（今河北临漳县西南）时，偶然发现赵忠在此建造了一座大宅，其奢华程度竟堪比皇宫。

这是“逾制”，在当时可是大不敬之罪，可以杀头的。皇甫嵩不平则鸣，便上书皇帝，建议把这座宅子没收充公。

如此一来，就把赵忠得罪了。

张让听说此事，就私下找到皇甫嵩，让他掏五千万出来给赵忠赔罪，然后这事就算翻篇了。皇甫嵩一听，顿时气不打一处来，恨不得把张让撕成两半。

别说五千万，五毛老子都不给！

就这样，皇甫嵩把两个宦官巨头都给得罪了。赵忠和张让当然不会放过他。转过年来，因黄巾军余党甚为猖獗，一时难以平定，两人就联名上奏，称皇甫嵩“连战无功，所费者多”。言外之意，就是在暗示皇帝：皇上啊，别忘了去年皇甫嵩借平叛之名，狠狠敲了您一笔竹杠啊！

刘宏本来就在心里给皇甫嵩记着这笔账呢，现在正好顺水推舟，把这仇给报了，遂命皇甫嵩回朝，收了他的将军印绶，还削掉了六千户食邑。

这就是得罪宦官的下场。不过，皇甫嵩毕竟是名震朝野的平叛功臣，刘宏和宦官们也不敢做得太绝，没像对待卢植那样给他判个死缓。

宦官们如此倒行逆施、残害忠良，难道朝臣们都不敢说话了吗？

终于，有一个正直的人站了出来。

他就是刘陶，上回正是他提醒刘宏当心张角，现在他的职位是谏议大夫。刘陶洋洋洒洒地写了一大篇奏章，力陈时弊八条，而中心思想只有一条：当今天下大乱，皆由宦官所致。

这下可捅马蜂窝了，简直比皇甫嵩要没收人家宅子还要可恶！

在赵忠和张让看来，他皇甫嵩功高名显，目标太大，所以只能给点教训，不好下死手，可你刘陶算什么东西，也敢大放厥词，公然跟我们叫板？

两人立刻出手，给刘陶随便安了一个“与贼通情”的罪名，关进由宦官掌管的监狱，日夜严刑拷打。刘陶自知难逃一死，为免于受辱，在牢中绝食而亡。

临死前，他留下遗言，大意是：如今，在上位的人残杀忠良，下面的百姓困苦不堪，这样的朝廷撑不了多久了，到时候后悔都来不及。

很不幸，短短几年后，刘陶的遗言就验证了。

时间转眼到了中平六年（公元189年）。

早在前一年冬天，洛阳坊间便出现了“京师当有大兵，两宫流血”的流言。消息自然传到了宫中，传到了刘宏的耳朵里。

据说，流言最初是出自一个善观天象的星相师之口，所以准确地说，这应该是一则谶言。

面对这短短十个字的谶言，刘宏有些心慌。这分明是在说，京师会发生宫廷政变，而且是流血的军事政变！

谁会政变？结果怎么样？我会死吗？

刘宏忍不住在心里发出了灵魂三问。这一年，刘宏32岁，照理正是年富力强之时，可刘宏不可能没想到那个飘荡在东汉历代皇帝头上的魔咒：短命。

是的，“东汉诸帝皆不永年”这件事，就像一把悬在头顶的达摩克利斯之剑，随时可能落下来。所以，即便预言不会成真，刘宏也不敢保证自己还能活很久。

在此情况下，有件事就更让刘宏感到纠结——尚未册立太子。

这些年，后宫给他生了好几个儿子，但都早早夭折，还好最后剩下两个：长子刘辩，时年 13 岁；次子刘协，时年 9 岁。

刘辩是何皇后所生，刘协是王美人所生。按说，刘辩是嫡长子，太子位非他莫属。可问题是刘宏不喜欢刘辩，嫌他“轻佻无威仪”，反而是庶出的次子刘协看上去更为庄重沉稳，所以刘宏更倾心于这个小的。

当然，刘宏不喜欢刘辩，不全是因为性格，还有一个原因，属于典型的宫斗剧情节：当初，刘宏宠幸王美人，令何皇后又妒又恨，不久王美人生下刘协，何皇后更是担心地位不保，遂用计毒死了王美人。可怜刘协刚出娘胎就没了妈，刘宏勃然大怒，险些废了何皇后，只因宦官们力保才悻悻作罢。

此后，刘宏对何皇后始终心存芥蒂，自然也就不喜欢刘辩。

反之，王美人无辜遇害，刘宏不免思念，由此也就爱屋及乌，对刘协疼爱有加。

刘宏有心立刘协为太子，可他也知道士大夫们是不会同意的，因为“立嫡以长”是祖宗之法。刘宏很难在这一点上挑战祖宗成法，可又不甘心立刘辩，一直矛盾纠结，这件事就这么耽搁了下来。

不过，此时已是中平六年，已经不容许他再纠结下去了，事情总得有个了结。但谁也没想到，这个了结会以如此出乎意料的方式来临。

这一年四月，达摩克利斯之剑终于落下，刘宏一病不起了。

朝臣们最关心的莫过于国祚的传承，于是纷纷上奏，请立太子。刘宏明知大限将至，却仍然不肯立刘辩。他思来想去，决定把年幼无依的刘协托付给一个人。

当然，此人毫无疑问是个宦官，因为除了宦官，刘宏压根就信不过别人。

这个宦官名叫蹇硕，是刘宏前一年刚刚设立的“西园八校尉”的首领，官居上军校尉。而日后叱咤风云、纵横天下的两大枭雄——袁绍和曹操，此时也都在八校尉之列，袁绍是中军校尉，曹操是典军校尉。

刘宏之所以在宫中设立八校尉，一来是为了加强中枢的警备力量，二来则是为了制衡何皇后的哥哥、当朝头号外戚——大将军何进。

当初把兵权交给何进，是为了对付黄巾军，所以要倚重这位大舅哥；现在让蹇硕制衡何进，则是为了扶刘协上位——因为何进是刘辩的亲舅舅，自然也是刘协上位的最大威胁。

弥留之际，刘宏召蹇硕入宫，把刘协郑重托付给了他。

蹇硕，人如其名，长得十分健硕。一般来讲，宦官由于缺少雄性激素，难免长得细皮嫩肉，可这个蹇硕却是宦官中的异类。史书称其“壮健，有武略”，也就是不光长得魁梧，还颇懂兵法和谋略。

是年四月十一日，灵帝刘宏在嘉德殿驾崩。一代奇葩天子终于完成了他的“昏君秀”，以贻笑万年的姿态尴尬谢幕，退出了历史舞台。

刘宏挥一挥衣袖走了，却给万千臣民留下了一个千疮百孔、风雨飘摇的帝国，同时还留下了一个悬而未决的立储困局。

此刻，东汉王朝的政治死循环又一次神奇地出现在了世人面前：

一、天子早亡；

二、不管刘辩和刘协最终谁胜出，都是幼主即位；

三、幼主即位后，必然是母后临朝，然后就是外戚擅权；

四、幼主不甘大权旁落，联手对外戚发起反击，从而导致宦官乱政……

熟悉的画面，老套的剧情，历史仿佛又将重演。

外戚与宦官这对老冤家，在东汉中晚期的历史上斗了近百年，然而这一回，刘宏无意中留下的这个立储困局，却将成为他们最后一次对决的擂台，从而终结了上面这个死循环。

也就是说，在这场对决之后，历史就不打算再走“鬼打墙”的老路了。它准备徐徐翻过“东汉”这一章，然后以全新笔触，书写一个风云变幻、波澜壮阔的百年乱世。

这个乱世的名字，就叫三国。

外戚与宦官的博弈

刘宏驾崩的当天，身负托孤重任的蹇硕就毫不犹豫地出手了。

他给何进发出了一个邀请，让他入宫共商国是。

此时的何进早已是热锅上的蚂蚁。皇帝驾崩之事他当然知道了，问题是他并不知道皇帝临终前有没有立下太子、立谁为太子。何进心急如焚，想赶紧入宫打探消息，所以接到蹇硕的邀请后，并未多想便匆匆入宫。

这一边，蹇硕已经埋伏好了刀斧手，给何进张开了一个大口袋，就等他往里钻。只要何进一出现，蹇硕一声令下，大局便可底定，然后蹇硕当天便可以拥立刘协登基。

可是，蹇硕万万没料到，他身边居然早就安插了何进的眼线。

此人名叫潘隐，是蹇硕手下的一个司马，与何进是故交。潘隐趁蹇硕不备，偷偷跑到宫门口等着，远远看到何进过来，便一个劲地朝他使眼色。

何进看到后，登时醒悟，慌忙掉头，策马从小道飞驰回营，然后立刻勒兵，火速进驻百郡邸（各州郡地方政府的驻京办）。何进选择在这个紧要关头勒兵至此，用意很明显，就是以武力胁迫天下州郡站在他这一边，共同拥立刘辩登基。

这是一场没有刀光剑影却又惊心动魄的较量。

蹇硕功亏一篑，何进先得一分。

刘宏驾崩的第三天，即四月十三日，何进便迫不及待地拥立刘辩登基了。随后，熟悉的戏码再次上演，何皇后升格为太后，临朝听政；何进作为外戚领袖，顺理成章地成为辅政大臣，与太傅袁隗共同辅政。

蹇硕失手后，自然是惶惶不安。他很清楚，何进现在一手掌控了朝政，接下来马上就会要他的项上人头。若想保命，单凭自己的力量不够，必须跟其他宦官头子联起手来，才能跟何进拼死一搏。

思虑及此，蹇硕立刻给赵忠写了封密信，大意是：何进把持朝政，欲阴谋诛杀先帝左右，扫灭我曹，但因我手握禁军，故仍迟疑，眼下应立即封锁宫门，捕杀何进及其党羽。

在蹇硕看来，他和赵忠均为宦官，大家都是一条绳上的蚂蚱，想必赵忠没有理由拒绝他的提议。

然而，不幸的是，蹇硕这回又失算了。

要怪只能怪他命不好，绕来绕去总能碰上何进的人。

这回，是赵忠手下一个叫郭胜的宦官坑了他。此人是何进的南阳同乡，想当年，何进家里只是杀猪的，身份卑贱，想让妹妹入宫比登天还难，正是重金贿赂了这个郭胜，才让妹妹被选进了宫。此后兄妹二人节节高升，郭胜也没少出力。可想而知，这个郭胜跟何进才真的是一条绳上的蚂蚱，况且现在何进兄妹又成了帝国最有权势的人，郭胜正等着他们涌泉相报呢，怎么可能帮蹇硕去对付何进？

所以，郭胜便劝赵忠隔岸观火，没必要蹚这趟浑水。

赵忠也想明哲保身，就依了他，然后为了消除何进的猜忌，还把那封密信转了过去，彻底把蹇硕给卖了。

何进看完信，不由连声冷笑。

几天后，还在苦等赵忠回信的蹇硕就被捕了，旋即人头落地，在这场殊死博弈中输得一干二净。同日，何进便把蹇硕的西园军并入了自己麾下，从而将内宫和外朝的所有兵权全都牢牢握在了手中。

完美！

做完这一切，何进忍不住都想为自己鼓个掌。

可很快就有人给他泼了一盆冷水，别高兴得太早，如今朝中阉党横行，杀一个蹇硕远远不够，要做就做绝，把所有宦官全都干掉，斩草除根才能永绝后患。

想出这个主意的人就是袁绍。

袁绍，字本初，汝南郡汝阳县（今河南商水县）人。此时，身为西园的中军校尉，他名义上是蹇硕的手下，可屁股其实早就坐到了何进这边。换言之，袁绍也是何进的人。假如蹇硕不是两个回合就死，而是继续跟何进过招的话，肯定也会被袁绍坑死，迟早而已。

没办法，这就是人脉的力量。

面对这个拥有强大朋友圈的何进，蹇硕长得再健硕也没用，摆在他面前的只能是一个坑接一个坑，直到被坑死为止。

这一点，临终托孤的灵帝刘宏，是无论如何都预料不到的。

其实，袁绍与何进能够做朋友，完全是情理之中的事。众所周知，他们老袁家在东汉王朝那可是神一般的存在，古今史书说起袁绍必定会提到那个如雷贯耳的词：四世三公。

所谓三公，历代所指不尽相同，周朝是以太师、太傅、太保为三公，秦朝以丞相、太尉、御史大夫为三公，西汉以丞相（大司徒）、大司马、御史大夫（大司空）为三公，东汉则以太尉、司徒、司空为三公。可不管具体职务怎么变，“三公”都是位极人臣的代名词。

祖上有一两代人做过三公，就已经很牛了，而他们老袁家，居然有整整四代人位居三公：高祖父袁安在章帝时任司徒，曾叔祖袁敞在安帝时任司空，祖父袁汤在桓帝时任太尉，其父袁逢在稍后的献帝时任司空，而此时与何进同为辅政大臣的太傅袁隗正是袁绍的叔父，也算三公之一。因此，准确地说，老袁家是四代中有五个人都是三公。

这样的家世，当然是金光闪闪的存在，足以亮瞎世人的双眼。

据说，袁绍不仅家世好，颜值还很高，《三国志》就称其“有姿貌威容”。“姿貌”就是有风姿，有相貌，“威容”就是不苟言笑，看上去很酷，总之就是妥妥的霸道总裁范儿。

所以说，何进和袁绍，一个是炙手可热的国舅爷、大将军，一个是自带光环的“官五代”、高富帅，这样的两个人不玩到一块儿，那才是咄咄怪事。

何进听袁绍说要把宦官全都干掉，觉得未免太狠了，于是犹豫不决。毕竟，他们老何家本来只是杀猪的，能有今天靠的就是宦官，这过河拆桥、卸磨杀驴的事，还真有点下不去手。

思来想去，何进找了个折中的办法：也别杀，也别留，把他们全部罢免，轰出洛阳不就行了吗？

何进找妹妹说了此事。何太后根本不听，理由很简单：宦官全轰走了，谁来伺候我？何进说找一些年轻的郎官来替补。何太后白眼一翻：你想什么呢？先帝刚走，你让我一个妇人成天面对那些男的，成何体统？

何进无言以对，想想也觉得不妥，只好退而求其次，决定先干掉几个平时比较嚣张的，杀鸡给猴看。

眼看何进磨刀霍霍，宦官们当然不会坐以待毙，连忙找到何进的异母弟何苗，拼命用重金贿赂。何苗拿人钱财替人消灾，就对太后说，大哥一心想除掉先帝左右的人，这是打算大权独揽，把您撇在一边，更是在危害社稷啊！

何太后深以为然，越发反对何进对付宦官。

没有太后的支持，何进也不敢轻举妄动。于是，这场外戚与宦官的博弈顿时陷入了僵局，谁也奈何不了谁。

何进之所以迟迟不敢下手，表面上看是缺乏太后的支持，但真正的原因在于他对宦官始终心存忌惮。毕竟宦官跋扈已久，何进此前巴结他们都来不及，早就怕惯了，虽然现在大权在握，今非昔比，但长期养成的畏惧心理早已进入了潜意识，一时半会儿还真的难以消除。

袁绍看出了症结所在，就向何进提出了一个新的计划。

事后来看，袁绍此计就是个彻头彻尾的馊主意，不仅间接害死了何进，还把东汉王朝推入了万劫不复的深渊。

袁绍的计划是：召集四方猛将精兵，即刻入京，胁迫太后。

何进的心结就在于畏惧宦官，自己不敢动手，现在一听袁绍之计，顿时就有了底气，遂欣然赞同。

此时，何进手下的主簿陈琳（“建安七子”之一）却一眼看出，这个计划很可能导致极其严重的后果，于是极力反对。

陈琳不愧是文豪，一张口就文采斐然。他说：“今将军总皇威，握兵要，龙骧虎步，高下在心，此犹鼓烘炉燎毛发耳。但当速发雷霆，行权立断，则天人顺之。而反委释利器，更征外助，大兵聚会，强者为雄，所谓倒持干戈，授人以柄，功必不成，只为乱阶耳！”（《资治通鉴·汉纪五十一》）

后来的事实证明，陈琳这番话不仅是文采好，而且判断非常准确：正是袁绍的这个馊主意，召来了野心勃勃的董卓，才导致引狼入室、太阿倒持的混乱局面，从而引发了一连串极其严重的后果。

可是，何进还是觉得袁大公子的主意好，压根不想听陈文豪说什么。

当天他就下令，征召董卓（时任并州牧）率兵入京，同时还命驻扎在洛阳附近的丁原、王匡、乔瑁等几支兵马，从各个方向逼近京师，要给太后来一场声势浩大的兵谏。

董卓在前一年年底大赦出狱后，被朝廷派去征讨凉州的边章、韩遂叛乱。当时朝廷总共派了六路兵马，结果其他五路全被打败，唯独董卓耍了点小计谋，愣是从羌胡大军的包围中逃出生天。虽然仗没打赢，但别人都被包围歼灭，只有他全身而退，刘宏感觉还挺欣慰，就从矮个子里头拔将军，升他为前将军，稍后又迁并州牧。

以董卓的职场履历和综合素质来看，按说做到“并州牧”这样的封疆大吏就该到头了，没想到何进竟然送给他这么一个干预朝政，乃至入主中枢的机会，董卓自然是喜出望外，立刻率部直扑洛阳。

在他看来，这无异于天上掉馅饼，还准确砸中了他。

董卓不知道的是，砸在他头上的这块馅饼，早已在暗中标好了价格，而且异常昂贵，贵到他承受不起。

洛阳这边，感觉危在旦夕的宦官们加紧了对何苗的银弹攻势。何苗拿钱拿到手软，就赶紧找到何进，劝他说：“当初咱们一起从南阳来，以贫贱之身凭借宦官而富贵，如今社稷多难，一旦发生变故，覆水难收，请大哥三思，与宦官们言和吧。”

听了这番忆苦思甜的话，何进不觉又心软了。

此刻，董卓已经马不停蹄地赶到了渑池（今河南渑池县西），距京师仅两百多里。何进赶紧以皇帝名义下诏，命他就地驻扎，听候调遣。

董卓拒不奉诏，继续进军，兵锋直抵洛阳西郊。何进派来的使臣拼命阻拦，以死相抗。董卓考虑到眼下局势不明，贸然跟何进翻脸恐非上策，才不得不后撤了几里地，暂驻洛阳西南方的夕阳亭。

袁绍见何进又动摇了，顿时火起，指着他的鼻子大吼：“眼下交锋之势已成，对决之形已露，你还在等什么？若不早做决断，事久必定生变，你难道想做第二个窦武吗？！”

窦武是桓帝时的外戚，桓帝死后扶立刘宏即位，有定策之功，与宦官曹节、王甫等人势同水火，最后发展到兵戎相见，窦武落败身死。

把窦武都搬了出来，足见袁大公子已经忍耐到了极限。眼看友谊的小船就要打翻，何进痛下决心，马上任命袁绍为司隶校尉，授以调兵符节和当机决断之权。

干吧兄弟，啥也别说了！

紧接着，何进就追发了一道军令，命董卓即刻入京，进驻洛阳的演武场，然后派人把这消息送给了太后，正式摆出了逼宫的架势。

太后一看大哥这回来真的了，顿时慌了神，只好发下懿旨，将所有中常侍和小黄门全部罢免，遣返原籍。

次日一早，所有宦官全都跪倒在了将军府门口，一个个哭天抢地，如丧考妣。袁绍一看，呵呵，这帮龟孙，居然自动送上门来了，那还等什么？

杀吧。袁绍指着门外那一大片黑压压的人头，对何进说，就地解决，一个不留！

然而，谁也没想到，这个屠夫出身的大将军，居然在这最为紧要的关头，再次流露出了不合时宜的心软。他用沉默拒绝了袁绍，然后走到门口，语重心长地对众宦官说："天下舆论汹汹，都认为诸君是朝廷的祸害，如今董卓大军转眼就到，诸君何不早做打算，各回故乡呢？"

这一刻，何进看上去很仁慈，周身似乎散发着人性的光辉。

可是，权力斗争从来都是铁血无情的，除非你从一开始就不碰政治，不去沾染权力这种东西，否则你就只能一条道走到黑。权力的游戏中，注定没有仁慈的位置，也容不下其他人性的光辉，你如果玩到一半忽然心生恻隐，那就是破坏了游戏规则，只能出局。

何进好像不明白这些道理，所以这一天，袁绍很失望。

在他看来，把这些宦官赶回老家是没有用的，他们随时可能卷土重来，只有让他们全部脑袋搬家，才能一劳永逸地解决问题。

为此，袁绍不得不亡羊补牢，连夜以何进的名义给各州郡发函，命他们将所有回到原籍的宦官全部逮捕，外加他们的家人。

至于逮捕后怎么做，袁绍相信各州郡的地方长官都懂的，无须明说。

张让有个养子，娶的老婆正是何太后的亲妹妹。到这时候，张让也顾不上这张老脸了，扑通一下跪在儿媳面前，一把鼻涕一把泪地哭诉，求她跟太后说情。然后，儿媳妇就跑进宫里跟姐姐哭诉，捎带提醒了一下，说当初她险些被废，还不是多亏了宦官才保住富贵？

何太后一听，是啊，这种事要是传开了，天下人岂不是要戳我的脊梁骨，骂我恩将仇报？

于是，太后收回成命，让宦官们各回原职，一切照旧。

何进得知后，一口老血差点喷出来。

这些日子，他为了宦官的事情左右为难、大费周章，就是想在解除他们权力的同时，尽力保他们性命。结果倒好，折腾了这么久，现在一切又都回到了原点——宦官们一根毛都没掉，仿佛什么都没发生。

别说在袁绍那儿他的脸没处搁，光是这口恶气何进自己就咽不下。

这日午后，何进火急火燎地来到太后所居的长乐宫（又称南宫），用不容置疑的口吻告诉太后：这回必须把所有中常侍全部诛杀，没商量!

此时的何进，一气之下犯了一个不可饶恕的低级错误：他竟然忘了，太后的身边都是宦官，里头一定会有张让的耳目。

所以，他对太后发出的这个最后通牒，片刻后就进入了张让的耳中。

“抄家伙吧。”张让平静地对手下的宦官说。

事已至此，说什么都是多余的。

这一天，是中平六年（公元 189 年）八月二十五日。何进并不知道，这一天便是他的忌日；而自以为胜券在握的张让同样不知道，这天也是他的忌日。

不仅如此，更让人没有想到的是，这一天，竟然是身在洛阳的两千多名宦官的共同忌日!

“京师当有大兵，两宫流血。”

不久前在洛阳坊间流传的这则预言，将在今夜变成现实。

京师当有大兵，两宫流血

夕阳西下，暮色徐徐笼罩长乐宫。

张让带上几十个刀斧手，埋伏在了嘉德殿旁。

稍后，何进出了太后寝殿，没走多远，便有小黄门追了上来，说太后有旨，请大将军再到嘉德殿议事。

按理说，何进刚刚从太后那儿出来，太后马上又召他移步嘉德殿，这事怎么看都有些蹊跷，何进如果足够警觉的话，这会儿就该赶紧往宫外跑了。

可是，他居然毫无疑心地跟着小黄门走了，就这么无知无觉地走向了自己的终点。

脑子是个好东西，出门忘带就没办法了。饶是何大将军的朋友圈再强大，这时候也鞭长莫及救不了他了。

嘉德殿前，秋风呜咽，暮色渐浓。当何进慢慢走过来，张让的脸也从黑暗中缓缓浮现。

何进浑身一震，猛地刹住了脚步。

然而，一切都已经太迟了。张让的声音鬼魅般飘了过来："大将军，天下大乱，难道只是我等的罪过？想当初，皇上险些废黜皇后，是我等苦苦求情，每人拿出千万资财献给皇上，才消了皇上的气。我们这么做图什么？还不是为了把身家性命托付给大将军？而今你居然想屠灭我等，是不是欺人太甚！"

话音刚落，还没等何进做出反应，埋伏在暗处的宦官们便一拥而上，几十把刀剑同时砍了下来……

何进入宫时，其副将吴匡、张璋带着一队卫兵等在宫外，一直等到入夜，才听宫中传出何进已死的消息。两人又惊又怒，带兵要杀进去，但宦官早已关闭宫门，严阵以待。两人只好去搬救兵。

片刻后，时任虎贲中郎将的袁术率大队人马赶到，与吴匡一起火烧青琐门，准备攻进去诛杀张让。袁术是袁绍的异母弟，虽然这哥儿俩后来各自拥兵，割据一方，成了不共戴天的死对头，但目前还是一致对外的。

外面杀声震天，张让知道宫门迟早会被攻破，便挟持太后、少帝刘辩、陈留王刘协及部分官员，从复道逃往北宫。当时的洛阳有两座皇宫，一个在南，一个在北，中间以凌空飞架的双层长廊相连，类似于现在的过街天桥，当时称为"复道"。

风闻南宫生变，时任尚书的卢植立刻持戈前来救驾，恰好看见张让一行在复道上仓皇北窜，遂仰面怒斥。张让顾着逃命，觉得手里有少帝和刘协就够了，带着太后反倒累赘，便不再管她。何太后连忙从窗口跳下，被卢植等人接住，这才逃过一劫。

就在袁术进攻南宫的同时，袁绍与何苗也正率兵攻打北宫。

赵忠身在北宫，事变一起，慌忙从朱雀门出逃，恰好在此撞上袁绍，遂被乱刀砍死。稍后，吴匡赶来与袁绍会合，一看到何苗，顿时怒火中烧。他知道，这小子跟宦官一直勾勾搭搭，现在何进被宦官害死，这小子八成也有份，于是不由分说，顺手把何苗也给砍了。

何苗之前不知收了宦官多少贿赂，可惜钱都还没捂热，人头就先落地了。

钱在银行，人在天堂，人生的荒谬与悲哀莫过于此。然而，假如有机会从头来过，他就会收手吗？恐怕很难。西谚有云：财富就像海水，喝得越多就越渴。其实何止是财富，权力、地位、名望、美色，凡是这个世界上稀缺的东西，都具有让人欲罢不能的上瘾特征。拥有再多，你都不会嫌够。试问世间芸芸众生，又有几人能够看透？

袁绍占领皇宫后，下令关闭所有宫门，开始了一场地毯式搜捕，对象当然是所有人都切齿痛恨的宦官。

这场大搜捕整整持续了两天，实际变成了一场大屠杀。

士兵都杀红了眼，见到面白无须的劈头就砍，可怜许多没留胡子的年轻官员就这么成了冤死鬼。估计有些脑子比较灵光的，这种时候就只能脱下裤子"验明正身"，才能自证清白了。羞耻心固然重要，但和性命相比，还是可以退居其次的。

两天时间，袁绍一共杀了两千多人。其中虽有误杀，但绝大部分应该都是宦官。

张让一行从南宫逃出后，四处东躲西藏，到了次日黄昏，眼见大势已去，只好劫持着小皇帝和陈留王从洛阳东北的谷门出逃，朝黄河渡口的方向奔窜。

京师一片混乱，公卿百官自顾不暇，只有卢植和一个叫闵贡的官员到处寻找小皇帝。他们循着蛛丝马迹一路追踪，终于在这一天深夜时分，于黄河渡口追上了张让一行。闵贡拔剑怒斥张让，命他自我了断，否则就宰了他，然后还杀了旁边的几个宦官给他看。

张让绝望了。他颤颤巍巍地跪倒在小皇帝面前，磕了几个头，说："臣这就去死了，陛下保重。"说完，就领着剩下的几个宦官一起跳进了黄河。

宦官这个可恨又可悲的"物种"，在东汉王朝跋扈了将近一百年，至此终于灭绝。不过，这只是他们在中国历史上第一次集体"秀下限"，也是第一次大规模地祸乱朝政。后来的许多朝代，宦官这个特殊群体还将一次又一次卷土重来，不仅深入地干预朝政，骑在文武百官头上作威作福，而且掌握了生杀废立的大权，把许多皇帝玩弄于股掌。最典型的就是中晚唐，其次是明代的中后期。

有人说，宦官是由于生理残缺，才导致了心理变态。其实，这只是表面原因。“宦官乱政”这种现象在中国历史上之所以绵延不绝、阴魂不散，归根结底还是制度惹的祸。在皇帝制度下，宦官作为内朝、后宫的行政和服务人员就不可或缺。既如此，这个群体就最有机会接近、染指，乃至窃取中枢大权。要防范或斩断宦官的弄权之手，唯一的办法就是把他们关进制度的笼子里。

从历史上看，后来的宋代、清代同样少不了宦官，但宦官乱政这种现象却几乎绝迹。究其原因，就在于这两个朝代在立国之初，就汲取了前朝的深刻教训，对宦官这个群体从编制人数、官阶高低、权力大小等各方面进行了明确而严厉的规定，让他们即使身在内宫也没有机会觊觎中枢，更无从干预朝政；同时，把权力的天平适当朝文官倾斜，最大限度地与宦官形成制衡。

一言以蔽之，对付宦官的最好办法就是：“祖宗之法严，宰相之权重。”（《宋史·宦者传序》）

说白了，宦官在历史上屡屡作妖，绝不仅仅是由于生理残缺或心理变态，根本而言，还是制度的残缺，才导致了历史的变态。

话转回来，找回小皇帝后，卢植和闵贡分工：卢植先回洛阳，去通知百官前来接驾；闵贡扶着小皇帝和陈留王，在黑夜中跌跌撞撞往回走。

一路上，几乎是伸手不见五指，只能借助路旁草丛中萤火虫的微光。走了几里路，好不容易找到一辆牛拉的板车，累得快虚脱的三个人终于缓了口气，然后又老牛拉破车地走了大半夜，才到了邙山北麓一个叫雒舍的地方。

天亮时分，闵贡找了两匹马，一匹给小皇帝，他和陈留王共骑一匹。走了一会儿，才碰上一些惊魂未定的官员陆陆续续前来接驾。

当众人走到邙山南面的山脚下时，前方突然传来汹涌杂沓的马蹄声，滚滚黄尘中出现了一支军队。

小皇帝刘辩被折腾了两天两夜，本来就已濒临崩溃，此刻见大兵又至，顿时吓得号啕大哭——在这个飘荡着血腥味的早晨，少年天子的哭声蓦然响起，听上去就像是在给一个朝代送终。

远处，一马当先飞驰而来的，不是别人，正是董卓。

数日前，董卓接到何进的最后一道军令，是让他进驻洛阳的演武场。董卓立刻发兵，可刚到城西的显阳苑，就接到情报，说京师乱套了。董卓立刻勒马，不再前进。在形势未明朗之前，他决定保持观望。毕竟这一趟，他本来就不是来拯救社稷的，而是打算鹊巢鸠占。

昨夜，情报再次传来，说何进被宦官干掉了，而宦官又被袁绍、袁术兄弟干掉了，然后张让劫持小皇帝从谷门逃出了城。

董卓笑了，这就叫鹬蚌相争，渔翁得利。现在，只要把小皇帝接回来，牢牢攥在手上，他就可以不费吹灰之力独揽朝政、号令百官了。

董卓人在城外，之所以连续得到准确情报，要归功于他的弟弟董旻。此人就在朝中，时任奉车都尉，是皇帝的侍从官，自然对宫中和整个京师的情况了如指掌。

此刻，小皇帝身边的官员们都知道，董卓来者不善，便替小皇帝发话道："陛下有旨，让你退兵。"

董卓冷笑："诸位身为朝廷大臣，不能匡扶王室，致使国家动荡，凭什么让我退兵？"说完，懒得再理这些人，径直走到刘辩面前，询问事变经过。

刘辩早已是惊弓之鸟，语无伦次，说了半天也说不明白。董卓翻了翻白眼，又问一旁的刘协。没想到，这小家伙比他哥镇定多了，一五一十说了变乱经过，几乎没有遗漏。

董卓颇为惊喜，不禁意味深长地看着这个年仅九岁的陈留王。

就是在这一刻，董卓内心做出了一个决定：他决定废掉刘辩，拥立刘协为帝。

于是，从这一刻起，刘协的命运就被彻底改写了。很快，他就将作为一个有名无实的傀儡天子，开始他颠沛流离、朝不保夕的帝王生涯，从此活在悲哀和屈辱的历史中。

诡异的是，刘宏临死前最大的心愿，蹇硕没能实现，董卓却帮他实现了。

倘若九泉之下有知，刘宏想必会很欣慰。但是，假如知道刘协后来的一生会过得那么郁闷和凄惨，刘宏又该作何感想呢？

董卓入京：三国时代的零点

何进和宦官交战，然后同归于尽，最后反而让董卓摘了桃子。这个结局让很多人不爽，最不爽的非袁绍莫属。

当董卓带着他的西凉军，簇拥着少帝大摇大摆地回到洛阳时，有人就劝袁绍说，趁姓董的初来乍到，立足未稳，赶紧把他干掉。

可是，尽管恨得牙痒，袁绍却不敢动手。杀宦官他眼都不用眨，可对付董卓就另当别论了。因为京城的人都在传，说董卓这回带来的西凉兵皆为精锐，且人数众多，他袁绍岂敢轻举妄动？

可是，袁绍并不知道，他和所有人一样，都被董卓忽悠了。

董卓真正的人马，只有区区步骑三千，而袁绍等人得到的情报，不过是董卓玩的一个障眼法。他自忖这点兵力，震慑不住袁绍这帮人，于是就每隔三五天，让一部分士兵在半夜溜出城，第二天早上再大张旗鼓地进城，以此营造一种兵多将广的气氛。

结果，这么一个小伎俩，就把袁大公子和满朝文武全给蒙了。

当然，这只是权宜之计，时间长了肯定露馅。所以很快，董卓就以威逼利诱等各种手段，兼并了何进、何苗的部众。然后，他目光一转，又盯上了丁原。

丁原，时任武猛都尉，之前与董卓一样，也是奉何进之命来到洛阳的，麾下有一帮精兵猛将。其中有两名虎将，在日后可谓大名鼎鼎。

他们就是吕布和张辽。

吕布，字奉先，五原郡九原县（今内蒙古包头市）人，弓马娴熟，英武骁勇，很早就在并州一带闯出了名头，江湖人称“飞将”。这可是西汉名将李广的称号，没有足够的江湖名望，是戴不上这顶高帽的。时任并州刺史的丁原十分赏识吕布，就将他招入麾下，引为亲信。

董卓对付丁原的办法很简单，就是暗中找到吕布，劝他反水，干掉丁原，然后带着所有人马跳槽过来。具体董卓是怎么说服吕布的，史书无载，不过，无论古今中外，挖人的套路都差不多，无非是动之以情，晓之以理，再诱之以利。

《三国演义》走的就是这个套路。罗贯中在第三回里说，董卓有个部将叫李肃，是吕布同乡，自告奋勇去挖吕布。他牵上赤兔马，外加“黄金一千两、明珠数十颗、玉带一条”登门拜访，然后用一番“良禽择木而栖，贤臣择主而事，见机不早，悔之晚矣”的老套说辞，轻而易举地策反了吕布。

这一幕写得绘声绘色，只不过是虚构的。

其实，不管什么套路，猎头要想成功挖人，后面都是要有企业实力背书的。而在当时，董卓的影响力和实力都要远远大于丁原。所以，吕布没有过多犹豫，就干掉了丁原，带着部众集体跳槽了。

张辽就是在这时候跟着吕布一块儿跳槽的。

张辽，字文远，雁门郡马邑县（今山西朔州市）人，先祖是聂壹，就是汉武帝时著名的“马邑之谋”的策划者。因躲避仇家，聂氏一族后来改姓为张。三百年后，张辽出生。他和吕布一样，勇武过人，也是在丁原当并州刺史时投效的。

转投董卓后，张辽始终无所施展，后来跟着吕布也不得志。直到吕布被曹操击败，张辽降曹后，才终于有了用武之地。在日后曹操讨伐袁绍、北征乌桓、守卫合肥等战役中，张辽均立下了赫赫战功。

董卓不费吹灰之力就吞并了丁原的部众，还得到吕布这员虎将，不由大喜过望，马上封吕布为骑都尉，还认他做了义子。

说到董卓认吕布做干儿子这事，我们就要顺便为吕布说几句话。众所周知，吕布在《三国演义》里经常被骂作“三姓家奴”，意思是吕布本来是吕家人，后来做了丁原义子，其后又做了董卓义子，而且先后把两个干爹都干掉了，实在不是人。

可是，在真实的历史上，丁原从未认吕布做义子，只是对他“大见亲待”而已。既然缺了中间这一环，所谓三姓家奴就不能成立了。

当然，罗贯中给吕布起这个绰号，用意是塑造反面人物的性格特征，抨击见利忘义的丑恶行为，弘扬忠孝仁义的正能量。这都无可厚非，只是作为读者，我们还是要懂得辨别文学与历史的异同。所以，说吕布薄情寡义、轻于去就、做人没底线肯定是没错的，可把他说成“三姓家奴”就属于夸张的文学手法了。

经过一连串腹黑操作，董卓真的变得兵强马壮了。他踌躇满志，觉得是时候会会前不久那场政变的总指挥——袁绍袁大公子了。

他把袁绍请到府上，开门见山道：“天下之主，应立贤明，每念灵帝，令人愤慨！陈留王看上去还不错，我打算立他，想必强过刘辩吧？当然了，人总有小时候聪明，大了却变愚笨的，不知他将来如何。但姑且先立他吧，如果他也不行，那刘氏的种，就没必要留了。”

在中国古代，历来权臣废立皇帝、弄权篡位，一开始都是要扯点遮羞布的，可董卓却异常生猛，一上来就赤裸裸地亮出底牌，分明已经把大汉朝廷视为囊中之物，也分明没把眼前这位家族“四世三公”的袁大公子当回事儿。

他的意思明摆着：把刘协扶上去做傀儡，由他董卓独揽大权，必要时甚至可以把汉家的招牌换成他董家的，而你袁绍是敌是友，就看你今天怎么接这个话茬儿了。

袁绍向来自视甚高，岂能被他一介武夫摆布？于是毫不示弱，坦然接招：“汉家君临天下四百年，恩泽深厚，兆民拥戴。当今天子尚幼，未有不善宣于天下，你想废嫡立庶，也得问问天下人答不答应。”

董卓没料到袁绍敢正面硬撑，遂手按剑柄，厉声道：“你小子竟敢如此？天下之事，岂不在我！我欲为之，谁敢不从！你以为董卓的刀不够锋利吗？”

袁绍也拍案而起：“天下豪杰，难道只有你董卓一人？”说完拔出佩剑，横在当胸，一副跟董卓拼命的架势。

两人无声地对峙了片刻，谁也不敢贸然动手。然后，袁绍就在董卓凶悍的目光中扬长而去了。

董卓虽然骄狂，但并未失去理智。他知道，袁氏一族在洛阳叶大根深，在朝野更是一呼百应，如果今天杀了袁绍，后果恐怕难以预料。

所以，这口恶气，他只能忍了。

有道是一山不容二虎，对袁绍来讲，既然跟董卓撕破了脸，那洛阳铁定是待不住了。几天后，袁绍就把自己司隶校尉的印信挂到了洛阳东门的城楼上，然后亡奔冀州。

袁绍一走，董卓最后的顾虑就消除了。九月，他大会百官，以最高领导人的姿态发表讲话："皇帝暗弱，不可以奉宗庙、为天下主，今欲依伊尹、霍光故事，更立陈留王，何如？"（《资治通鉴·汉纪五十一》）

百官惶恐，没人敢吱声。

董卓扫视了众人一圈，又接着说："昔霍光定策，延年按剑，今日亦同。有敢抗议者，皆以军法从事！"

他说的这个典故，是当年汉昭帝早亡无子，辅政的霍光立了昌邑王刘贺为帝，没想到刘贺的品行糟糕透顶，霍光就召集百官开会，打算废了他。当时，霍光的副手田延年就在一旁拿剑恫吓，把百官吓得面无人色。

此刻，董卓搬出这个故事，虽属东施效颦，但震慑效果是一样的——群臣一听，越发震恐，一个个大气都不敢出。

只有卢植站了出来，说："从前太甲在位，昏庸不明；昌邑王行事，罪过千百，这才有伊尹、霍光废立之事。而今天子尚幼，行无失德，非前事可比。"

董卓大怒，拂袖而去。

当天，董卓就放话要杀了卢植。有人赶紧替卢植说情，这个人就是蔡邕。当初他被流放朔方，之后几经波折，长期流落天涯。不久前董卓召他回京，想利用他名士的身份点缀新朝廷。蔡邕自然是婉言谢绝。董卓就让人给他捎了一句话："我喜欢灭人九族。"蔡邕吓得一个激灵，马不停蹄就赶到了洛阳。董卓很满意，三日内给他连升了三级。

除了蔡邕，议郎彭伯也站出来劝谏："卢尚书乃海内大儒，四方仰望，倘若今日诛之，恐令天下震骇。"

董卓觉得有理，新朝不宜给人血腥印象，何况要杀一个小小的卢植，也不急在这一时，于是收回成命，只罢了卢植的官。

卢植对朝政彻底失望，次日便告老还乡了。不久，心有不甘的董卓就派杀手一路追到了他的家乡涿郡（今河北涿州市）。可是，杀手们扑了个空，因为卢植早已偕家人逃到长城外的上谷（今河北张家口市宣化区）隐居去了。

仅仅过了一夜，董卓就再度召集百官。这一次，大殿上多出了三个人：刘辩、刘协、何太后。公卿们心知肚明：变天的时刻到了。

董卓亲自宣布，废刘辩为弘农王，立陈留王刘协为帝。

这一刻，何太后哽咽不止，群臣心中一片悲怆。然而，已经没有人敢开口说话了。

于是，年方九岁的刘协正式登基，是为汉献帝。

至此，原本就已垂垂老矣、奄奄一息的大汉帝国，终于陷入了不可逆的深度昏迷之中。此后的几十年，只是苟延残喘、名存实亡罢了。

所以，刘协登上帝座的这一刻，基本上可以视为三国时代的零点。

九月初三，也就是刘辩被废的第三天，董卓就用鸩酒毒死了何太后。

十一月，董卓自立为相国，同时享受“赞拜不名，入朝不趋，剑履上殿”的礼遇。

这三项待遇，是历代权臣的专属特权：赞拜不名，就是大臣觐见皇帝时，赞礼官不直呼其姓名，只称官职；入朝不趋，就是上朝的时候，不必按礼制规定的那样小步快走；剑履上殿，就是可以带着佩剑、穿着鞋子上殿。

权臣也分“跋扈”和“非跋扈”两种，对前者而言，当这三道光环加身的时刻，距离篡位称帝、改朝换代也就一步之遥了。至于这一步要不要跨过去，通常取决于这个权臣想不想，而非取决于龙椅上的皇帝让不让。

这一年冬天，风雨飘摇的帝都洛阳成了董卓和西凉军的游乐场。这些长年戍边的大兵从没住过这么繁华的都市，从没见过这么多漂亮的女人。所以他们一下子就疯了，掳掠财物，强奸妇女，如入无人之境。无论是市井小民还是皇亲国戚，只要是他们看上的，无一幸免。

那些日子，洛阳的居民朝不保夕，人人自危。

在这个世界上，道德与文明从来只是一层薄薄的窗户纸，而人性深处隐藏着无穷的欲望和暴力。哪一天，窗户纸被刀枪捅破了，任何人都可能成为野蛮人。

所以，以文教立国的大汉王朝，到头来，也只能眼睁睁看着自己的帝都沦为一座暴力与恐怖之城。

在这些动荡的日子里，当何进与宦官交战、董卓与袁绍撕破脸皮、整个洛阳乱成一锅粥的时候，日后的三国一哥曹操又在什么地方、做些什么呢?

他当然在洛阳，不过并不显山露水。

当各色人等乱哄哄地你方唱罢我登场的时候，曹操一直在观察，在思考，同时也在耐心蛰伏，在等待机会。

《周易》说“亢龙有悔”，所以何进、蹇硕、张让、赵忠等人，一个个身居高位，自吹自擂，结果一个个都死无葬身之地。

还有袁绍，一口气杀光了所有宦官，结果一扭头差点死于董卓刀下。

董卓后来居上，最为嚣张，但是很快，他也将死得比谁都难看。

《周易》还说“潜龙勿用”。这个阶段的曹操，大致可以用这四个字概括。他实力尚弱，人微言轻，所以只能远远站在历史舞台的边缘，冷眼旁观那些刀光剑影，静静等待一个最合适的上场时机……

第二章

三国一哥成长史

不良少年曹阿瞒

要看清三国一哥曹操这个人，一切都要从头说起。

曹操，字孟德，小名吉利，小字阿瞒，沛国谯县（今安徽亳州市）人。陈寿的《三国志·武帝纪》称他的祖上是西汉开国元勋、丞相曹参，其实这个说法并不靠谱。因为很多人都知道，曹操的爷爷曹腾是宦官，曹操老爸曹嵩只是曹腾的养子。所以明摆着，曹操本来不姓曹，只是跟了曹腾的姓而已，就算陈寿有证据证明曹腾是曹参的后人，可从血缘上来说，曹操跟曹参也没有半毛钱关系。

充其量，只能说是宗法上的意义，毕竟收养关系在古代也算是延续了香火。

有人可能会说，人家陈寿的意思，可能是说曹嵩是曹参的后人，这不就对上号了？

可问题是，陈寿也不知道曹嵩的家世出身，他在《三国志》里就老实承认了："莫能审其生出本末。"倒是为《三国志》作注的裴松之给出了一个说法，他引用吴人所著的《曹瞒传》和郭颁《魏晋世语》里的相同记载，称曹嵩本姓夏侯——算起来，日后曹操麾下大将夏侯惇得喊曹嵩一声叔父，也就是说，曹操和夏侯惇是堂兄弟。

如果此说为真，那曹操的祖先虽然不是曹参，却是西汉另一个开国元勋、名将夏侯婴，因为夏侯惇就是夏侯婴的后人。

绕了一圈，人家曹操似乎仍然是堂堂大汉开国元勋之后。可是，裴松之的这一说法就比陈寿的靠谱吗？

当历史迷雾重重、真伪难辨的时候，我们就只能借助于科学了。

早在 2009 年，复旦大学人类遗传学实验室就成立了一个课题组，利用 DNA 技术对曹操的身世之谜展开了研究。他们首先在全国范围内，采集了包括曹姓、夏侯姓在内的超过 1000 例的血液样本，对其 DNA 进行检测，接着又在安徽亳州的曹氏宗族墓葬坑里，找到了两颗非常宝贵的牙齿——它们的主人就是曹操的叔祖父、河间相曹鼎。

然后，课题组根据现代基因和古 DNA 的双重验证，100% 确定了曹操家族的 DNA，继而又用相同方法验证了曹参和夏侯氏的家族基因。通过比对，最后在 2013 年得出结论：曹操家族的基因，与曹参后人的基因和夏侯氏的基因都不一致，没有明确的遗传关系。

同时，课题组认为，曹操之父曹嵩很可能来自曹腾家族的内部过继，不过可以确定该家族并非曹参那一族。

至此，困扰了史学界两千年的曹操身世之谜，终于得到了部分破解——虽然我们还是无从得知曹操的祖宗到底是谁，但起码可以认定，曹操既不是曹参的后人，也不是夏侯婴的后人。

可见，不论是陈寿的说法，还是裴松之引用的说法，都不靠谱。

至少在更有分量的考古发现和科学证据出来之前，这个结论是成立的。

虽然攀不上曹参和夏侯婴这两位显赫的祖宗，但曹操的家庭背景还是相当牛的：他爷爷曹腾官居中常侍、大长秋，在宦官里职位最高，其权势未必熏天，熏人则绰绰有余；他爹曹嵩就靠着家里的权势和钱，花巨资买了三公之一的太尉。

身为高干子弟，自然是养尊处优，所以小时候的曹阿瞒就成了一个纨绔子弟，成天“飞鹰走狗，游荡无度”。他爹曹嵩可能忙于政事，没怎么管他，倒是叔叔看不过眼，经常跟曹嵩打小报告，让他管管这小子。阿瞒对此怀恨在心，决定找机会摆他叔叔一道。

有一天，阿瞒在街上闲逛，恰好看见叔叔迎面走来。他灵机一动，忽然脸一歪，嘴一斜，浑身抽搐，还口吐白沫。叔叔大惊，赶紧问他怎么了。阿瞒十分痛苦地说：“可能是中风了。”叔叔连忙跑去告诉了曹嵩。曹嵩吓坏了，赶过来一看，阿瞒一切如常，啥事儿都没有，就问他：“你叔不是说你中风了吗，这么快就好了？”

阿瞒一脸无辜：“没有啊，我一直都好好的，中什么风？”

曹嵩大为狐疑。

阿瞒佯装困惑地想了想，旋即做出恍然之状：“我知道了，一定是叔父不喜欢我，才会说我的坏话。”

曹嵩一听，原来是这么回事儿。从此以后，不管阿瞒的叔叔说什么，他都不再相信了。

这个故事，出自裴松之注所引的《曹瞒传》，千百年来脍炙人口，不论其真实性如何，都足以表现出曹操的性格：“少机警，有权数。”（《三国志·武帝纪》）

少年时代的曹操，还有一个好哥们儿，就是“四世三公”的袁大公子。

两人都是高干子弟，要风得风要雨得雨，生活实在没什么惊喜和波澜，所以就都放荡不羁爱自由，喜欢寻找刺激。

据南朝刘义庆在《世说新语》中记载，有一次，阿瞒和袁大公子又在一块儿厮混，看到一户人家在办喜事，两个无聊的家伙就生出了恶趣味，决定把人家新娘子劫走。两人趁热闹混进人家后院，稍微做了下分工，等天黑了，袁绍突然放声大喊：“抓贼啊！”这家人不明就里，纷纷从屋里跑出来，照着袁绍叫喊的方向追了过去。这边的曹操立刻冲进洞房，扛起新娘就跑。那头的袁绍估摸着曹操得手了，就绕回来跟曹操会合。两人相视大笑，然后扛着新娘溜之大吉。

跑没多远，新娘回过神来了，就连声大叫：“非礼啊！救命啊！”那一家子人一听，赶紧又杀了回来。袁绍有点发慌，一不留神，哧溜一下掉进了路旁的灌木丛里，忙叫“阿瞒救我”。可阿瞒兄肩上扛着新娘呢，哪腾得出手来救你？

情急之下，曹操大喊一声：“贼在这里！”然后竟扔下袁绍，一溜烟跑没影了。

眼看追兵越来越近，被抓到还不得被当场打死？！袁绍又惊又怒，凭着求生本能噌地一下蹦了上来，最后总算逃走了，没被逮住。

刘义庆的故事讲到这里就结束了，没有交代新娘的结局，也没说袁绍后来有没有找曹操算账。如果我们脑补一下，大致可以推演出如下场景：

袁大公子指着曹操的鼻子骂："曹阿瞒你有病吧？成心想害死我吗？"

曹操满不在乎地笑着说："我要不喊那一嗓子，你蹦得出来吗？"

"可我要是蹦不出来呢？"

"蹦不出来……算你倒霉喽。"

总之，从二人的性格来看，袁绍一定会兴师问罪，而曹操也一定会死不认错；如果袁绍骂曹操不讲义气，曹操就会说我这叫急中生智。

《世说新语》本质上是笔记小说，所以曹操和袁绍的这段公案未必是真的，就算实有其事，一定也经过了艺术加工。不过，这并不妨碍我们从中读出一个鲜活的曹操，一个既有血有肉又大致符合史实的曹操。

《三国志》就说，这个阶段的曹阿瞒"任性放荡，不治行业"，属于典型的不良少年。

很显然，日后那个雄才大略、阴狠狡诈的三国第一枭雄曹操，就是从眼下这个吊儿郎当、机变百出的不良少年曹阿瞒走过来的。

老话常说的"三岁看老"，还真是一条朴素的真理。

阿瞒虽然放荡不羁，但如果仅止于此，估计大了以后也是个废柴，不能指望他有多大出息。所幸，阿瞒还是有一个优点的。

他喜欢看杂书。

东汉的贵族子弟，一般上学从识字课本读起，然后读算术、天文、地理等。稍大一点，就要读《论语》《孝经》等儒家的入门书。到了十五岁，有条件的就要到京师去读太学了，教材是《诗经》《尚书》《礼记》《周易》《春秋》这五本儒家经典，合称"五经"。

阿瞒是高干子弟，十五岁后自然也要入太学。不过，以他那混世魔王的性格，这些循规蹈矩的书肯定满足不了他，所以他就撒开了看各种课外书，其中最感兴趣的当数兵家和法家。《三国志·武帝纪》就说曹操"揽申、商之法术，该韩、白之奇策”。“申、商”就是申不害和商鞅，法家代表人物；“韩、白”就是韩信和白起，兵家代表人物。

显而易见，最合乎阿瞒胃口的，就是武力加权谋。事后来看，他显然都看对了，所以才会成为“三国”中最大的赢家。

曹操后来之所以那么牛，不仅因为早年读了很多符合自己兴趣和性情的书，更因为他有一套很厉害的读书方法。我们今天常说，要把书上的内容真正变成自己的，光靠大量“输入”是不够的，还必须学会“输出”。所谓输出，包括摘录、做笔记、写读后感、与人分享等，这样才能最有效地吸收书中的精华，并使之为我所用，变成自己能力的一部分。

而曹操恰恰就用了这种方法。

他不仅大量抄录了当时可见的诸家兵法，将其汇集成册，还给《孙子兵法》做了详细的注释。我们今天读到的《孙子兵法》，其中流传最广的版本之一，就是曹操的注本。

在太学读书期间，阿瞒发现了一件令他挺郁闷的事：周围很多人瞧不起他。因为他爷爷是宦官。东汉一朝，宦官虽然飞扬跋扈，权倾朝野，但是名声很臭。用后来陈琳帮袁绍写檄文骂曹操的话来说，就叫“赘阉遗丑”，相当难听。

除了出身不好，阿瞒自己的品行也不太检点，所以难免遭人鄙视。

在当时，名声不好可不是一件闹着玩儿的事，它直接关系到一个人的仕途。

两汉的官员选拔制度是“察举制”，跟后来的科举完全不同。科举考试更像今天的高考，只要你成绩好就行，可察举制考察的却是一个人的品行和声望。所以名声不好的人，理论上就跟仕途绝缘了。虽然阿瞒家里有钱，实在不行还可以跟他老爸一样，拿钱去砸。可拿钱砸出来的官，照样会让人鄙夷，人家表面不说什么，背地里都是嗤之以鼻的。

阿瞒虽说表面上满不在乎，但胸中也是有大志的，他可不想一辈子被人瞧不起。所以，必须想办法提升知名度，打造影响力。而最有效的办法，跟今天差不多，就是找社会名流给自己站台，做品牌代言。

为此，阿瞒特意找到了一个叫宗承的名士，想跟他交个朋友，套套近乎。可到了人家府上一看，我的天，里里外外都是宾客，别说交朋友了，说上一句话都难。可阿瞒毫不气馁，今天没机会，我就明天再来。于是，一连数日，阿瞒天天来，就站在人家客厅外死等。终于有一天，宗承送客人出来，阿瞒立刻逮住机会，跑上去自报家门，然后毕恭毕敬地伸出手，心想这手一握，朋友就算交上了。

没想到，宗大名士只是淡淡地瞟了他一眼，既不握手，也不说话，然后一转身，昂着头就走了。

阿瞒的手僵在那儿，十分尴尬。

没关系，今天你对我爱搭不理，明天我让你高攀不起。阿瞒收拾起受伤的自尊心，然后同样一转身，昂着头找下一位名士去了。

功夫不负有心人。找来找去，阿瞒终于碰上了一位真正赏识他的大佬。

此人名叫桥玄，曾当过太尉，也是当时的一位大名士。

不得不说，桥太尉的眼光相当毒辣。他本身也崇尚法家，所以跟阿瞒一见如故，几次攀谈过后，就郑重其事地对他说："天下将乱，非命世之才不能济也，能安之者，其在君乎！"（《三国志·武帝纪》）

这句话的分量之重，怎么形容都不为过。

为了让更多名士给阿瞒站台，桥太尉还热心介绍他去找当时的一位评论家。

这位评论家的名头可不是一般的大，直到两千年后的今天依旧如雷贯耳。他就是"月旦评"的创始人许劭。

"月旦评"在当时的影响力，就如同今天的福布斯排行榜，区别在于"月旦评"是文人雅士排行榜，不是有钱就能上的。许劭品评褒贬当时人物，然后在每月初一公开发表，故有"月旦评"之称。无论何人，凡是经他褒奖赞扬，立刻身价百倍，名动天下。

对此，阿瞒当然求之不得。如果能得到许劭的赞扬，哪怕是只言片语，也足以让他彻底洗刷"阉宦之后"的污名，从此令世人刮目。

于是，阿瞒带上厚礼登门求见，态度十分谦卑。然后，既是意料之外也在情理之中，许劭打心眼里鄙视他，所以只字不吐。阿瞒却不在乎，再次拿出厚脸皮的精神，死缠滥打，非让许劭开口不可。

双方就这么僵持了一阵子。最后，阿瞒只好拿出当初混社会的手段，有一天又去找许劭，突然把他逼到墙角，恶狠狠地发出威胁，估计是说些“你今天再不开口，老子就要动手了”之类的话。

许劭被逼无奈，只好用不太情愿的口气说出了那句名垂青史的评语：

“子治世之能臣，乱世之奸雄。”

不愧是东汉末年著名评论家，许劭这话说得相当有水平：

首先，说曹操是治世能臣，多少有恭维之嫌，这是为了不让曹操揍他，好汉不吃眼前亏；说曹操是乱世奸雄，明显是偏贬义，这是为了出一口恶气，让自己心里平衡一点。

其次，话不说死，模棱两可。毕竟，将来的天下是治世还是乱世只有天知道，所以你曹操到底是能臣还是奸雄我说了不算，得看老天爷。

最后，这句话还可以理解为是给曹操出了道选择题。也就是说，“治世”的“治”和“乱世”的“乱”都可以做动词用：你曹操若想当个能臣，那就拿出本事去好好治国；可你要总是这副动不动就揍人的德行，那你迟早会成为一个祸乱天下的奸雄。

总之，最后这层意思已经有了规劝和警示的味道。

不知道阿瞒听出了几层意思，反正他听完后，什么话都没说，只发出一阵大笑，然后就昂着头扬长而去了。

曹操的反应很符合他的性格。对他而言，做能臣还是做奸雄都无所谓，因为能当得起这两个称呼的人，必定都是具有大能量的人，也是干出了一番大事业的人。这就够了。至于道德层面上的善恶忠奸，在曹操那儿根本不构成问题。

说白了，曹操这个人真正在乎的，从来都只是本事和实力，而非品格与道德。

奋斗与幻灭：曹操的年轻岁月

为了洗刷“阉宦之后”的污名，曹操不仅四处找名士站台，而且下决心要与宦官划清界限。

可如何划清界限呢？难道要宣布跟曹腾脱离祖孙关系？

阿瞒可没这么傻。曹腾虽然不是亲爷爷，但供他吃、供他穿、供他上太学，脱离关系就得去喝西北风了。何况汉朝以孝治天下，阿瞒岂敢背上不孝的骂名？

想来想去，阿瞒决定干一件既耸人听闻又能博得天下士人好感的事。

那就是刺杀宦官。

阿瞒锁定的刺杀对象，就是当时最为臭名昭著的宦官头子——张让。

凭着早几年混社会练就的武艺和胆量，阿瞒觉得杀这个老宦官就是小菜一碟。

一个月黑风高之夜，阿瞒揣上一把锋利的手戟，潜入了张让宅邸，并且顺利摸进了张让的卧室。不过，他还是低估了张让的警惕性。这老家伙害过很多人，仇家无数，自然怕人报复，所以睡觉都睁着一只眼睛。

阿瞒刚要动手，张让就察觉了，连声大喊“抓刺客”。阿瞒只好夺路而逃，刚跑进庭院，便有一帮侍卫围了上来。眼看就要被瓮中捉鳖，阿瞒亮出手戟，耍了几个酷炫的招式，把那些侍卫吓得一愣。趁着侍卫愣神的工夫，他跳墙而出，溜之大吉。

虽然曹操刺杀张让失败了，但他那敢于向恶势力宣战的勇气无疑改变了很多人对他的看法。当然，这种事不可能广为传播，但只需在小范围的士人内部流传，就足以为他塑造出富有正义感的人设，也足以让众多反对宦官的人把他视为革命同志了。

人在年轻的时候往往不乏血性，无论日后的曹操成了一个多么务实理性的现实主义者，这时候的阿瞒还是颇有些不畏权势、反抗黑暗的理想主义色彩的。

举一个不太恰当的例子。1700 多年后的清朝末年，曾经有个叫汪兆铭的革命青年去刺杀当时的摄政王载沣，失败被捕，在狱中写下了一首悲壮而感人的诗：“慷慨歌燕市，从容作楚囚。引刀成一快，不负少年头。”然而许多年以后，这位既爱国又热血的革命青年，却为了个人的政治利益不惜出卖国家和民族，从而以“汉奸”的千古骂名被钉在了历史的耻辱柱上。

当然，柱子上的名字，写的不是他的曾用名汪兆铭，而是后来的大名：

汪精卫。

有时候我们很难想象，当初那个慷慨悲歌的革命志士，与后来这个为虎作伥的卖国贼，竟然会是同一个人。可岁月这个无情的神偷，就是这么容易偷走人的理想和操守，所以由人和岁月共同书写的历史，也往往是这么吊诡并充满了戏剧性。

阿瞒刺杀张让这件事，说明他对宦官乱政的黑暗现实也是心怀不满的，并且还愿意付诸行动去改变它。虽然他的动机中含有想要扬名立万的因素，但也不乏匡正时弊的理想和激情。

很快我们就将看到，日后的“乱世奸雄”曹操，曾经也是一个充满热血的有志青年，也想通过奋斗去挽救日薄西山的东汉王朝。尽管他从不在乎世人的道德评价，但在有机会去做“治世能臣”的情况下，他当然不会乐意去做“乱世奸雄”。

二十岁那一年，阿瞒从太学毕业，被举为“孝廉”，从此踏上了仕途。

所谓孝廉，顾名思义，就是孝子廉吏。从汉武帝开始，汉朝就以此为选拔官员的主要方式：通常是由地方官从辖下的居民中选拔道德品行良好的人，推举给朝廷，然后再由朝中的高官举荐，出任官职。

以阿瞒的昔日品行来看，貌似跟“孝子廉吏”一点都不沾边。不过这不要紧，因为察举孝廉的制度到了东汉末年，早已腐败透顶，当时民间有一首童谣是这么传唱的：“举秀才，不知书；举孝廉，父别居。”

说是察举有学问的秀才，其实这人斗大的字识不了一筐；察举孝子廉吏，其实这人把老爹都赶出了家门。

所以，阿瞒身为高干子弟，又有桥玄、许劭等名士为他站台，走走关系，再花点钱，这事就轻松搞定了，谁管他孝不孝廉不廉呢？

曹操的第一任官职，是洛阳北部尉，也就是京师北部地区的治安长官，相当于区一级的公安分局局长。这个职位既是一条快速升迁的终南捷径，也是一块让人头痛的烫手山芋。

为什么这么说？

道理很简单：住在京城的人，不是皇亲国戚就是高官显贵，这些人犯了事你管不管？如果你识时务，睁一只眼闭一只眼，甚至跟他们利益交换，那你要升官就快了；可你要是秉公执法，那很可能得吃不了兜着走，不仅前途堪忧，说不定还小命难保。

如今，这道难题就摆在了青年曹操眼前。

他会怎么做呢？

曹操一上任，就大张旗鼓地给自己衙门的四面大门都重新装修了一遍，这无异于是在对辖区居民宣布：大伙儿都瞧仔细了，这地盘现如今由我曹孟德做主，新人新气象，请诸位老少爷儿们积极配合本人的工作。

紧接着，他又别出心裁地在衙门外悬挂了十几根大棒，上面涂有五种醒目的颜色，称为“五色棒”。这就属于公开威慑了，意在警告那些作奸犯科之徒：别犯在我曹孟德手上，否则五色棒伺候！

面对新官上任这两把火，估计辖区内的许多大人物都不会当回事儿：一个官秩区区四百石的芝麻绿豆官，也敢在我们面前耍威风，搞不搞笑？

说白了，很多人都以为，这小子不过是摆摆样子、走走过场罢了，不必当真。

可是，曹操马上就将用实际行动点燃新官上任的第三把火，同时向所有人证明：你们错了！

一天夜里，曹操带着几个手下，拎着几根五色棒，正在辖区内巡逻，忽然看见前面有个人竟大摇大摆在街上溜达。

这谁啊，居然敢违犯宵禁？曹操马上命手下把这人逮住了。

汉朝实施夜禁制度，到了晚上就不能随便出门走动，除了办理公务或生病看急诊等特殊情况，夜里出门都属于违令，称为“犯夜”。

曹操把这个犯夜的家伙逮了个正着，可还没等他问明情由，此人竟十分嚣张地自报家门，然后说出了一个人的名字。

这个名字就是蹇硕。

没错，正是灵帝刘宏最宠幸的那个蹇硕——后来的西园上军校尉、托孤重臣。

而眼前这个公然犯夜的人，就是蹇硕的亲叔叔。

这下麻烦来了。若是为了自己的前程，曹操就应该当场放人，并且赔礼道歉；若是想当一个执法严明的好官，这就是个杀一儆百、树立威信的机会。

曹操义无反顾地选择了后者。

于是，几根五色棒不由分说就往蹇硕叔叔的身上招呼。犯夜虽属违法行为，但也不是什么大罪，一般打个一二十棍也就行了。可是，几个手下噼噼啪啪打了好一阵子，曹操却丝毫没有喊停的意思。

所以，结果不难猜：蹇硕的叔叔死了，被曹操活活打死了。

这件事立刻成了轰动朝野的大新闻。所有人都没有料到，宦官曹腾的孙子，竟然当街杖毙了宦官蹇硕的叔叔，这不是大水冲了龙王庙，自家人不认自家人了吗？

是的，曹操要的就是这种效果：六亲不认，才足以显示他的刚正不阿；拿最跋扈的宦官开刀，才更能表明他严明法纪、整肃纲纪的魄力和决心。

明摆着，曹操这是铁定了心要当一个忠于职守、不畏权势的好官了。而杀戮立威也迅速取得了立竿见影的成效：据《三国志》注引《曹瞒传》记载，此事过后，一时间“京师敛迹，莫敢犯者”。

然而，这种清明局面并没有维持太久。因为很快，曹操就被调走了。

难道是宦官打击报复，把他罢官了？

打击报复是必然的，宦官们又不是吃素的，岂能容你一个小小的曹孟德在太岁头上动土？不过如果只是简单地罢了曹操的官，那就显得宦官们太没有政治手腕了。

在他们看来，曹操终究是同为宦官的曹腾的孙子，这小子固然可以六亲不认拿自己人开刀，但宦官们却不宜直接对他进行打击报复，因为这会给外人造成一种宦官集团爆发内讧、自相残杀的错觉。所以，不能直接罢曹操的官，但也绝不能任由他坏了规矩，在宦官们眼皮底下撒野。因此，最妥善的办法，就是以升迁为名，把这小子弄出洛阳，眼不见为净。

于是，曹操就在宦官们的联名举荐之下，光荣地告别了洛阳北部尉的岗位，升迁为顿丘（今河南清丰县西南）县令。

曹操在顿丘大概待了一年，应该是干出了一些政绩，只可惜所有史料都付诸阙如。不过，我们还是从《三国志·曹植传》的只言片语中，找出了一些蛛丝马迹。那是许多年后，曹操集结大军要去征讨孙权，命曹植留守邺城，临行前回忆往昔，说了几句勉励曹植的话：“吾昔为顿丘令，年二十三，思此时所行，无悔于今。今汝年亦二十三矣，可不勉与！”

虽然惜字如金，语焉不详，但从“无悔于今”这四个字便足以看出，曹操对自己年轻时在顿丘任上的作为，还是颇有些自豪的。

既然干得不错，怎么才待了一年呢?

没办法，尽管曹操满腔雄心壮志，想要大显身手，可老天爷偏偏不给他机会。

这一次又是宦官惹的祸，不过曹操并未跟宦官直接交手，而是遭遇了一次匪夷所思的“隔山打牛”事件，被一件八竿子打不着的祸事给牵连了，纯属人在家中坐，祸从天上来。

事情非常绕，详细说会把人绕晕，我们就简单点说：曹操堂妹的老公叫宋奇，宋奇有个姐姐，是灵帝刘宏的第一任皇后；宋皇后的姑父得罪了宦官王甫，被王甫害死了；王甫担心宋皇后会跟皇帝吹枕头风报复他，索性以“巫蛊”的罪名诬陷宋皇后；于是，宋皇后就被灵帝废了，家里的父亲兄弟也被一锅端了，其中就有宋奇；这自然连累到了宋奇老婆，也就是曹操的堂妹，最后就波及了曹操。

很显然，在这起无比曲折的躺枪事件中，阿瞒兄是非常无辜的，他可能从来都不记得还有这么一位七拐八弯的亲戚。可是，古代的连坐法就是这么没有人性，所以躺枪之事年年有，只是这回轮到曹阿瞒，你上哪儿说理去?

认命吧。

二十四岁的曹操就这么被罢了官，废为庶民，然后默默收拾起铺盖卷儿，怀着比窦娥还冤的心情回了谯县老家。

仕途受挫，曹操就拿起了书本。

不是为了排遣无聊，而是为了补充能量。

事实证明，无论古今中外，很多牛人在人生的困顿期都会做同一件事：埋头读书。命运的打击没有成为他们荒废时光的理由，相反，他们往往能够把不幸和挫折转化为沉潜和自修的良机。通过大量读书，牛人们不断自我赋能，从而为日后的创业储备了必要的知识资本，也为将来的东山再起积蓄了足够的精神力量。

曹操就是这么做的。

在老家闲居的这段时光，他遍阅古籍，狠狠地充了一回电。

短短两年后，机会来了，而机会总是垂青有准备的人——朝廷征召通晓经史者为议郎，曹操便以“能明古学”的本事复出了。

议郎是个纯粹的闲差，没有什么实质性工作，只是发发议论，写写奏章，皇帝看不看还另说。这对混日子的人很合适，可曹操不是来混的。在其位，就要谋其政，再加上曹操刚读了两年书，不说一肚子学问，至少一肚子议论肯定是有的。

所以，火力十足的曹议郎一上任就开炮了，目标还是宦官。

上回被赶出洛阳，就是宦官下的黑手，此后的躺枪事件，也是间接被宦官所害。新仇加旧恨，不对宦官开炮要对谁？更何况，曹操一心想要有所作为，可如今的朝政被宦官搞得乌烟瘴气，他哪有出头之日？所以无论在公在私，他都必须跟宦官死磕到底。

曹操上的第一道奏章，讲的是桓帝一朝的大将军窦武、太傅陈蕃因谋除宦官而遇害的事，即后来史家所称的“党锢之祸”。曹操大胆地为窦武、陈蕃等“党人”翻案，说他们都是正直之士，却被小人陷害，导致如今“奸邪盈朝，善人壅塞”，言辞十分激切，矛头直指宦官。

然而，炮弹是射出去了，可连只蚊子都没打到。

因为刘宏压根不搭理他。

曹操不甘心，很快又上了第二道奏章，这次是骂朝廷的三公贪污受贿、徇私枉法。表面是骂三公，其实还是冲着宦官去的，因为当时的太尉许馘、司空张济等人跟宦官穿的就是同一条裤子。

这回，让人意外的是，刘宏居然看了他的奏章，而且看完后还有了行动。他责备了许馘和张济，然后提拔了一个叫陈耽的人担任司徒。陈耽为人正直，跟曹操算是同一条战线的。

这一回合，曹操貌似赢了。虽然没伤到宦官分毫，但至少赢得了皇帝的表态，还让自己的一位同志上位三公，成果还是比较丰硕的。

曹操很受鼓舞，准备再接再厉。可是，宦官哪是那么好惹的？没过多久，陈耽司徒的位子都还没坐热，就遭到了宦官反扑，被诬陷下狱，很快死在了狱中。

那么曹操呢？一定也遭报复了吧？

不，什么都没发生，曹操被无视了。

宦官们觉得，一个只会吐吐槽写写奏章的议郎，根本没什么杀伤力，所以没跟他一般见识，把他当空气一样无视了。

说到底，如今这个握笔杆的曹议郎，其威胁性甚至远远不如当初那个挥舞五色棒的北部尉，宦官们连瞧他一眼都嫌多余。

意识到这一点的时候，曹操很是伤感。

这些年好像都白混了，甚至越混越回去了，让这个自以为战斗力爆表的有志青年情何以堪？

看来，想通过抨击朝政、匡正时弊的方式来拯救这个病入膏肓的帝国，是行不通了。可除此之外，还有什么别的道路可走呢？

曹操感到了一种前所未有的迷茫和幻灭。

据《三国志》记载，自从陈耽惨死之后，曹操便“不复献言”，从此陷入了沉默。

当天下一团漆黑的时候，无论什么人，想擎着一支烛火去照亮这个世界，都属于痴人说梦，注定是一场徒劳。在此情况下，你唯一能做的事情，就是小心捂住自己的这点微光，尽量不让它被无边的黑暗吞噬。

能做到这一点，或许就已经很不容易了。

但是，星火总是要有的，万一燎原了呢？

做能臣还是做奸雄

当“治世能臣”的理想在曹操心中逐渐幻灭的时候，黄巾起义突然爆发，一个四百年未有的大乱世拉开了序幕。

上帝关上了一扇门，然后为曹操打开了一扇窗。

不知道这时候的曹操有没有想起许劭“乱世奸雄”的话。总之，污浊的现实早把他压得喘不过气了，所以变乱一起，他立刻响应朝廷征召，以骑都尉的军职冲上了战场。

接下来的一幕在上一章我们已提过了，曹操得知皇甫嵩被黄巾军围困在长社，连夜赶去救援，结果到了地方人家仗都打完了。

不过，那次他只是小小地失落了一晚上。随后，他与皇甫嵩、朱儁合兵一处，大破黄巾军，斩首数万级，算是锋芒初露，立下了不小的战功。

不久，他就因功被朝廷任命为济南相。

济南相，就是济南国的国相，名头听上去比较唬人，其实跟郡太守是同一级别。汉代实行郡国并行制，郡直属中央，国是分封给诸侯王的领地。从汉景帝之后，朝廷逐步削弱诸侯的势力，所以那些刘姓亲王后来基本都成了吃闲饭的，吃穿不用愁，可权力是没有的，真正的实权人物是朝廷任命的国相。

济南国的辖境，相当于今天山东济南及周边十几个市县。曹操在议郎的位子上憋屈了好几年，这回终于掌握实权了，地盘又不算小，不干出点动静还真对不住自己。

他干的头一件事是澄清吏治，把下面的一帮贪官污吏全给收拾了——大老虎也打，小苍蝇也拍，风格十分强悍，手段异常生猛。

过去这些老虎苍蝇搞腐败的时候，前几任国相都不敢管，所以他们就肆无忌惮，为所欲为。可曹操一来，就拿出法家那套雷厉风行的霹雳手段，不但一一严查，还把过去的老账全给翻了出来，然后不管你上面有没有天线、背后有没有靠山，只要贪赃枉法的证据确凿，有一个算一个，都给我就地免职！

济南国的老虎苍蝇们哪见过这种猛人，一个个都吓蒙了。就地免职只是开胃菜，天知道后面的主菜是不是“五色棒炒人肉”？

不行，赶紧逃跑。凡是屁股不干净的人都坐不住了，来不及收拾金银细软就纷纷逃窜。用《三国志》引《魏书》的话说，就是“奸宄遁逃，窜入他郡”，宁可流窜异地他乡去饭馆洗盘子，也好过被你曹孟德的五色棒打死。结果没过多长时间，整个济南国便“政教大行，一郡清平”。

事实证明，曹操的确是很有本事的人，给他点阳光，他就会灿烂；给他个舞台，他立马发光。怕就怕总是阴天，日头不出来；怕就怕有人拆台，让你在废墟里独舞。

收拾完贪官污吏，曹操紧接着干的第二件事就更猛了：拆庙。

整治坏人倒也罢了，连鬼神你都敢招惹？你就不怕被神明降罪，遭厉鬼索命？

曹操不怕，他一口气拆掉了济南国境内六百多座民间祠庙。可是，曹操为什么要跟鬼神过不去呢？

其实他不是跟鬼神过不去，而是跟那些打着鬼神的幌子大搞迷信活动、实则搜刮民脂民膏的权贵和豪强过不去。

这里头的逻辑很简单：一般的平头百姓是没有那个财力盖庙的，要盖一座庙，得有地皮，有资金，还得有官府的关系拿到批文，这种事只有地方豪强才玩得转。那豪强们盖庙是图什么呢？当然不是为了净化灵魂或追求信仰，而是为了开门做生意。

把泥塑木雕的偶像往供桌上一摆，再把香炉、签筒、功德箱等备齐，四面八方的老百姓就会过来求神问卜、三拜九叩，然后香火钱就会像潮水一样源源不断地涌入豪强们的腰包。这就是一本万利的大买卖，谁不干谁傻。当然，老百姓拿钱拜鬼神，豪强们也得拿钱去拜高官，跟高官们利益均沾、有福同享，这门生意才能长长久久做下去。

正因为相当暴利，这个行当才会在济南国及附近郡县遍地开花。惨的还是老百姓，他们被那些权贵和豪强敲骨吸髓而不自知，只能一辈子在贫穷与愚昧的圈子里打转。

可是，曹操来了。

对那些利用神庙大发其财的人来讲，他就像一尊最大的“瘟神”：“遂除奸邪鬼神之事，世之淫祀由此遂绝。”（《三国志·武帝纪》注引《魏书》）

贪官污吏全收拾了，牛鬼蛇神也绝迹了，一时间，济南的上空无比蔚蓝。

如此局面，老百姓当然是最大的受益者。可与此形成鲜明对照的是，从地方豪强、郡国官吏一直到朝廷权贵，这一整个利益链条，就成了受害者。这些一直坐享既得利益的肉食者岂能善罢甘休？

所以，结果没有什么悬念：曹操走了。

来得轰轰烈烈，去得悄无声息。准确地说，曹操是托病主动辞官了。因为他触动的这根利益链条的最顶端，就是朝中那些权势熏天的宦官。绕来绕去，他一路死磕却永远无法战胜的对手，还是宦官。

眼看当初那个毫无杀伤力的曹议郎居然动了他们的奶酪，宦官们当然不能再无视他了，立刻让人给他捎了口信。具体是什么口信，史书没有记载，但可想而知，一定是很露骨的威胁，并很可能是拿曹操在京师的家人进行要挟。否则的话，以曹操的性子，没那么容易主动辞官。

做此推测的根据，是曹操在十几年后写的一篇自述，名字有点拗口，叫《让县自明本志令》。他在里面写了这么一句话："故在济南……违忤诸常迕，以为豪强所忿，恐致家祸，故以病还。"

"恐致家祸"四个字，把曹操辞官的主要原因，以及他的悲愤、无奈和恐惧一语道尽了，说明宦官的确给了他不小的威胁。

灵帝中平元年（公元 184 年），曹操再次回到了家乡。

这一年，他刚过而立之年。历数十余年来的仕途生涯，他已然经历了二起二落。

第一个起落，是先后担任洛阳北部尉和顿丘令，然后被罢官。

第二个起落，是先后担任议郎、骑都尉和济南相，然后被迫辞官。

文职做过，武官做过，朝廷的闲差当过，地方的一把手也当过，最后兜兜转转又回到了原点。当年许劭的那句话言犹在耳，可"治世能臣"那条路几乎已经断绝，剩下的，就只有"乱世奸雄"这条道了。

曹操也看得出乱世已经来临了，莫非做奸雄注定是自己的宿命？

可奸雄也不是说做就能做的。奸，曹操不缺，打小就一肚子诡计，进了官场更是满脑子权谋；雄，他也不缺，有才干有魄力有野心，能文能武能写诗能杀人。可问题是这些都只是禀赋，不是事业。要做奸雄，得有人马，有刀枪，有地盘，有旗号，有振臂一呼应者云集的号召力和影响力，最终才能征战杀伐逐鹿天下，闯出一番事业。

而眼下，这些东西曹操通通没有。

简言之，他还远远不具备做奸雄的资格。

所以，曹操也不想那么多了，他决定隐居。用他自己的话说，就是“秋夏读书，冬春射猎”“以泥水自蔽，绝宾客往来”（《让县自明本志令》）。

读读书，打打猎，住在简陋的房子里，不与任何人往来，一副打算享受岁月静好的样子。而且曹操还说了，这次归隐，他打算隐二十年，等到天下清明了，再出来做官不迟。

可是，他真的能隐二十年吗？

暂且不说曹操这话本来就有些言不由衷，就算他真的这么想，马上就要到来的这个乱世也注定要把他从隐居生活里拉出来，然后大声告诉他：

别矫情了，你的征途是星辰大海！

短短两年后，即中平三年（公元 186 年），朝廷再度征召他为都尉。这是曹操仕途生涯的第三起。又过了两年，朝廷设置西园军，他就成了八校尉之一的典军校尉，位在蹇硕和袁绍之下。

不久，灵帝驾崩，刘辩即位，然后何进干掉了蹇硕，袁绍提议召四方猛将入京，胁迫太后，尽诛宦官。

当时，听到袁大公子的这个馊主意后，曹操不禁笑出了声，对左右说：“用阉人做内官，不论古今都少不了。问题在于，天子宠幸并把权力交给宦官，才闹到今天这个地步。既然要治宦官的罪，就要诛杀元凶首恶，派一个狱吏足够了，何必召集四方将领？想把宦官一网打尽，这么大的事情必然走漏风声，我料定他们必败。”

后来，局势的发展果然不出曹操所料：何进与宦官同归于尽，董卓入京把持朝政，袁绍逃亡，京师一片大乱。

当整个洛阳乱成一锅粥的时候，曹操非常冷静，既没有选边站队，也没有介入任何斗争，而是一直躲在暗处冷眼旁观。

直到董卓废掉刘辩，另立刘协，曹操就再也躲不过去了。董卓知道他有能耐，就抛出橄榄枝，举荐他为骁骑校尉，邀他共谋大事。可曹操很清楚，董卓这厮丧心病狂，已然成为天下人的公敌，很快就会完蛋，所以别说一个区区校尉了，就算给他个太尉他都不会干。

既然不上董卓的贼船，那洛阳就别想待下去了，曹操别无选择，只能步袁绍之后尘，三十六计走为上策。

中平六年（公元 189 年）九月，曹操改名换姓悄悄逃离了洛阳。

这是他早期仕途生涯的第三落。也就是说，他又一次被打回了原形。

而这一次，“治世能臣”的道路终于在他身后彻底断绝，如同夜幕降临时徐徐关上的洛阳城门。

连治世都已荡然无存，还奢谈什么能臣？

当曹操策马奔驰在逃亡路上的时候，回首往昔，心中一定充满了感慨和悲凉。

从今往后，做不做得成奸雄另说，至少这个大汉天下已经确凿无疑地变成一个乱世了。曹操并不惧怕乱世，甚至可以说，从他的秉性、才干和野心来看，乱世反而更适合他。

沧海横流，方显英雄本色！

前路茫茫，但曹操已经义无反顾地选择了自己人生的方向……

宁我负人，毋人负我

关于曹操从洛阳出逃这件事，罗贯中老先生兴许是觉得太过平淡，就在《三国演义》中演绎了一个情节，说曹操拿着司徒王允给他的一把七星宝刀，以献刀为名要刺杀董卓，结果险些被董卓察觉，只好把宝刀献上，然后纵马出逃。

这么虚构一下，故事自然是生动曲折了，只是逻辑上不太靠谱。试想，当时的董卓已是大权独揽，整个洛阳的兵马都在他的掌控之下，曹操就算行刺得手，能溜得掉吗？这可不像当年行刺张让那么简单，拿只手戟挥舞两下就能把人唬住。

说白了，历史上的曹操若真敢这么玩，恐怕早就死在董卓刀下了，还做哪门子的乱世奸雄？稍微有点脑子的人，都不可能逞这种匹夫之勇，更不用说精明过人的曹操了。

逃出洛阳后，曹操一路东奔，不过他的目标并不是家乡谯县，而是距此不远的陈留郡（治今河南开封市东南）。之所以选择这个地方，原因有三：

首先，他已下定创业的决心，要起兵讨伐董卓，所以不可能再回老家去当寓公；其次，陈留距洛阳仅四五百里，方便窥伺京师动向，可随时发兵进攻董卓；最后，也是最重要的，时任陈留太守的张邈是他过去的铁哥们儿，彼此知根知底，意气相投，可联手共同创业。

去往陈留的途中，曹操经过了一个地方：成皋。

这座东汉末年的十八线小县城，就是今天河南荥阳的汜水镇。曹操绝对没想到，他将在这个地方无意间制造出一桩血案。

这桩血案，就是杀吕伯奢一家。

凡是看过《三国演义》的人，对这个故事都很熟悉，但多数人可能不知道，这桩并不复杂的杀人案，在历史上其实有三个版本。这三个版本，陈述的杀人动机和案情经过都不尽相同，基本上就是一出“罗生门”，很值得我们玩味一番。

第一个版本，出自曹魏官员王沈所著的《魏书》：“太祖……从数骑过故人成皋吕伯奢；伯奢不在，其子与宾客共劫太祖，取马及物，太祖手刃击杀数人。”

第二个版本，出自西晋史家郭颁的《魏晋世语》：“太祖过伯奢。伯奢出行，五子皆在，备宾主礼。太祖自以背卓命，疑其图己，手剑夜杀八人而去。”

第三个版本，出自东晋史家孙盛的《杂记》：“太祖闻其食器声，以为图己，遂夜杀之。既而凄怆曰：‘宁我负人，毋人负我！’遂行。”

三个版本的共同点，就是曹操的确杀了吕伯奢的家人。然而，曹操究竟为何杀人，这才是本案的焦点。

按照王沈的说法，是吕家人见财起意，要抢劫他的马匹和财物，曹操不得已才把他们杀了。果真如此的话，曹操属于正当防卫，顶多算是防卫过当，理应得到世人的谅解，就算把他拉上法庭，要让他负刑事责任，法官估计也会酌情从宽。

问题在于，王沈的说法可信吗？

首先，我们来看一下王沈的身份背景。实际上，史学家只是他的第二身份，王沈的第一身份其实是曹魏的大臣，在曹髦（曹丕孙子）时代官居侍中。说白了，他就是曹魏公司的高管。我们能指望他一边领着曹家的高薪，一边写史揭露公司创始人曹老板的杀人罪行吗？

恐怕很难。

从司法实践的角度来看，一个案件中，与被告方存在利益相关的证人，其证言的真实性一向备受质疑，被法庭采信的概率也是很低的。

其次，王沈的证词，存在很大的逻辑漏洞。我们都知道，曹操本人就是练家子，身手相当了得，按照《三国志》的说法，叫“才武绝人，莫之能害”，所以当年刺杀张让才能全身而退。而按照王沈所言，他借宿吕伯奢家之时，身边还带了好几个骑兵侍卫。试问，吕家人的脑子得进多少水，或者事先吃了多少颗熊心豹子胆，才敢打劫曹操？况且当时曹操是在逃亡，神经高度紧绷，恐怕连睡觉都睁着眼睛，吕家人对他下手，不是找死吗？

综上所述，我们有理由认为，王沈在《魏书》中的说法可信度很低，极有可能是对曹操的袒护，甚至捏造事实。

排除掉最可疑的证词，那么事实应该就在后面的两个版本中。

郭颁的《魏晋世语》和孙盛的《杂记》都认为，曹操杀吕伯奢家人并非出于正当防卫，而是怀疑对方要害自己，所以先下手为强。但二者的区别也很明显：郭颁的说法可以认定为谋杀，孙盛的说法则倾向于误杀。

郭颁说，吕家人“备宾主礼”，也就是盛情款待了曹操，可曹操却恩将仇报，在没有任何可疑迹象的情况下，仅仅出于莫须有的疑心就把人家八口人全杀了。毫无疑问，这是妥妥的谋杀，所以郭颁的证词对曹操最为不利。

而孙盛虽然同样认为曹操杀了人，却提供了两个至关重要的案情细节：

首先，在案发前，曹操听到了“食器声”。按字面意思，是厨房里锅碗瓢盆的声音，但历代史学家基本上都认为，这里指的应该是杀猪宰羊的磨刀声。而当时的曹操正在逃命，属于典型的惊弓之鸟，稍有风吹草动，肾上腺素立马飙升，何况还听见了磨刀声。可以想见，曹操当时有多么惊恐和愤怒，于是来不及多想就把吕家人干掉了。可一杀完他才明白过来，原来人家是杀猪宰羊要款待他。

这就有了案发后的第二个关键细节，曹操发现自己杀错了，便凄怆地说了一句：宁可我对不起别人，也不能让别人对不起我。

如果孙盛提供的这两个细节属实的话，那么很明显，这是误杀。虽然理无可恕，但是情有可原。因为多数人在那种情况下都有可能产生误判，进而导致错误的行动。“凄怆”二字，就足以表明曹操发现自己铸成大错之后的悲伤和愧疚之情。

上述三个版本，王沈明显是在替曹操洗地，欲盖弥彰的味道太浓，最不可信；郭颁则是把曹操写得像个冷血杀手，仿佛杀人可以不需要理由，显然走了另一个极端，同样不足采信。所以，千百年来，人们普遍采信的都是孙盛的说法，因而才有这句“宁我负人，毋人负我”流传千古。

在此，有必要指出的是，大多数人记住的其实不是孙盛《杂记》里的这句原话，而是罗贯中在《三国演义》中写的那一句：“宁教我负天下人，休教天下人负我！”

这句其实是山寨版，是罗贯中对原版的改写。

两句话乍一看差不多，可往细了一想，尤其是放在不同的语境下时，差别还是挺大的。

孙盛的原版，是曹操发现自己铸成大错后的凄怆之语，虽然“宁我负人，毋人负我”同样也透露了曹操性格中的自私和冷酷，但语气并不是理直气壮，而是含有很大的无奈和某种程度的自嘲。看着孙盛的描述，我们甚至可以脑补出曹操说这句话时面如死灰、失魂落魄的样子。

然而，在罗贯中那里，情形就截然不同了。

《三国演义》第四回写道：曹操先是误杀了吕家的八口人，然后和陈宫一块儿仓皇逃离，不料恰好遇见买酒回来的吕伯奢，曹操索性把吕伯奢也给杀了，理由是怕他发现家人惨死后会来追杀他们。陈宫受不了，骂曹操不义，曹操就用那句“宁教我负天下人，休教天下人负我”回敬了他，一副理所当然、我是流氓我怕谁的样子。

罗贯中虚构了不同的语境，又在孙盛的基础上加了“天下”两字，口气就从凄怆无奈变成了霸道豪横，似乎为了一己私利损害全天下的人都没关系，这就很有些反社会、反人类的味道了。

很显然，罗贯中这么一写，曹操的大奸大恶就被完全坐实了，可以说是毫无人性，令人发指。任何人看到此处，都会恨不得把曹操撕了。而他说的这句话，从此就跟着《三国演义》流传天下，变得妇孺皆知了，同时也成了“奸雄曹操”自私残忍、冷酷无情的如山铁证。

然而，这是小说，不是历史。

历史上真实的曹操，的确有自私残忍的一面，但并非像罗贯中刻画的这样没有人性。

我们知道，罗老先生出于维护汉室正统的立场，在小说中是把曹操当反一号、国贼来写的，所以必定要把他妖魔化。这一点我们完全理解，却不能苟同。

我们尊重罗老先生的历史观，也敬佩他的文学才华和艺术贡献，但与此同时，我们也必须尊重历史、尊重事实。换言之，只有在尊重事实的基础上，拨开文学创作的面纱和艺术虚构的油彩，我们才能还历史人物以本来面目。

话说曹操带着凄怆的心情离开成皋，继续东行，途经中牟县，然后差点在这里丢了性命。

他被一个亭长给逮住了。

汉代的亭长，相当于现在的派出所所长。这位所长警惕性很高，看到一个外乡人风尘仆仆、行色匆匆，觉得十分可疑，就不由分说把他扭送到县衙了。

惨的是，这时董卓发出的通缉令，已经赶在他前头送到了中牟县。县令一看，这蓬头垢面的家伙居然是朝廷要犯，那就不啰唆了，就地处决吧。

危急时刻，一个不知名的小功曹救了他的命。

功曹相当于县里的组织部长，官不大，只是个科级干部，但对官场上的人事信息比较敏感，听说过曹操的名头，就劝县令说，现在世道已乱，就别为难天下豪杰了，能放就放了吧。言下之意，做个顺水人情，留条后路，指不定山水有相逢，日后能派上用场。

县令想想也对，就这样把曹操放了。

这里顺便说一下，《三国演义》把中牟县令安到了陈宫头上，后来还演绎出了著名的传统京剧曲目《捉放曹》，其实都是没影的事儿。历史上的陈宫，虽然不久后就投到了曹操帐下，但这会儿还不知在哪儿当群演呢，根本轮不上他来主演“捉放曹”。

曹操捡回一条命，不敢再耽搁，马不停蹄就赶到了陈留，然后跟铁哥们儿张邈一拍即合，旋即开始招兵买马，正式创业。

毕竟是高干子弟，家里有的是钱，一说要创业，他爹曹嵩二话不说，立马打来一笔巨款。此外，曹操还在陈留当地找了一个名叫卫兹的天使投资人，拉到了一笔数目不菲的风险投资。这位投资人很看好曹操，听他宣讲了创业计划后，立刻竖起大拇指，说：“平天下者，必此人也。”

如今，在风投市场上苦哈哈到处找融资的创业者们，多么希望早日碰到自己生命中的卫兹啊！瞧瞧人家多有眼光，刚一认识就给曹操投钱了，还对他那么有信心。

没错，能碰上卫兹这种天使投资人，曹操的确很幸运，可作为创业者，有时候我们也得退一步，思考一个问题：你是不是曹操?

如果答案不太肯定，那就别老是怪运气差。

有了投资，接下来就是组建创业团队了。老话说打虎亲兄弟，上阵父子兵，听说阿瞒大哥创业了，家乡谯县的曹氏宗亲和夏侯氏的弟兄们排着队就来了，兄弟辈的有夏侯惇、夏侯渊、曹仁、曹洪等，子侄辈的有曹休、曹真等。

很快，曹操就拉起了一支五千人的队伍。

这就是他逐鹿天下、纵横三国的最初的本钱。

中平六年（公元 189 年）十二月，曹操在陈留下辖的己吾县（今河南宁陵县西南），正式竖起了讨伐董卓的义旗。从他仓皇逃离洛阳到现在，仅仅时隔三个月。

这一年冬天，站在朔风怒吼的己吾城头，向西遥望洛阳方向乱云飞渡的天空，曹操胸中一定激荡着澄清宇内、平定四海的豪情与壮志。

在他看来，倒行逆施的董卓就是全天下人的公敌，若四方群雄共举义旗，诛杀此贼可谓易如反掌，用他不久后对袁绍等人说的话来说，就是“一战而天下定矣”！

然而，此时刚刚创业的曹操，终究还是太年轻了。

他对即将到来的乱局完全估计不足，对复杂多变的世道人心更是想得过于单纯。所以很快，他就将迎来自己人生中的第二次幻灭……

说穿了，创业这件事，无论在古代还是今天，都没有想象的那么容易。

第三章

乱世开场

董卓迁都，群雄并起

公元 190 年，正月，东汉朝廷改元初平，是为汉献帝初平元年。

这一年，普遍被史学界视为三国时代的真正开端。之前只是序幕，从这里才算正式开场。当然，名义上的三国鼎立，要直到三十年后才会出现：公元 220 年，曹丕在许昌篡汉称帝，史称曹魏；公元 221 年，刘备在成都称帝，史称蜀汉；同年，孙权被曹丕册封吴王，次年自立年号（正式称帝是在公元 229 年），史称东吴。

虽然名义上的三分天下要从那个时候算起，但被后世熟知的大部分三国人物和精彩故事，却基本上都集中在前三十年。所以无论是正史《三国志》还是小说《三国演义》，都是从汉灵帝末年及“董卓之乱”写起。

此刻，汉献帝初平元年，三国大戏开场的第一声锣鼓，自然又是由董卓敲响的。

他派人毒杀了不久前被废的少帝刘辩。

如果说四方群雄痛恨董卓的情绪就像是一个火药桶，那么董卓此举，就是往桶里扔了一根点燃的火柴。

是年正月，天下群雄并起：河内太守王匡、冀州牧韩馥、豫州刺史孔伷、兖州刺史刘岱、广陵太守张超、东郡太守桥瑁、山阳太守袁遗、济北相鲍信、南阳太守袁术、长沙太守孙坚，当然还有陈留太守张邈，以及在己吾起兵的曹操，共推渤海太守袁绍为盟主，缔结成关东联军，从各个方向进逼洛阳，讨伐董卓。

袁绍袁大公子，眼下的官职是渤海郡（治今河北南皮东北）太守。

当初他跟董卓开撕，逃离了洛阳，董卓本来想追杀他，有人劝谏，说老袁家四世三公，门生故吏遍天下，最好不要结这个梁子，不如赏他个一官半职，以免后患。董卓觉得有理，就给了他这个官职，还赐了个侯爵。

袁绍本来是瞧不上董卓给的官爵的，可眼下正好可以用来号令群雄，不要白不要。然后，他觉得名头还不够响，就加封自己为“车骑将军”，同时拿出盟主的派头，赏了曹操一个“行奋武将军”的头衔。“行”就是代理的意思，比起袁绍自然是矮了一截。不过这还是看在曹操是他过去死党的分上，要是别人，袁绍还不一定给呢。

眼看关东联军来势汹汹，摆开了一副群殴的架势，董卓心里就慌了。有道是双拳难敌四手，况且对方的手还那么多，加起来都快赛过蜈蚣了，他董卓再能打，也逃不过一顿暴揍，搞不好横尸街头，死了都没人埋。

所以，此地不可久留。想来想去，还是回自己的老巢关西比较稳妥。

这一年二月十七日，董卓悍然下令：迁都长安。

上自皇帝、宗室、文武百官，下至所有士绅百姓，一个也不例外，全都得走。而且迁都之前，董卓还决定做一件事——把洛阳毁了。

他得不到的东西，也不想让任何人得到。所以，他要把洛阳变成一座废墟、一座死城、一座人间地狱！

于是，就在这一天，这座经历了一百六十五年的岁月沧桑、哺育了十二朝天子的东汉帝都，陷入了一场空前的浩劫。

董卓一声令下，西凉军倾巢而出，将一支支熊熊燃烧的火把扔进了帝国的宗庙、宫殿、官署、学校、园林、寺院、粮仓、商埠、作坊、民居……顷刻之间，洛阳方圆二百里内的所有房屋被全部焚毁，荡然无存。

按照《资治通鉴》的说法，就叫“室屋荡尽，无复鸡犬”。

当然，放火之前，董卓早已用莫须有的罪名，把洛阳的有钱人全都砍了脑袋，为的就是抢劫他们的财产——房子带不走，只能烧掉，但钱是好东西，不能糟蹋了。

活人的钱董卓要，死人的钱，他也要。

他命令吕布，把皇室陵寝和文武百官的祖坟全部刨开，将一百多年来陆续埋入地下的墓葬珍宝盗挖一空。

最后，西凉军像驱赶牲口一样，把洛阳的数百万人逼上了通往长安的流亡之路。这也许是东汉历史上规模最大的一次人口迁徙。可怜这些百姓，一路上纷纷倒毙，而且死法多种多样：有饿死的，有冻死的，有被士兵鞭打而死的，有互相拥挤踩踏致死的，也有因饥饿互相残杀而死的……

宁为太平犬，不做乱世人。

中国老百姓很早就发出过这样无奈的叹息。然而，在这个世界上，“太平”往往是短暂的，连绵不断的战争和此起彼伏的灾难才是它的常态。所谓的和平岁月，经常只是两个乱世之间的过渡和间歇。时至今日，聪明的人类仍然没有办法阻止战争，相反总是在制造各种人为的灾难。所以，世界依旧动荡不安，今日如斯，明日恐怕亦复如是……

这一点，其实杜牧早在一千多年前就看透了：“秦人不暇自哀，而后人哀之；后人哀之而不鉴之，亦使后人而复哀后人也。”（《阿房宫赋》）

为防止关东联军追击，董卓自领一支精锐断后，坐镇洛阳城南的皇家园林“毕圭苑”。此时此刻，这也许是洛阳唯一还有活人的地方。

关东联军虽然声势浩大，从北、东、南三个方向进围洛阳，但奇怪的是，董卓已经把洛阳给烧成黑炭了，袁大盟主和各路诸侯却没有半点动静——战鼓擂了大半个月，愣是没有一个人冲上战场。

此时，曹操、张邈、鲍信等人驻兵酸枣（今河南延津县），袁绍、王匡驻兵河内（治今河南武陟西南），袁术、孙坚驻兵鲁阳（今河南鲁山县北）。曹操觉得没人出兵不对头啊，赶紧写信给袁绍等诸位大佬，慷慨激昂地说了这么一段话：

“举义兵以诛暴乱，大众已合，诸君何疑？向使董卓闻山东兵起，倚王室之重，据二周之险，东向以临天下，虽以无道行之，犹足为患。今焚烧宫室，劫迁天子，海内震动，不知所归，此天亡之时也。一战而天下定矣，不可失也。”（《三国志·武帝纪》）

遗憾的是，曹操的唾沫星子飞了半天，大佬们却一个个装聋作哑，还是毫无反应。

这一幕很有讽刺意味——日后以奸雄著称的曹孟德，在这一刻，跟袁绍这帮各怀鬼胎的家伙比起来，纯洁得就像一朵白莲花。

他可能没搞明白，这帮所谓的英雄豪杰，表面上打着匡扶汉室的旗号，实际上跟董卓一样都是军阀。他们的口号喊得比谁都响，心里的小算盘却打得比谁都精——每个人都想保存实力，捂着自己的老本，却指望别人跟傻子一样冲上去拼命。

说到底，以袁绍为首的这帮人，并不是想平定董卓之乱，而是想在董卓之乱中分一杯羹。

眼看这帮大佬一个个雷打不动，曹操只好自己去做这个冲锋在前的“傻子”了。

各路诸侯中，只有一个人讲义气，跟他一起并肩上了战场。

此人就是济北相鲍信。当时，人人都围着袁大盟主转，只有这个鲍信，料定袁绍这种人最终难成大器。相反，他十分看好曹操，曾对曹操说：“最后能带领天下英雄拨乱反正的，只有你了。某些人现在看上去很强，可迟早完蛋。”话中所指，自然是袁大盟主了。

听说曹操要去打头阵，按兵不动的铁哥们儿张邈觉得过意不去，就让卫兹去跟随曹操，还象征性地给了一点人马。

随后，曹操和鲍信毅然拔营，向洛阳进兵。刚刚走到荥阳境内的汴水，便与董卓部将徐荣遭遇，双方开打，结果不难预料：曹操败了，而且败得很惨。

董卓麾下，都是常年在西北边境与羌胡作战的劲旅，战斗力十分强悍。而曹操和鲍信手下，大多是招募不久的新兵蛋子，根本不是西凉铁骑的对手，自然一战即溃。

这一仗下来，鲍信负伤，其弟鲍韬阵亡，还有曹操的天使投资人卫兹，也不幸战死了。很可惜，虽然卫兹的眼光很好，投对了人，但是时运不济，刚创业就挂了，所以也就永远分享不到日后曹操给他带来的巨大红利了。

而曹操本人，也被乱箭射中，摔落马下。他的马更是被射得像刺猬一样，躺在地上动弹不得。危急时刻，堂弟曹洪把马给了他，然后牵着马一路拼杀，好不容易才突出了重围。

曹操初次创业募集的第一笔资本，就这样没了，一仗就拼光了。

当曹操收拾残兵败将，带着满腔的憾恨回到酸枣时，张邈等人仍旧坐在大帐中喝酒、吹牛。这帮人手里总共有十几万兵马，可就是不想出动一兵一卒。曹操顿时气不打一处来，指着他们破口大骂："今兵以义动，持疑而不进，失天下之望，窃为诸君耻之！"

翻译成大白话就是：咱们打着大义的名号起兵，可你们却犹疑观望，寸步不前，让天下人大失所望，老子都替你们害臊！

当然，骂归骂，曹操还是很耐心地提出了一套对付董卓的用兵方略，希望这帮大佬能够以大局为重，多少干点正经事儿。

然而，他又一次失望了，因为张邈等人完全无动于衷，酒照喝，牛照吹，日子照样过。

曹操的满腔忠义之心和报国之志，终于在无情的现实面前被击得粉碎。

也罢，道不同，不相为谋，就此分道扬镳吧。曹操带上所剩无几的部众，黯然离开酸枣，往家乡谯县的方向疾驰而去。

尽管又一次被现实按在地上狠狠摩擦了一番，可曹操并未气馁，正如当初在官场上三起三落、"治世能臣"的理想一再幻灭也没有消沉一样。

创业失败并不可怕，可怕的是从此失去雄心和激情。

所以，曹操决定回家乡募兵，重整旗鼓，再战江湖。

谁也没想到，曹操前脚刚走，关东联军后脚就起了内讧。

别看这些军阀天天喝酒吹牛，表面上气氛很好，其实暗地里一直互相使坏，都想乘人不备把别人吞掉。这不，兖州刺史刘岱就瞅准机会干掉了东郡太守桥瑁，旋即占了他的地盘。张邈等人见势不妙，纷纷作鸟兽散，各回各家去了。

两个月前还大义凛然、口口声声要讨伐董卓的关东联军，就以这样一种非常难看的方式散伙了。本来还惴惴不安、如临大敌的董卓，看到这出闹剧，估计牙都笑掉了。

底下的人树倒猢狲散，身为盟主的袁绍，此刻又在做什么呢？

他可没空去管这些狗屁倒灶的破事。这会儿，他正和冀州牧韩馥一起，在张罗一件正儿八经的大事——另立皇帝。

袁绍要拥立的这个人，是时任幽州牧的刘虞。

刘虞是汉室宗亲，为政宽仁，体恤百姓，在幽州颇得民心。据说黄巾之乱开始之时，青州、徐州等地的流民都跑到他那儿避难，前后竟达一百余万人。刘虞不仅来者不拒，全部予以收容，而且大力抚恤，让他们都能安居乐业，以至这些人都忘了自己是来逃难的。(《后汉书·刘虞传》："流民皆忘其迁徙。"）

平心而论，如果是这样的人来当大汉皇帝，那当然比乳臭未干的刘协强得多。可问题在于，袁绍和韩馥处心积虑要拥立刘虞，并不是替老百姓和汉朝社稷考虑，而是出于他们自己的私心。说白了，无非是挂羊头卖狗肉、扯虎皮做大旗：你董卓立了个刘协独霸朝纲，我袁绍就立一个刘虞跟你分庭抗礼，看最后谁斗得过谁!

对袁绍的这点花花肠子，刘虞自然是心明眼亮，所以坚决不上当，不管他怎么忽悠都不答应。袁绍没辙，就去怂恿曹操，让他跟着一块儿劝进，横竖都要把刘虞架上天子之位。

曹操之前到家乡谯县及扬州等地又募集了几千人马，此刻已经赶到河内与袁绍会合。对曹操而言，这些日子辛辛苦苦到处奔波为的是什么？不就是为了打败董卓、迎回刘协吗？人家刘协又没犯什么错，凭什么你们就要另立皇帝？现在天下已经够乱了，如果人人都像你们这么干，动不动就立个皇帝，那天下岂有宁日？

所以，曹操断然拒绝了袁绍的提议，说："诸君北面，我自西向。"意思就是你们都去拥立刘虞吧，我一个人去救西边的小皇帝。

曹操之所以二次募兵之后没有另立山头，还来投奔袁绍，就是指望他有个盟主的样子，真正挑起"讨伐董卓、匡扶汉室"的大业，可袁绍的表现再度令他大失所望。

说穿了，这个袁本初就是第二个董卓!

曹操这回彻底死心了。

看来，想在这个乱世中立足，并闯出一番事业，不能指望任何人，只能靠自己。

袁绍在曹操这儿碰了一鼻子灰，却仍不死心，又鼓动了一伙离休后没事干的老干部，郑重其事地写了一份联名拥戴书，屁颠屁颠地跑到幽州去劝进。刘虞大怒，指着这伙人破口大骂，说要是再这么逼他，他宁可逃亡匈奴，让所有人都死了这条心。

人家都把话说到这份上了，袁绍和韩馥还能把人逼死不成？没办法，他们只能相顾无言，悻悻作罢。

以袁绍为首的关东诸侯忙着打各自的小算盘，自然是便宜了董卓。

他在洛阳的御花园里悠哉乐哉，一边赏花一边看着这伙人演戏，再掐指算算自己从洛阳洗劫了多少财富回关西，感觉人生赢家不过如此，这日子过得别提有多舒坦了。

不过，天下诸侯并不都是像袁绍这帮人那样自私自利没血性。

至少还有个猛人，就从南方一路杀了过来，一直杀到了董卓的眼皮底下，并且还把他打痛了。

这个人就是孙坚。

孙坚：猛人是怎样炼成的

孙坚，字文台，吴郡富春（今浙江杭州富阳区）人，相传是孙武的后人，不过世系传承并不可考，只知道祖上有数代人都在吴地为官。按史书记载，孙坚从小“容貌不凡”，且“性阔达，好奇节”（《三国志》注引《吴书》），意思就是心胸开阔，生性豁达，喜欢奇人异事，追慕他们的风范和节操。

据说孙坚出道很早，十七岁就开始做官了，放在今天，也才高二，还在学校里苦哈哈地刷题，准备冲刺高考呢。

曹操二十岁出来做洛阳北部尉，主要还是凭借家庭背景，可孙坚比他小三岁就踏上仕途，凭的却是自己的本事。

《三国志》记载了一则故事，说孙坚十七岁那年，随父亲乘船出行，途中碰上一帮劫匪，抢了客商的财物正在岸上分赃。其他船只见状，纷纷停住不敢过去。孙坚稍微观察了一下，就对父亲说，这伙贼人没什么可怕的，我去对付他们。他爹一听就吓坏了，连声叫他不要冲动，说他一个人对付不了。孙坚不听，操刀上岸，“以手东西指麾”，就是装出一副指挥士兵进行围攻的样子。贼人一看，以为官兵到了，丢下财物抱头鼠窜。孙坚追了上去，手起刀落，砍杀了其中一个倒霉蛋，然后提着那人血淋淋的脑袋就走了回来。

他爹见状，吓得魂都快没了。

什么叫有勇有谋的猛人？孙坚用他的行动给出了回答。

这件事很快传遍了十里八乡，连地方官府都惊动了，觉得这种少年英雄不可多得，就招募他当了一名武官。次年，他就参与平定了一起叛乱，因功擢升县丞——相当于你们家的孩子刚刚考上大学，人家孙坚已经是副县长了。

此后数年，孙坚历任三地县丞，皆颇有政绩，深得当地民众拥戴。黄巾起义爆发后，孙坚募集精兵一千余人，追随右中郎将朱儁转战各地，屡建奇功，旋即升任朱儁麾下的别部司马。中平三年（公元186年），边章、韩遂在凉州叛乱，朝廷派遣司空张温出征，张温特意点名要孙坚随行。一个基层的中级军官，能得到位居三公的朝廷高官直接点名，可见当时孙坚的勇武之名已然声动朝野。

就是这次出征，让孙坚与董卓有了第一次交集，并从此结下了梁子。

当时，官居中郎将的董卓也奉命在西北征讨边、韩，却碌碌无功。张温以诏书命董卓来见，董卓却磨磨蹭蹭，拖了好长时间才到。张温不悦，责备了几句，董卓居然毫无愧色，还出言不逊，根本不把张温放在眼里。

孙坚当时在场，对董卓这种桀骜不驯、目中无人的做派十分反感，就暗劝张温，应该以军法论处，斩了董卓。可惜，张温是没有胆识之人，畏惧于董卓在关陇一带的威名，不敢下手。

不久，叛军爆发内讧，边章被韩遂所杀，部众离散。孙坚随张温班师，朝中大臣听说他曾提议斩杀董卓，无不佩服他的胆识，遂将他调入朝中，官拜议郎。

虽然这个“议郎”和曹操一样，官秩只有六百石，在京官中很不起眼，但从两人的家世出身来看，曹操当这个官自然是憋屈了，可孙坚凭自己的奋斗从基层一路打拼上来，却是一种荣耀。《三国志》作者陈寿评论孙坚“勇挚刚毅，孤微发迹”，还是比较中肯的。

同年，长沙发生叛乱，孙坚被任命为长沙太守，再度出征，旬月之间便平定了叛乱。

自从出道以来，孙坚就像个“平叛专业户”，经年累月南征北讨，哪里有叛乱哪里就有他，可以说是威名远播、战功赫赫。朝廷感念其功，便封他为乌程侯。

此时的孙坚仅 32 岁。

曹操与孙坚同岁。这一年，曹操虽然也已当上了西园军的典军校尉，但终究没有封侯。可见在这一点上，“孤微发迹”的孙坚已经跑赢高干子弟曹操了。

正当孙坚的前程一片大好时，京师洛阳掀起了一场血雨腥风，董卓入京，独霸朝纲，天下乱成了一锅粥。初平元年（公元 190 年），各路诸侯并起，纷纷打出讨伐董卓的旗号，身为“平叛专业户”的孙坚当然不会闲着，遂起兵响应，率部北上。

从长沙到洛阳，千里迢迢，第一站便是当时的荆州治所汉寿（今湖南常德市东北）。荆州刺史王叡与孙坚素有过节，孙坚便耍了点手段，诈称手里有诛杀王叡的朝廷公文，然后兵临城下。王叡慌慌张张登上城头，问孙坚说：“我有何罪？”

孙坚的回答颇有些莫须有的味道，说：“坐无所知！”（《资治通鉴 · 汉纪五十一》）

翻译成大白话就是：你犯了无知之罪。

估计王叡当时就傻眼了：你孙坚连给人捏造罪名都懒得过脑子吗？“无知”什么时候变成一种罪了？更何况我也不无知啊，你是哪只眼睛瞎了？

不过，当时那种情况，孙坚大兵突至，王叡猝不及防，差不多是被人用刀架在脖子上了，所以要想让王刺史跟孙太守好好辩论一下无知和有知的问题，可能是有点奢侈了。

史称，被孙坚围困的王叡彷徨无计，只好“刮金饮之而死”，就是刮下金屑混进酒里，一口喝下，一死了之。

孙坚顺利过境，还顺势吞并了王叡的部众，然后继续北上，等进抵南阳（今河南南阳市）时，麾下已有数万人马。

人多是好事，但军粮马上不够吃了。孙坚就给南阳太守张咨发了个文，请他拨点粮食救急。没想到，张咨却一口回绝。猛人孙坚一下就火了，你张咨没听说过“无知之罪”的故事吗？是不是想当第二个王叡？

当然，孙坚猛是猛，但绝非有勇无谋，参考他十七岁那年杀贼的事就知道了。于是，孙坚就演了一出戏，谎称得了急病，让全军上下做出一副惶惶不安的样子，然后请了几名巫医来跑龙套，从早到晚在他的大帐里进进出出，还设坛作法，把山神河神各路鬼神都拜了一遍。

前戏做足之后，孙坚又暗中找了张咨的熟人，给张咨透口风，说孙坚已病危，正在考虑把麾下部众托付给他。张咨一听就乐坏了，几万人马不要白不要啊，旋即带上一支五六百人的卫队，兴冲冲来到了孙坚大营。

孙坚躺在病榻上接待了他，宾主之间免不了一番虚情假意的客套，然而客套话还没说完，孙坚突然翻身而起，一刀就把张咨给砍了。至于他带来的那支卫队，显然不够孙坚的几万人塞牙缝的，所以也乖乖缴械投降了。

随后，孙坚在南阳的地面上就基本上是横着走了，别说区区一点军粮，就算他要把当地的粮仓全都搬空，也没人敢说半个不字。用《三国志》说法，就叫“郡中震栗，无求不获”。

此时的孙坚，要地盘有地盘，要人马有人马，要粮草有粮草，按说未尝不可自己去讨伐董卓。可是，他还是觉得自己的威望和号召力不够，决定找一个大人物来挂靠。

孙坚放眼天下群雄，挨个看过去，最后选择了袁术。

放在几年后来看，这个选择无疑是一个致命的错误，可在当时，各路诸侯中除了袁绍，恐怕也只有袁术最有资格让孙坚挂靠了。

理由很简单，还是那个如雷贯耳的词：四世三公。

众所周知，袁术是袁绍同父异母的弟弟，虽然是次子，但关键在于袁术之母才是正室，袁绍之母只是个卑微的婢女。也就是说，袁术是司空袁逢嫡出的次子，而袁绍只是庶出的长子，并且袁绍从小就过继给了伯父，所以较真了来讲，在他们袁家，“四世三公”的光环其实更应该属于袁术，因为他才是宗法意义上名正言顺的家族继承人。

仅此一点，孙坚选择袁术就完全在情理之中。

正如曹操、张邈等人拥戴袁绍当盟主一样，孙坚选择袁术，也是出于完全相同的理由，虽然此时的他并不知道依附袁术的最终后果会是什么。

下面，我们就来正式认识一下这位含金量更足的袁二公子。

袁术，字公路，少年时代跟袁绍、曹操他们差不多，也是个任侠放荡、飞鹰走狗的纨绔子弟，长大后才改变了许多，被举为孝廉，出任郎中，其后历任折冲校尉、河南尹、虎贲中郎将。何进被杀当晚，就是他率先攻打南宫，迫使张让等人挟持少帝出逃的。董卓入京后，为了拉拢他，封他为后将军，但是他也跟袁绍、曹操一样，自视甚高，不愿为董卓所用，遂弃官逃出了洛阳。

孙坚从长沙北上之际，袁术就躲在南阳郡下辖的鲁阳。孙坚占领南阳后，决定依附袁术这块金招牌，为表诚意，便主动把地盘让给了他，然后和袁术对调了一下，自己率部进驻鲁阳。此地距洛阳更近，也便于进攻董卓。

袁术凭空得到了一个郡的地盘，附赠数百万人口，又收获了孙坚这员猛将，不由大喜过望，随即投桃报李，上表举荐孙坚为“行（代理）破虏将军”，兼领豫州刺史。从此，孙坚就有了“孙破虏”的名号。

这里要顺便说一下，当时四方诸侯抢占地盘后，名义上都要“上表”朝廷，以获任命，实际上都是自己给自己封官，跟朝廷半毛钱关系都没有。因为当时朝廷已被董卓把持，小皇帝又已流亡长安，纲纪废弛，关山阻隔，所谓的“上表”能上给谁呢？但是这个形式又不能没有，否则名不正则言不顺，所以诸侯们只能玩这种把戏——虽不免自欺欺人，但好歹聊胜于无。久而久之，这也就成了东汉末年一种公开的潜规则，同时也成为有别于其他朝代的一道独特的官场景观。

在袁术得到南阳的同时，刘表也入主荆州，成了新一任刺史。为了防止袁术觊觎荆州，刘表就做了个顺水人情，上表举荐袁术为南阳太守。

就这样，孙坚北上除掉了王叡和张咨，客观上却等于是替刘表和袁术做了嫁衣。短短一年后，袁术和刘表为了争抢地盘大打出手，而孙坚的悲剧命运也就此注定……

孤军奋战：义士的北伐

初平二年（公元 191 年）二月，孙坚率部推进到了梁县（今河南汝州市）东面，此地距洛阳已不足两百里，兵锋直指董卓。

董卓万万没料到，袁绍那一大帮人围了他几个月都没敢动手，这个远在南方的孙坚却敢孤军北伐，还一口气冲到了他的眼皮底下。想当初在西北，他差点被孙坚的一句话害死，这仇一直没机会报呢，现在这小子自动送上门来，正中董卓下怀，随即派部将徐荣迎击。

双方首次交战，孙坚便领教了西凉军的战斗力，被徐荣团团围困，很快就全线溃败。孙坚带着几十骑拼死突围而出，徐荣在后面紧追不舍。

据史书记载，孙坚作战时习惯在头上裹一条红头巾，这可能是为了便于指挥，让部众在混乱的战场上能看到自己，但副作用也极其明显，比如眼下这个逃命的时刻——徐荣只要死死咬住视野中的红头巾，孙坚就别想逃出生天。

情急之下，孙坚只好摘下头巾，扔给了一旁的部将祖茂。祖茂也很机灵，二话不说就戴在了自己头上。如此一来，红头巾反倒成了诱敌的法宝。很快，孙坚就从小道逃走了，只是苦了祖茂，所有追兵全都咬住了他，怎么跑也跑不脱。

眼看身下的坐骑都快累瘫了，自己也快散架了，再这么跑下去只有死路一条，祖茂急中生智，路过一片乱坟岗时，赶紧跳了下来，把红头巾系在了一根木柱上，自己躲进了草丛。徐荣率部追至，慢慢朝木柱围了上去，到了近前才发现上当，然后四处搜索无果，只好悻然退去。祖茂这才逃过一劫。

孙坚虽初战失利，却没这么容易被打垮。他很快收拢了溃散的部众，然后继续北上，进驻阳人（今河南汝州市西北）。董卓一看，这姓孙的还挺顽强，就把猛将吕布派了出去，与胡轸共率步骑五千出战，由吕布任骑兵指挥。

用猛将去对付猛人，董卓以为这回定能得手，可他却犯了一个错误——太不了解下情了。

他并不知道，吕布和胡轸素来不和，所以把他俩凑到一块儿，其结果并不是一加一等于二，而是一减一等于零。

吕布成心要让胡轸出糗，就在军中散布假情报，说孙坚军心不稳，恐已出逃，应抓住战机攻占阳人。胡轸信以为真，率部连夜奔袭，可到了城下一看，孙军正严阵以待，哪有一丝军心不稳的样子？只好灰溜溜退了下来。

跑了大半天，人困马乏，没力气安营扎寨了，只能就地休息。可胡轸刚刚脱下铠甲，就又有情报传来，说孙坚从城中杀出来了。他慌忙命部众集合列阵，结果狼狈不堪地折腾了一宿，却连孙坚的一根毛都没见着，纯属庸人自扰。用王粲《汉末英雄记》的话说，就是“军众扰乱奔走，皆弃甲，失鞍马”。

此刻，吕布正躲在暗处一脸坏笑。

自己人在背后拼命使绊子，自然给了孙坚可乘之机。孙坚率部出城，果断进攻，大破胡轸和吕布。值得一提的是，在这一仗中，孙坚还斩下了一个人的首级——华雄。

没错，就是《三国演义》经典情节“温酒斩华雄”里的那个华雄，绝非重名。

华雄在历史上本来寂寂无名，只是董卓帐下的一员都督，普通武将而已。他在史书上的唯一一次出场，就是这一仗，然后首秀即终场，以贡献出一颗首级完成了他的历史使命，连句台词都没有。

可在罗贯中老先生的生花妙笔下，他却成了所向披靡的猛将，不但大破孙坚，斩杀祖茂，还接连砍杀了关东诸侯派出的俞涉、潘凤两员大将，直到关羽出场，他才被秒杀于青龙偃月刀下。而当关羽提着他的脑袋回营时，曹操之前替关羽斟的一杯热酒，居然尚有余温。

由于这个精彩的故事几百年来广为流传，并且被不断演绎，连京剧也有一出著名剧目《斩华雄》，因此这个原本不起眼的小人物才会名垂后世，广为人知。

孙坚在前线刚刚打了一个胜仗，后方就有人给袁术进谗言了，说孙坚要是打下洛阳，主公你就掌控不了他了，到时候董卓虽败，但也跟前门驱虎、后门进狼差不多啊！

袁术一听，顿时满腹狐疑，便不给孙坚供应粮草了。

打仗岂可一日无粮？孙坚大怒，连夜赶回南阳，对袁术发飙：“我之所以奋不顾身，还不是上为国家讨伐逆贼，下为将军报仇雪恨？我跟董卓又无仇无怨，我图什么？而将军居然听人挑唆，对我起了猜疑，到底几个意思？”

袁术自知理亏，啥话也没说，赶紧调拨军粮去了。

孙坚提到的为袁术报仇的事，指的是袁绍当了关东联军的盟主、打出讨伐董卓的旗号后，董卓一怒之下，就把袁氏兄弟的叔父、时任太傅的袁隗满门抄斩了——阖家老少五十余口，无一幸免。

“断粮风波”只是个小插曲，很快就过去了，但从这件事中，我们却足以看出这位袁二公子的为人：心胸狭隘、浮躁浅薄，终究难成大器。

然而，遗憾的是，生性豁达的孙坚却没看出来。

生性豁达本是优点，可在人生的某些重大关节上，太过豁达，有时候就会丧失精明，模糊了对人对事的判断力，从而付出惨痛的代价。假如孙坚不是那么“性阔达”，而是保留一点精明，看透袁术的为人，并尽早脱离、自立门户的话，那么后来的不幸或许就能避免了。

只可惜，性格造就命运，而历史也从来没有“假如”。

董卓没想到，孙坚这家伙竟然这么能打，连吕布都不是他的对手。

看来，跟这个不要命的猛人再打下去，最好的结果也只是两败俱伤。董卓思前想后，觉得对付孙坚成本最小、收益最大的办法，就是把他变成自己人。

所以，他决定放下身段，跟孙坚结成儿女亲家，大家化干戈为玉帛，做一家人多好啊！随后，他就派部将李傕去跟孙坚提亲了。为了表示诚意，还特意带话给孙坚，让他把家族子弟中所有想当官的人都列一份名单出来，不管是刺史还是郡守，只要孙坚同意这门亲事，就可以全部任用。

反正，现在的朝廷无异于董卓的私人产业，只要他愿意，再多的官帽子都可以一次性批发，绝不限购。

可是，再次出乎董卓意料的是，他出手都已经这么阔绰了，诚意也已经表达得如此充分了，却还是拿热脸去贴了人家的冷屁股。

孙坚只回了一句话：“董卓逆天无道，荡覆王室，我不灭你三族、不将你的头颅悬示四海都会死不瞑目，岂能与你和亲？！”

说完这句话，孙坚就带着部众直趋洛阳，一口气进抵大谷（今河南偃师市西南），距洛阳仅剩九十里，基本上是到了董卓家门口了。

和亲被拒，董卓一张老脸正没处搁，现在孙坚又打上门来了，还有什么话好说？打吧！于是，董卓命吕布留守洛阳，然后亲自出马，在邙山南麓与孙坚展开会战。其结果，虽然是老将出马，却没有一个顶俩，被打得大败而逃，一路撤到了渑池（今河南渑池县西）。

孙坚乘胜前进，挥师杀进了洛阳。吕布迎战，可依旧不是孙坚的对手，只好弃城而逃。

就这样，京师洛阳被猛人孙坚给光复了。

袁绍那帮牛皮烘烘的大佬嚷嚷了一年多没干成的事，人家孙坚一个人孤军奋战就干成了。可见，董卓远远没有传说中那么强悍，而吕布也远远没有《三国演义》中描绘的那么勇猛无敌。更重要的是，由此足以看出，“讨伐董卓”这件事对袁绍等人（曹操、鲍信除外）来讲，纯粹就是个幌子——他们的真正目的，无非就是趁着董卓之乱壮大自己的实力、抢占更多的地盘而已。

只有猛人兼实在人孙坚，才真的是言出必行，说到做到。

从这个意义上讲，孙坚足以称得上是一位义士。裴松之在为《三国志·孙坚传》作注时，就有一句这样的评价：“孙坚于兴义之中，最有忠烈之称。”

虽然孙坚光复了洛阳，但此刻的洛阳早已变成一座废墟、一座没有了人间烟火的死城，除了政治上的象征意义，以及地缘上的战略意义，已经没有多大的实际价值了。孙坚命人将那些被盗挖开来的皇陵进行了回填修复，然后打扫了大火中残存的大汉宗庙，举行了一场祭祀活动，以尽自己的臣节。

看着满目疮痍的昔日帝京，孙坚的心中一片悲凉，乃至“惆怅流涕”。可事到如今，他能够为它做的，也只有这么多了。

董卓败逃后，调集重兵沿渑池、华阴（今陕西华阴市）、安邑（今山西夏县）一线布防，然后拍拍屁股回了长安。对他来讲，虽然败给了孙坚，但并未妨碍他既定的战略计划——挟持天子和百官，固守关中，继续当一个为所欲为的土皇帝。

孙坚知道，以自己有限的实力，在没有其他友军配合的情况下，是不可能攻入关中的，所以讨伐董卓之事只能从长计议了。随即集合部众，准备返回鲁阳。

就在孙坚即将离开洛阳时，发生了一件令他做梦都不敢想的事情。

他的部下在城南一处官署的水井中，意外打捞出了一件足以令天下群雄垂涎欲滴的宝贝——传国玉玺。

众所周知，传国玉玺是秦朝李斯奉始皇之命，用名闻天下的和氏璧雕刻而成，其方圆四寸，上纽交五龙，正面刻有李斯所书“受命于天，既寿永昌”八个篆字，自秦以来便是至高无上的皇权象征、独一无二的国之重器，此后代代相传，是“皇权天授”的唯一合法证物。

可它怎么就掉进井里了呢?

据《三国志》注引《吴书》记载，在张让挟持少帝出逃的当晚，宫中大乱，掌管玉玺的官员惊慌失措，情急之下，就把它扔进了井里。

谁都不会料到，它最终竟会落入孙坚手中。或许，是上天被孙坚“讨伐董卓，匡扶汉室”的忠义之举打动，才把这个国之重器交给他保管吧。

然而，匹夫无罪，怀璧其罪。手里拿着这么一个人人垂涎的宝物，不见得是件好事。每一个觊觎帝位的人，都必然会对它虎视眈眈，并且不惜一切代价得到它。

事实上，不久之后，有个人就真的这么干了。

他就是心怀异志的袁二公子。

据晋朝著作郎乐资所著的《山阳公载记》称，袁术因有篡逆称帝之心，听说孙坚得到了传国玉玺，就把孙坚的妻子软禁了，然后迫使孙坚把传国玉玺交给了他。

当然，孙坚入洛阳得传国玉玺之事是否确实，历史上并无定论，向来有不同说法，而袁术后来是否真的下手抢夺，也不得而知。但无论如何，两件事都有相关史料记载，所以还是有一定可能性的，尤其是后者，以袁术的为人和一贯行径来看，可能性更大。

白马将军公孙瓒

正当孙坚辛辛苦苦讨伐董卓之时，北边的袁绍和韩馥却在忙着窝里斗。

当时的袁绍，顶着一个盟主的头衔，表面上风光十足，其实心里虚得要死。因为他根本没有自己的地盘。

眼下他驻扎在河内郡，可地盘是太守王匡的，而王匡并不是他的部众，加上所谓的关东联军又已名存实亡，所以不管是王匡还是河内郡，都不归袁绍管辖。此外，袁绍自己虽然也挂着一个渤海太守的官职，但根据相关史料分析，他很可能没有实际到任，所以也只是个虚衔，没有任何实际用处。

正因如此，袁绍眼下所需的给养，都要仰仗冀州牧韩馥供应，说白了就是寄人篱下，仰人鼻息。

谁的钱都不是天上掉下来的。韩馥被袁绍这么蹭吃蹭喝，日子一久难免心疼。此外，袁绍在江湖上名头太响，远近豪杰都归心于他，这也让韩馥颇有些嫉妒。比如前不久，一个叫张杨的何进原部下，就带着几千人投奔了袁绍；跟他一块儿投奔的，还有一个叫于扶罗的南匈奴流亡单于。

韩馥真是越想越不爽——你袁大盟主吃我的、喝我的，可人全往你那儿跑，好处都归你，负担都归我，这是拿我韩某人当冤大头吗?

所以，韩馥就慢慢减少了给袁绍的军粮供应，打算让他的人饿肚子，饿久了人就跑光了，看你袁大盟主还拿什么招揽人才。

袁绍的日子本来就过得紧巴巴的，被韩馥这么一弄，越发捉襟见肘。

如此窘迫的局面，显然与袁绍的名望、身份很不相称，尤其与他志在天下的野心极不匹配。所以，他必须想办法搞一块属于自己的根据地，然后自力更生丰衣足食，否则不要说与天下诸侯争雄，连生存下去都很困难。

故此，谋士逄纪便一针见血地对袁绍说："不据一州，无以自全。"

袁绍当然知道逄纪所指便是冀州，问题是冀州兵强马壮，而他的人眼下都在饿肚子，这仗怎么打？要是败了，连个立足容身之地都没有。

逄纪认为韩馥就是个庸才，不难对付，然后提出了一个计策：密邀幽州猛将公孙瓒南下进攻冀州，韩馥必然惊恐失措，到时候再派几个口才好的人忽悠两下，韩馥就会乖乖把冀州拱手相让。

袁绍深以为然，便依计而行，给公孙瓒写了封信。

信的具体内容，史书无载，不过袁绍一定是给公孙瓒开了空头支票，诸如事成之后，瓜分冀州之类的，否则公孙瓒不可能替他卖力气。

不管袁绍许诺了什么，总之公孙瓒见信后，二话不说，立刻率部南下，声称讨伐董卓，实则猛攻冀州——反正在当时，董卓就是一块砖，哪里需要哪里搬，谁想干点不厚道的事，都会打出讨伐他的旗号，事实证明也挺好用的。

韩馥慌忙出兵迎战，结果自然是打不过，顿时大为惶恐。

一切果然不出逢纪所料。于是，按照计划，负责摇唇鼓舌的人就上场了。

说客是荀谌、郭图等人，都是颍川（今河南禹州市）一带的名士，平时跟韩馥交情很好，这会儿当然已经站到了袁绍这边。

这个荀谌，就是日后曹操帐下的首席谋士荀彧的弟弟，一家子都是靠脑子和舌头吃饭的。他跟郭图等人来见韩馥，开门见山就说："公孙瓒大军南下，锐不可当，袁绍又引兵东移，意图难测，我们都替将军担心啊。"

韩馥当然看得出这是南北夹击的架势，可打又打不过，只能问："那该怎么办？"

等的就是这句话。荀谌淡淡一笑，反问道："将军自己想一想，论起宽仁容众，天下豪杰归心，你比袁绍如何？"

韩馥说："不如。"

荀谌又问："将军再想想，临危不乱，遇事果决，智勇过人，你比袁绍如何？"

韩馥说："不如。"

荀谌再问："数世以来，广布恩德，天下受惠者无数，你比袁绍如何？"

韩馥说："不如。"

三问三不如，那还有啥好说的？

于是荀谌来了段总结陈词："袁绍是一代人杰，将军以'三不如'的条件，却位居其上，他会甘心屈居人下吗？冀州乃天下重镇，袁绍与公孙瓒若联手取之，将军危亡立待。不过，袁绍与你毕竟是故交，且都是讨伐董卓的盟友，而今之计，将军不如把冀州让给他，他必然感激你的恩德，而公孙瓒也不敢再造次。如此一来，将军既得让贤之美名，又可安稳如泰山，何乐而不为？"

一番话，说得好像韩馥占了多大便宜似的，典型的被人家卖了还帮人数钱。

不过，即使韩馥明知如此，他又能如何？公孙瓒来势汹汹、锐不可当是真的，袁绍威望卓著、豪杰归心也是真的，这两个家伙合起伙来欺负人更是明摆着的事实，你叫韩馥计从何出？

当然，如果韩馥真有胆识和本事，也不见得就不能舍命一搏。

可惜，这位韩州牧生性怯懦，在这个铁血与权谋的时代，注定只能早早出局。

他当天就做出了决定，把冀州让给袁绍。得知此事，其帐下文武官员耿武、赵浮等人拼命劝阻，但韩馥决心已定，万牛莫挽。

几天后，韩馥就让儿子带上冀州牧的印绶，主动登门，毕恭毕敬地送给了袁绍。

袁绍终于如愿以偿，随即快马加鞭赶到冀州治所邺城（今河北临漳县西南），接管了州牧大权。而他行使权力所干的第一件事，就是砍掉了反对他的耿武等人的脑袋；第二件事，是给了韩馥一个“奋威将军”的头衔。

可想而知，这个头衔下面，一没兵，二没将，三没属官，纯粹就是光杆司令。

实权在手，人才便蜂拥而至了。日后袁绍雄踞北方、逐鹿天下的文官班底和主要谋士，就是在此时纷纷来到了他的麾下，如沮授、审配、田丰、许攸等人，当然还有这次立下大功的逢纪、荀谌和郭图。袁绍大喜过望，一一授予官职。

韩馥虽然拱手让出了冀州，但最后的下场却还是很不堪，丝毫没有荀谌忽悠的那样“安稳如泰山”。

事情说起来也不能全怪袁绍。当时袁绍上任后，任命了一个叫朱汉的人为治安官。此人过去一直被韩馥瞧不上，这回算是逮住报仇的机会了，就带兵包围了韩宅。韩馥吓得躲了起来，朱汉就抓了韩馥的大儿子，打断了他的双腿。事后，袁绍大怒，斩杀了朱汉，但韩馥却成了惊弓之鸟，惶惶不可终日，只好跑去投靠了张邈。

不久，袁绍派人去跟张邈商议某事，韩馥恰好也在座。他见使者神神秘秘地跟张邈耳语，以为袁绍要赶尽杀绝了，顿时万念俱灰，就溜进了厕所，用一把小刀自杀了。

昔日堂堂的封疆大吏，最后就这么死了，实在是让人无语。

平心而论，袁绍虽然抢了他的地盘，但并没有斩草除根之意，因为韩馥这种人对袁绍根本构不成威胁，袁绍更不担心他会卷土重来，何必杀他以落人话柄呢？

说到底，韩馥还是死于自己的无能和怯懦，怪不得袁绍。

袁绍不费吹灰之力就得到了冀州，却没给出力最多的公孙瓒什么好处，摆明了就是想赖账。

公孙瓒可不是随便能忽悠的人，这笔账他当然要跟袁绍算。

在当时，如果说黄河以南的诸侯中打仗最猛的人是孙坚，那么在黄河以北，“猛人”这个称号则非公孙瓒莫属。

公孙瓒，字伯珪，辽西郡令支县（今河北迁安市）人，出身于高官之家，但因其母身份卑微，所以仕途起点很低，年轻时只是郡里的小吏。据说，公孙瓒的颜值很高，《三国志》称其“有姿仪”，《后汉书》则称他“美姿貌”，总之就是个美男。而且他不光长得帅，智商也很高，口才还十分了得——这种条件，无论放在哪个年代，都是妥妥的国民女婿，所以当地太守十分赏识，便把女儿许配给了他。

在老丈人的资助下，公孙瓒赴京进修了一段时间，师从大儒卢植，同学中有一个日后的牛人，不过当时还很不起眼，这个人就是刘备。

不久，公孙瓒被举为孝廉，出任辽东属国长史。这个辽东属国，是东汉朝廷为了管理内附的乌桓人而专门设置的。公孙瓒的职责，无疑就是守卫边疆。有一次，他带着数十骑兵出城巡逻，恰与数百名鲜卑骑兵正面遭遇。敌众我寡，考验勇气的时候到了。公孙瓒对部众说：“今天若不冲锋，咱们全得死在这儿。”说完一马当先，一个人就杀死杀伤了数十敌军。一场混战下来，虽然手下也死了大半，但终究击退了鲜卑人。

一次小小的遭遇战，便打出了公孙瓒的威名，从此鲜卑人便不敢轻易入塞劫掠了，公孙瓒也因功擢升涿县（今河北涿州市）县令。

我们前面说过，中平年间，边章、韩遂在凉州叛乱，司空张温点名要孙坚随同出征，而巧合的是，朝廷这次也点了公孙瓒的名，命他率三千幽州突骑参与平叛。可见，这一南一北两个猛人当时就都已闻名朝野了。

不过，此次公孙瓒却未能成行，因为他刚要率军离开，蓟城（今北京大兴区西南）一带的乌桓人就发生了叛乱。公孙瓒遂率领这三千突骑进行征讨，再立战功，升任骑都尉。

此后数年，他一直在边塞与叛军作战，最后终于在石门山（今辽宁朝阳县）一战中大获全胜，迫使叛军残部远遁塞外。公孙瓒又因功升任降虏校尉，封都亭侯，仍兼辽东属国长史。

《后汉书·公孙瓒传》中有一段话，生动地描述了他在边塞与敌寇作战的情景："职统戎马，连接边寇。每闻有警，瓒辄厉色愤怒，如赴仇敌，望尘奔逐，或继之以夜战。虏识瓒声，惮其勇，莫敢抗犯。"

如今的古装剧，为了保证观赏性，经常把上阵打仗的男主塑造得光鲜亮丽，因此没少被观众吐槽。这很自然，因为人们按照常理推断就知道了，真正打仗的时候，军人往往都是灰头土脸，甚至是满身血污的，怎么可能像荧屏上的明星那样，一根头发丝都不乱呢？

不过，这只是常理，而凡事总有例外。

美男兼猛将公孙瓒，可能就是历史上为数不多的例外之一。据史书称，公孙瓒会从部众中精心遴选出骑射本领高超的人，然后一律骑上白马，作为自己的侍卫队，还给这支精锐骑兵取名叫"白马义从"。

可以想象，当"美姿貌"的公孙瓒带着一队英俊的白马骑士从苍茫的原野上奔驰而过的时候，那幅绝美的画面会多么吸引眼球，多么摄人心魄！

当然，我们看"白马义从"会觉得很帅，可在乌桓人的眼中却很恐怖。因为公孙瓒太能打了。据说，当时乌桓人经常互相警告，打仗的时候一定要躲着那个"白马长史"。而且，他们还专门画了公孙瓒骑白马的画像，然后做成靶子练习骑射，一旦射中，众人就高呼万岁。这种情节要是放在古装剧里，肯定又得被一些观众吐槽，说编剧为了塑造主角光环，就把敌人写得这么白痴，还吹捧得这么夸张。

然而，这就是真实的历史。

又帅又能打的公孙瓒，似乎天生自带主角光环，你不服还不行。

说了这么多公孙瓒的优点，为免肉麻吹捧之嫌，下面该说说他的缺点了。

他主要的缺点，首先是心高气傲；其次是过于崇尚武力；最后是心胸狭隘。

这三者加在一块儿，就注定会让他跟某个人产生非常尖锐的矛盾，并最终发展成致命的冲突。

这个人就是他的顶头上司——幽州牧刘虞。

公孙瓒勇猛尚武，志在扫灭乌桓；刘虞则生性宽仁，力主怀柔政策。这两位碰到一块儿，那就是针尖对麦芒，烈火遇寒冰，免不了要奏响一曲并不悦耳的“冰与火之歌”。

按说刘虞是上司，公孙瓒本事再强、主意再大，也得收敛锋芒，低调做人，按领导的方针政策做事。何况，刘虞的招降政策还是取得了一定成效的，反倒是公孙瓒不太注意约束部下，不时有些侵扰百姓的行为，所以他更应该加强自身的组织性和纪律性，好好配合领导开展工作。

可公孙瓒的毛病就在于心高气傲，偏偏不肯低头服软，于是跟刘虞的矛盾便难以调和。估计正是因为这一点，当袁绍请公孙瓒去打冀州时，他才会那么痛快就率部南下，其动机很可能是想脱离刘虞，到南边打一块自己的地盘。即使不是出于自立门户的考虑，至少也是打一块自留地，以备不时之需。

然而，打是打了，问题是他流血流汗打了半天，却让袁绍乘虚而入摘走了胜利果实，这口恶气他岂能吞得下？

本来这事就够让公孙瓒愤怒了，可差不多在这个时候，又发生了一件事，顿时令他怒发冲冠，恨不得把袁绍撕成碎片。

这件事说来话长，涉及的人物也很多，几乎当时南北诸侯中比较冒尖的几位都牵扯进去了，头绪颇为纷繁，我们只能从头讲起。

事情起因于刘虞的儿子刘和。当时，刘虞在幽州，可刘和却在朝廷担任侍中。董卓迁都后，刘和跟着献帝和文武百官一块儿被赶到了长安。献帝刘协年纪虽小，却颇有志气，不甘被董卓摆布，便交给了刘和一项秘密任务：让他逃出长安，回幽州找刘虞，让刘虞发兵前来营救，迎圣驾回洛阳。

刘和奉命，逃出了关中，没想到途经南阳时，却被袁术给截住了。可怜刘和刚刚跑出狼窝，转眼又落入了虎口。袁术截他，目的很单纯，就是想干一票绑架勒索，不过勒索的不是刘虞的钱，而是他手下的幽州骑兵——准确地说，是战斗力十分强悍的幽州突骑。那年头，精锐骑兵在战场上的作用，不亚于二战时德国的虎式坦克，所以人人垂涎，袁术自然也不例外。

袁术软禁了刘和，命他给刘虞写信，要求刘虞派骑兵来南阳，袁术还承诺到时候一定联手进攻董卓。刘虞接信后，虽然不信袁术的鬼话，但儿子在人家手里，无可奈何，只好派了数千骑兵过去。当时公孙瓒极力阻止，说袁术这家伙包藏祸心，一定不能把兵给他，可刘虞根本不听他的。

公孙瓒觉得自己好心被当成驴肝肺，非常不爽，于是就干了一件很不厚道的事——索性跟袁术联手，报复刘虞。

他命自己的堂弟公孙越，带上一千余名骑兵，悄悄去了南阳，同时带话给袁术，让他扣下刘和，别放回去。至于刘虞派来的数千骑兵，就都交给公孙越，再让公孙越听命于袁术。

这对袁术来讲，当然是无本万利的好买卖，遂欣然接受。

而公孙瓒这么做，从事后来看，则是属于典型的损人不利己——没过多久，公孙越就因为替袁术打仗，死在了战场上。

公孙瓒机关算尽，反误了堂弟性命。这件事足以暴露他性格中的一大缺陷：心胸狭隘。因为刘和的事情原本跟他八竿子打不着，他劝刘虞不要被袁术勒索，是作为属下的义务，刘虞不听就算了，何必挖空心思去报复呢?

接下来，就该讲讲公孙瓒的堂弟公孙越是怎么死的了。

从旁观者的角度看，公孙越纯粹是死于南北诸侯争抢地盘的混战之中，谁也怪不着。可在局中人公孙瓒看来，这笔账却要记在袁绍头上……

远交近攻：大河南北的诸侯混战

袁绍和袁术这哥儿俩，顶着他们老袁家的金字招牌，一个在黄河以北巧取豪夺抢地盘，一个在黄河以南绑架勒索做买卖。说他们是茁壮成长也好，说是猥琐发育也罢，总之本来这哥儿俩是可以各自埋头苦干，井水不犯河水的。

可是，袁绍终究还是把手伸过了黄河。

因为这哥儿俩早就已经翻脸了，所以虽属同根生，但互掐起来比外人都狠。

他们翻脸的缘由，就是不久前袁绍打算拥立刘虞那件事。当时，袁绍为了彰显“民意”，就到处拉人投赞成票，自然也给老弟袁术去了封信，让他帮着吆喝两声。没想到，袁术却一口回绝。

他表面上的理由，当然是冠冕堂皇的“家国大义”云云。其实明眼人都看得出来，袁术自从天下大乱的那一刻起，就已经动了有朝一日篡位称帝的心思了，所以他当然不乐见袁绍立一个深得民心的年长之君，这对他没任何好处。

不知袁绍是没看出老弟的心思，还是装糊涂，反正被拒绝后，还是不死心，就又写了一封信，苦口婆心地劝说。袁术不耐烦，索性回了这么一句：“慺慺赤心，志在灭卓，不识其他！”（《资治通鉴·汉纪五十二》）

翻译成大白话就是：我对朝廷满腔赤诚，一心只想消灭董卓，别跟我废那么多话，我听不懂！

这句话差点没把袁绍噎死。

就这样，兄弟俩翻脸了。

所以，当袁绍拿下冀州后，自然就把目光投向了黄河南面的豫州。而眼下的豫州刺史，正是孙坚。换句话说，豫州是袁术的地盘。

袁绍不管那么多，刚坐上冀州牧的位子，就迫不及待地任命部将周昂为豫州刺史，让他趁孙坚讨伐董卓之机，出兵偷袭阳城（今河南登封市东南），摆明了就是想吞并豫州。孙坚闻讯，甚为痛心，不禁长叹：“大家同举义兵，只为拯救社稷，如今董卓未破，自己人却互相残杀，我还为谁去效死力呢？”

随后，孙坚回师，一战就击溃了周昂，把他赶回了河北。

就是在这一仗中，袁术派公孙越去给孙坚助阵，不料公孙越却身中流矢，一命呜呼了。

消息传回河北，本来就憋了一肚子火的公孙瓒彻底发飙了。他认为堂弟之死，罪魁祸首便是袁绍，于是新账老账一块儿算，立刻出兵，进驻磐河沿岸（今河北威县境内），对袁绍发起了猛攻。

公孙瓒“白马长史”的威名可不是白来的，他一动手，冀州下辖的许多郡县都不敢抵抗，纷纷倒戈易帜，开门投降。

袁绍这下子慌了。眼下冀州刚刚到手，立足未稳，贸然跟这个威震河北的猛将开战，绝对没有胜算。再说了，之前忽悠人家来打冀州，结果没给人家任何好处，本来便是自己理亏，所以还是赶紧求和吧。于是，袁绍把他那个渤海太守的官职，送给了公孙瓒的另一个堂弟公孙范作为补偿。

公孙范也不客气，立刻走马上任，在渤海郡大肆募集兵马，然后带上这些人马继续攻击袁绍。

袁绍傻眼了：啥意思？都给你一个郡了，还不依不饶？难道你还想吞掉整个冀州不成？

公孙瓒很快就用行动给出了回答：猜对了。

而且他要的不光是冀州，他的胃口比这个大多了！接下来，公孙瓒一顿操作猛如虎，把袁绍等河北诸侯看得那叫一个眼花缭乱。

公孙瓒自己任命了一大批官员，连自欺欺人的“上表”都省了——以部下严纲为冀州刺史，田楷为青州刺史，单经为兖州刺史，然后把这三个州下面的郡、县官员全部封了一遍。

当然，官是全都封了，但实际上大部分地盘还在袁绍和其他诸侯的手里。公孙瓒这么做，不过是向大河南北的诸侯尤其是老仇家刘虞和新仇家袁绍宣示，从此他就自立门户、放手单干了，你们谁若不服，大可放马来战！

当公孙瓒与袁绍在河北大打出手时，河南的袁术也蠢蠢欲动了。

一个小小的豫州，远远满足不了他饕餮的欲望。

这位袁二公子，并未完全改掉早年的纨绔习性，只是暂时压抑住了而已。因为之前在朝为官，总要顾及朝廷纲纪和社会舆论，所以才比较收敛，没做什么出格的事。可眼下世道乱了，他又成了南阳的土皇帝，再没人敢对他说三道四，因此马上原形毕露了。

据《资治通鉴》称，袁术据有南阳后，根本无意经营治理，而是“奢淫肆欲，征敛无度”，导致“百姓苦之，稍稍离散”。也就是说，在他的重税盘剥之下，许多老百姓用脚投票，流亡他乡了。

众所周知，在东汉末年那个军阀割据、诸侯混战的时代，人口就是最重要也是最稀缺的资源，甚至比地盘更宝贵。首先是因为战乱频仍，大量人口非正常死亡，其次是因为土地不会动，但人会跑。即使打下了地盘，人口一旦流失，赋税就收不上来，然后养不起军队，仗就没法打，地盘就会跟着缩小。如此恶性循环，没两下就垮了。

所以，当南阳的人口渐渐流失时，袁术一定感到了危机。可是，他并没有丝毫反省，更没有任何改变，而是选择了扩张。

他的目标，就是南边的荆州。在他看来，只要把蛋糕做大，其他的问题都可以迎刃而解。

要打仗，猛人孙坚自然就得上场了。

初平二年（公元 191 年）冬，袁术派孙坚南下，进攻刘表。刘表派部将黄祖在樊城（今湖北襄阳市汉水北岸）、邓县（今湖北襄阳市西北）一带进行阻击。可想而知，此人根本不是孙坚的对手。很快，孙坚便大破黄祖，进围襄阳（今湖北襄阳市）。

襄阳是此时的荆州治所，刘表就在这里。如果不出意外，孙坚攻破襄阳、拿下荆州应该没有多大的悬念，无非是迟早而已。

然而，意外终究还是降临了。

孙坚包围襄阳的那天，刘表命黄祖深夜出城，准备集结外围兵马入城据守。孙坚得到情报，遂于黄祖引兵回城的路上发动袭击，再度将其击溃。黄祖带着残部，一头窜入岘山的密林之中。孙坚乘胜追击，却没料到黄祖手下的弓箭兵已然设下了埋伏。

孙坚一马当先，驰入一片竹林。藏身林中的弓箭手“咯吱”一声拉了个满弦，瞄准了目标。然后，利箭破空而出。

啸声响过，孙坚一头栽落马下……

一代将星，就此陨落。

这个孤军奋战的讨董义士，这个在洛阳残破的宗庙前一洒男儿泪的忠烈之臣，就这样壮志未酬身先死，永远躺在了岘山这片郁郁葱葱的竹林之中。

孙坚死时，按周岁算，年仅 37 岁。

许多年后，孙权在父兄奠定的基业上建立了东吴政权，并于称帝之后，追谥孙坚为武烈皇帝，庙号始祖。

孙坚死后，他的侄子孙贲带领部众扶着灵柩回到了南阳，只能继续依附袁术。袁术失去了这位头号猛将，自然是唏嘘扼腕。随后，袁术便让孙贲继任了豫州刺史，让他接着替自己打天下。

不过，经此一役，袁术与刘表就进入了相持阶段，谁也别想把对方一口吞掉了。

当时，大河南北这几大诸侯不约而同采取了“远交近攻”的战略：黄河南边的袁术与最北边的公孙瓒联手，对袁绍形成南北夹击之势；而黄河北边的袁绍则与最南边的荆州刘表结盟，同样令袁术腹背受敌。

天下才乱了没几年，老袁家这哥儿俩，俨然已成水火不容之势。用《三国志・袁术传》的话说，就叫“兄弟携贰，舍近交远”。

虽然袁术是他们老袁家的嫡子，招牌更正宗，但在此刻的三国江湖，袁绍的威望与号召力明显比他高得多，江湖上的英雄豪杰大多依附袁绍。袁术对此恨得牙根痒，怒而咆哮：“群竖不吾从，而从吾家奴乎！”（《后汉书・袁术传》）

翻译成大白话就是：这群白痴不来跟我，却去跟我们家那个狗奴才！

光在背后骂还不解恨，袁术还给公孙瓒写信，说袁绍其实不是他们老袁家的种（绍非袁氏子），潜台词就是骂他是野种，把袁绍原本就卑微的“庶子”身份都给剥夺了。

这哥儿俩掐得这么狠，把公孙瓒给看乐了，然后他看热闹不嫌事大，故意把袁术这话给散播了出去。

袁绍听说后，气得一口老血险些喷出来。

可他现在还腾不出手去收拾袁术，当务之急是对付公孙瓒。

在袁绍看来，公孙瓒大肆封官就是给自己下战书，如果不把这个嚣张的家伙摆平，自己在河北根本无法立足。

初平三年（公元192年）春，袁绍亲自率军，在界桥（今河北威县东）与公孙瓒展开会战。据袁绍掌握的情报，公孙瓒共有三万人马，其中最可怕的就是幽州突骑，在战场上几乎是一种无敌的存在。不过，“几乎”毕竟不是“绝对”，袁绍敢来迎战公孙瓒，事先当然做足了功课。

换言之，他已经找到了克制幽州突骑的办法。

双方列好阵势，袁绍命部将麹义率八百名精锐步兵打头阵，每人扛着一面又大又沉的盾牌就往上冲。公孙瓒一看，差点没笑出声：凭这几百号人，外加几块盾牌，就想对付我的幽州突骑？你们是来送死的吧？

他一声令下，麾下突骑便像潮水一样淹了过去。

麹义立刻命士兵们停下脚步，然后全都躲在各自的盾牌后面，看上去就像乌龟瞬间缩进了龟壳。见此情景，公孙瓒的骑兵们越发不把他们放在眼里，旋即纵马疾驰，加速冲锋——光凭这股疾驰而来的巨大冲力，在接触盾牌兵的一瞬间，就足以把他们撞飞出去。

眼看漫山遍野的骑兵越冲越近，袁绍这八百盾牌兵紧张得大气都不敢出。

就在骑兵距离他们只剩十几步远的时候，袁绍从容地打出了底牌——早已埋伏在战场两侧的一千名弓弩手，对着近在咫尺的幽州突骑同时射出了死亡之箭。

原来，八百盾牌兵只是诱饵，这一千张强弩才是袁绍送给公孙瓒的见面礼。

千弩齐发，其杀伤力可想而知。刚才还帅得不行的这些幽州突骑，刹那间就都被射成了刺猬，纷纷栽落马下。与此同时，刚才还扮演乌龟的那八百盾牌兵，瞬间就变成了可怕的刽子手——那些骑兵即使侥幸没被强弩射杀，也会被他们砍成肉泥。

转眼间，公孙瓒的阵脚就全乱了，不得不仓皇退却。他在撤退途中还试图稳住阵脚，组织部队反击，可惜军心早已涣散，很快又被麹义打垮。麹义一口气追到了公孙瓒的大营，砍下了他的军旗。公孙瓒无力再战，这才撤离了战场。

这一仗，袁绍一方斩获了一千多颗首级，其中就包括公孙瓒不久前刚刚任命的冀州刺史严纲。事实证明，袁绍也不是那么好惹的。而一贯自视甚高的公孙瓒，则为他的骄傲和轻敌付出了代价。

看来，不论是黄河以南的袁术与刘表，还是黄河以北的袁绍与公孙瓒，谁都没有一战消灭对手的实力，至少目前是这样。

他们只能一边缠斗，一边招兵买马，做好打持久战的准备。

正所谓“天下以智力相雄长”，一切竞争的本质，归根结底都是人才之争。谁有本事招揽更多的英雄豪杰，谁就能抢占更多的地盘，消灭更多的对手，从而笑到最后。

而在稍早之前，就有一个后来大名鼎鼎的牛人来到了公孙瓒的麾下。

他就是公孙瓒的老同学、日后的蜀汉昭烈皇帝——刘备。

刘备：从落魄皇族到创业草根

刘备，字玄德，涿郡涿县（今河北涿州市）人。据说，他出生的那个小村落，长了一株五丈多高的桑树，枝繁叶茂，树冠如伞，远远望去亭亭似车盖，所以村子就有了一个诗意的名字：楼桑里。

三百多年后，与刘备同为涿县老乡的郦道元，在写《水经注》时，还特意提到了这个村子，告诉读者这是刘备的故里。

据陈寿在《三国志·先主传》中记载，那株古老而形状特异的桑树，就长在刘备家东南角的篱笆边上，凡是往来经过的人，都觉得此树非凡，“或谓当出贵人”。一向推崇刘备的东晋史家习凿齿，更是在《汉晋春秋》里言之凿凿地说，当时涿县有一个叫李定的风水师，看到这株十分另类的桑树，便向世人宣称：“此家必出贵人！”

从陈寿的“或谓当出贵人”，到习凿齿的“此家必出贵人”，语气从揣测变成了肯定，性质也从一般人的街谈巷议，变成了专业人士的判断和预言。文字上的这种微妙差异，绝非偶然，而是修史者刻意为之。其目的，当然是为了制造祥瑞，以渲染刘备当皇帝的必然性。

拜《三国演义》所赐，刘备在中国几乎是个家喻户晓的人物，许多人习惯称他“刘皇叔”，因为大家都知道他是汉室宗亲。不过，就跟曹操的祖宗很难搞清楚一样，历史上真实的刘备，到底是不是汉室宗亲，也是一个未解之谜，迄今尚无定论。

按照《三国志》的说法，刘备是汉景帝之子中山靖王刘胜的后代。在

《三国演义》里，刘备后来创业，也一直是打的这个招牌，逢人便说自己是中山靖王之后。

说起这个中山靖王刘胜，很多人可能不认识，但说到著名的出土文物“金缕玉衣”，想必就闻名遐迩了——刘胜就是这件宝贝的主人。他是历史上出了名的逍遥王爷，一辈子花天酒地，妻妾成群，没做过什么有益于社会的事，但是对于“人类繁衍”这一永恒而壮丽的事业，还是做出了不可磨灭的贡献——据《汉书》记载，他一生都在专心致志地生孩子，光儿子就生了一百二十多个。

据陈寿说，在这么多儿子当中，有一个叫刘贞的，就是刘备的先祖。

有人可能就犯嘀咕了：刘胜的儿子这么多，然后子生孙、孙再生子，历代繁衍，开枝散叶，到了东汉末年，他的后人不就多如牛毛了吗？刘备自称是中山靖王之后，除非他拿家谱出来，否则恐怕难以证实吧？

没错，不光难以证实，同时也难以证伪，基本上就是一桩悬案。

因为刘备的确拿不出家谱，包括后来的史学家也找不出来，所以，陈寿的说法实际上并没有足够的证据支持。而裴松之为《三国志》作注时，持论就比较客观严谨：“先主虽称出自孝景，而世数悠远，昭穆难明。”翻译成大白话就是：刘备虽然自称是汉景帝的后人，但时代太过久远，世系传承已经很难弄清楚了。

元代史家胡三省在为《资治通鉴》作注时，说得更加直截了当：“（刘备）自祖父以上，世系不可考。”

说白了，刘备的祖宗真正可考的，只到他祖父这一代，再往上就无据可查了。

这里值得一提的是，凡看过《三国演义》的读者都知道，罗贯中在第二十回里写了刘备觐见汉献帝的一幕，还让刘备拿出了家谱，然后非常详细地罗列了一长串世系传承：从汉景帝开始，一直到刘备的祖父刘雄、父亲刘弘，再到刘备，前后共十九代，并把中间每一代人的名字及爵位都写了出来，看上去像煞有介事，十分唬人。

所以汉献帝就被唬住了，按辈分掐指一算，刘备居然是自己的叔叔，赶紧把他拉到偏殿叙叔侄之礼，而“刘皇叔”这个含金量十足的招牌，也就从此在三国的业界打响了。

其实，其中绝大部分是罗老先生的杜撰。

除了前面的汉景帝、刘胜、刘贞这三代，以及后面的刘雄、刘弘、刘备这三代，中间十三代都是无史可依、无据可查的，纯属罗贯中的小说家言。读者若是把它当历史来读，那就跟误信宫斗剧一样，被人忽悠了。

既然连世系都不可考，那所谓的“刘皇叔”云云，就更是无从谈起了。若一定要较真的话，按罗贯中编的那份家谱，我们也掐指算算，刘备的辈分其实比汉献帝小得多，让人家叫叔叔那是欺负人，叫“刘皇孙”还勉强说得过去。

要真正了解刘备的家世，我们只能从他的祖父刘雄开始。

刘雄早年被举为孝廉，后来当上了东郡范县（今河南范县，一说在山东梁山县）的县令。刘备的父亲刘弘据说也当过官，什么职务史书无载，估计顶多就是个科级干部，因为再大的话史书一定会记上一笔。

虽然家世并不显赫，但刘备好歹也算个“官三代”，在那时基本是可以横着走的。可我们都知道，刘备从小是跟他妈一块儿摆地摊卖草鞋的，家里穷得叮当响。别说官三代了，连份体面的工作都没有，只能勉强维持温饱，属于典型的草根。

个中原因，主要是刘弘早逝，所以就家道中落了。而且我估计，刘备他爷爷肯定是个清官，否则当过县令的人，多少有些灰色收入，家里何至于那么穷？

刘备小时候，常和村里的小伙伴在他们家那棵桑树底下玩。有一天，这小子玩着玩着，忽然停了下来，仰头看着那如同车盖一样的树冠，一本正经地说：“总有一天，我要坐上这辆羽葆盖车。”（《三国志・先主传》：“先主少时，与宗中诸小儿于树下戏，言：‘吾必当乘此羽葆盖车。’”）

羽葆盖车是古代皇帝的专车，唯有天子一人能坐，这种话岂能随便乱说？

然而刘备就这么说了，估计音量还不小，因为他叔叔刘子敬当时就被惊到了。

这熊孩子，脑袋是被门夹了还是被驴踢了，咋能说出这么疯狂的话呢？刘子敬气得脸都青了，冲过去指着他的鼻子骂：“汝勿妄语，灭吾门也！”

翻译成大白话就是：你别在这胡咧咧，当心全家陪你一块儿死翘翘！

虽说童言无忌，但在古代那种社会，这种狂言要是传到官府耳朵里，灭门的可能性还是很大的。官府才不管你什么小屁孩乱讲话，他会说这都是你家大人教的。

史书没有记载刘备挨叔叔臭骂后的反应，但修史者仅仅记下这一句，就足够说明未来的蜀汉昭烈皇帝是如何从小就胸怀大志的。换言之，这也是一种祥瑞，至于真实性究竟几何，我们也不必太计较了。

除了“桑树出贵人”和“小儿狂言”这两处，《三国志》还记载了第三处祥瑞，是关于刘备的体貌特征。

书中称，刘备“身长七尺五寸，垂手下膝，顾自见其耳”。

按东汉官尺算，七尺五寸，约合今天的 1.8 米，身材不错，比目前中国成年男性的平均身高 169.7 厘米（2020 年统计数据）高出了十余厘米。

身高挺标准，但接下来这两处特征，就让人有点匪夷所思了。

“垂手下膝”，就是说两条胳膊很长，乃至长到了膝盖以下。不知道别人对此做何理解，反正我看到这句话时，首先跳入脑海的就是一些人类表亲的形象，如猩猩、狒狒之类的。史书这么写，也许是想形容刘备身长腿短，以贴合古代相学所谓的富贵相、帝王相（如民间就有“上身长，佐君王”之说），但问题是话说得过头了，就有适得其反之嫌。

再来看“顾自见其耳”，意思就是说刘备的耳垂很大（这也是古人常说的富贵相），但是大到自己稍一回头就能瞥到的程度，就显得太夸张了。刘备耳垂大，的确有不少证据，如《后汉书》中，吕布就曾骂他“大耳儿”；在晋朝人写的《华阳国志》里，曹操也叫他“大耳翁”，足见刘备的耳垂确实比一般人大很多，可大到自己看得见的地步，显然是言过其实了。

十五岁那年，刘备在同族长辈刘元起的资助下，与其子刘德然一起赴京求学，师从大儒卢植。公孙瓒就是这时做了他的同学。刘备年龄比公孙瓒小，就称他兄长。

虽然老师是一代大儒，但据《三国志·先主传》称，刘备不太喜欢读书，反而“喜狗马、音乐、美衣服”。用今天的话说，就是喜欢出入娱乐场所，而且爱打扮，颇有高消费之嫌。考虑到他从小卖草鞋的那种家庭条件，刘备的这些兴趣爱好和生活方式，明显与“草根”的身份很不相称。即使有皇族背景，但也早已落魄，“中山靖王之后”的名头又不能换钱花，所以说难听点，刘备的这些行为是比较“坑爹”的。

当然，他爹早逝，想坑也坑不了，所以刘备坑的，其实是家境比较富裕的刘元起。也许正因为这一点，刘元起的老婆就有意见了，跟老公吐槽说：“各自一家，你总给他钱花，要给到什么时候？”

刘元起算是比较有主见的人，并不惧内，就用这么一句话顶了回去：“我们宗族里，就这孩子不是一般人。”言下之意，人家将来是有大出息的，钱花在他身上，不吃亏。

如果刘元起这话不是为了搪塞他老婆，而是真心这么想，那他就是一个很有远见的投资人，懂得做超长线的价值投资。不过，后来刘备发迹了之后有没有回报他，我们就不得而知了。

据史书称，刘备的性格是寡言少语，喜怒不形于色，且善待下人。这最后一点，就是他主要的人格魅力之一，为他日后的创业助力不少。此外，他还喜欢“交结豪侠”，这也是打造创业团队、闯荡乱世江湖必不可少的条件。

正因为此，刘备读完书回到涿县，乡里的许多少年便认他当了大哥。

大约就是在这个时候，关羽和张飞来到了他的身边。

关羽，字云长，本字长生，河东解县（今山西运城市）人，因犯事逃亡到涿郡。具体犯了什么事史书无载，《三国演义》说是看不惯本地豪强仗势欺人，故而杀了豪强亡命江湖，从关羽的为人和性情来看，应该是比较合理的推测。

张飞，字益德，涿郡人，跟刘备是同乡。《三国演义》说他是“卖酒屠猪”的，家里“颇有资财”，所以刘备起家的部分资本便是他提供的。后来三人还在张飞家的桃园里结拜为兄弟，从此在后世传为美谈。

其实这些都不见于正史记载，只是罗贯中的艺术虚构，不过很感人，很热血，光是那句“不求同年同月同日生，只愿同年同月同日死。皇天后土，实鉴此心，背义忘恩，天人共戮”就不知感染了多少后人，也把中国人特有的“义气”刻画得荡气回肠。所以，虽然从理性上我们知道这不是历史，但是从情感上，我们却宁愿相信“桃园结义”这一幕真的发生过。

不论是否真的结义，历史上的刘、关、张三人的确好得跟一个人似的。《三国志·关羽传》就称三人“寝则同床，恩若兄弟”，还说关羽和张飞自从跟随刘备后，“稠人广坐，侍立终日，随先主周旋，不避艰险”。寥寥数语，就把三人的感情之深，以及关、张二人对刘备的忠义都写尽了。

中平元年（公元 184 年），即刘备二十四岁的时候，黄巾之乱爆发，一个风起云涌、龙蛇争霸的大变革时代轰然降临，给很多人提供了施展平生抱负的广阔舞台。刘、关、张三兄弟自然是摩拳擦掌，胸中涌起了一股闯荡天下、建功立业的激情。

虽然他们已经有了最初的核心团队，但还是缺乏创业所需的启动资金。关键时刻，刘备的天使投资人出现了，他们是隔壁中山郡（今河北定州市）的富商张世平、苏双等人，据说是靠贩马起家的，资产上千金。他们对刘备十分赏识，便无偿给了他一笔丰厚的资金。

刘备、关羽和张飞用这笔钱拉起了一支几百人的队伍，追随一个叫邹靖的校尉开赴讨伐黄巾的战场，从此踏上了草根创业之路。

不久，刘备便因作战有功，被任命为中山郡的安喜（今河北定州境内）县尉。官不大，但对于草根出身的刘备而言，起点已经不算低了，毕竟高干子弟曹操刚出道时，也不过是洛阳北部尉而已。

只可惜，还没等刘备在县尉任上干出什么政绩，朝廷就颁下一道诏书，说要裁汰一部分因军功入仕的地方官员。至于为何要这么做，以及用什么标准裁汰，史书无载。不过据我估计，可能也很简单，就是把没背景的人刷掉，以便给那些有靠山有来头的人让路。而刘备一无背景二无靠山，自然在裁汰之列，不刷他刷谁?

当时，负责郡里干部督察的一名督邮来到了安喜县，准备来撤刘备的官。刘备听到风声，赶紧跑到他下榻的宾馆求见。督邮知道他是来求情的，就推说身体不适，概不见客。刘备无计可施，在门口站了半天，越想越愤怒，于是回到县尉衙门召集了一帮手下（其中肯定有关羽和张飞，只是史书无载），然后冲进宾馆，直接把督邮从床上拽了起来，绑在了外面的树上。

督邮是郡一级官员，职位比刘备高很多，刘备敢这么干，摆明就是不打算混了。

他把自己的印绶挂在了督邮的脖子上，然后抡起鞭子抽了一百多下。本来打算抽死他，后来听他苦苦哀求，才饶了他一命。

事后，可想而知，刘备只能带着关羽、张飞等一帮铁杆弟兄，黯然离开安喜，亡命天涯去了。

据史书记载，刘备等人辗转来到丹阳（今江苏省南部），恰逢何进派都尉毌丘毅到此募兵，他们便报名加入了。随后，他们跟着毌丘毅行军至下邳（治今江苏睢宁县北），遭遇了黄巾军，因力战有功，刘备就又当上了下密（今山东昌邑市东南）县丞。这回官大了一点，相当于副县长。

可是，不知道什么原因，这个副县长没干多久，刘备就又弃官跑了。之后，又到高唐（今山东聊城市）当了县尉，然后可能又是打黄巾立了功，旋即升迁为高唐县令。

漂泊数年，辗转多地，这下总算是干到县长了，也不枉这几年的辛苦奔波。

不过，在那个城头变幻大王旗的乱世，公务员可没那么好干，绝不是能够让你端一辈子的铁饭碗。而且，不光饭碗容易打破，有时候端着端着，还会把脑袋给端没了。

刘备一路靠打黄巾军起家，人家黄巾军自然就惦记着他。所以，他这个县长的位子还没坐热乎，黄巾军便倾巢来攻了。刘备打不过，只好再度弃官而逃……

如果说在事业草创的这几年中，“逃跑”已然成为刘备的一个习惯性动作的话，那么在此后数十年的创业生涯中，这个动作就几乎变成了他的宿命。

以后我们就将看到，刘备的一生就是不断地失败、逃跑、站起来又被打倒的一生。没办法，在大鳄林立、市场竞争空前激烈的东汉末年，一个白手起家的草根要想创业成功，太难了！有时候光是为了活下去，就已经拼尽了全力。

当然，此刻的刘备还不知道未来会有多少失败在等着他，眼下的几次小小挫折丝毫动摇不了他的雄心壮志。

尽管在当时的业界没什么人脉，可刘备至少还有个混得相当不错的老同学——公孙瓒。

于是，大约在公孙瓒与袁绍势如水火，正迫切需要人才之际，刘备带着关羽和张飞投到了他的麾下。

对于刘备的到来，公孙瓒当然欢迎之至，立刻表荐他为别部司马，并把他派到了青州，与刺史田楷一道对抗袁绍。

差不多在刘备投奔公孙瓒的同时，还有一位日后威震天下的名将也来到了公孙瓒的麾下。

这个人就是赵云。

赵云，字子龙，常山郡真定县（今河北正定县）人，史称其“身长八尺，姿颜雄伟”，也是标准的帅哥一枚。常山属冀州管辖，现在冀州的老板是袁绍，可赵云却舍近求远，不去端袁绍的饭碗，反而跑到幽州来给公孙瓒打工，让公孙瓒颇为意外。

他就问赵云：“听说你们冀州人都愿意投靠袁绍，为何只有你迷途知返呢？”

公孙瓒这么问，自然是想听到一番恭维之词，比如“公孙将军您英雄盖世、勇猛无敌，正是天下豪杰归心的明主，岂是袁绍那种徒有虚名的人可比”之类的。

只可惜，赵云这种人不会溜须拍马，而是说了大实话：“如今天下大乱，不知道谁才是明主，但黎民百姓却有倒悬之苦，所以我们家乡人都说，哪里有仁政，我们就去哪里。赵云此来，不是轻视袁公，也不是趋附将军。”

言下之意，人家似乎是冲着力行仁政的幽州牧刘虞来的，只因公孙将军你是刘虞手下的将领，所以才来你这儿打工，你可不要太自作多情。

赵云这番大实话一说，就彻底把天给聊死了。公孙瓒肯定是不太爽，可现在是用人之际，也计较不了那么多了。

说者无心，听者有意。刘备在旁边听到这话，立马对赵云生出了很强的好感。这世道，愿意说实话的人已经不多，而一心追求仁政理想的人就更少了，于是便主动与其结交。赵云也欣赏刘备的为人，随后便到了刘备帐下，专门负责带领骑兵。

不过，赵云与刘备虽然惺惺相惜，但终究是为公孙瓒打工，而没过多久，赵云就看透了公孙瓒，知道他根本无意于仁政，不值得自己追随，于是便以兄长去世为由，向公孙瓒告假，然后卷起铺盖就回老家了。

临别之际，刘备深知赵云这一走，肯定不会再回来了，心中十分不舍。最后二人握手作别时，赵云留下了一句话，说："终不背德也。"意思是让刘备放心，不管到什么时候，他赵云都不会做出有违德操的事，其实也就是想表明：两个同样追求仁政的人，迟早有一天会再见面的。

这一别，便是七八年之久。等到赵云再次来到刘备身边时，已经是官渡之战前夕。不过，自此之后，赵云便跟随刘备南征北战，这一辈子再也没有离开……

在接下来的两年中，刘备配合田楷，与袁绍之子袁谭在青州展开了一场旷日持久的拉锯战。据史书称，双方在这场战争中都打得异常艰苦："士卒疲困，粮食并尽，互掠百姓，野无青草。"（《资治通鉴·汉纪五十二》）

刘备在此期间为公孙瓒立下了不小的功劳，因而先是被任命为代理平原（今山东平原县南）县令，此后又被正式提拔为平原国的国相。

侯国之相，位同郡守，官秩二千石。至此，刘备算是走上了他仕途的第一个小高峰，相当于当上了市长。

从一介草根到侯国之相，跨度已经不小了，刘备的人生可以说实现了初步逆袭。不过，对于一个从小就放出狂言，说要乘坐天子"羽葆盖车"的人而言，这一切，只不过才刚刚开始……

第四章

军阀割据

董卓之死：一盏人油路灯

董卓被孙坚打败后，于初平二年（公元191年）四月到了长安。

长安是西汉的帝京，曾是天下最繁华的都市，其中的未央宫更是以奢华壮丽著称。后来王莽篡汉，建立新朝，短短十五年就被推翻，未央宫遂毁于战火，长安也从此繁华不再。东汉建立后，光武帝刘秀定都洛阳，称长安为西京，但仅作为祭祀宗庙之用。

献帝刘协先董卓一步来到长安，刚到时连一座像样的宫殿都没有，只能暂居京兆府，稍后随行大臣草草修葺了一两处宫室，刘协才有了自己的皇宫。

董卓把刘协当成花瓶供养在宫中，然后自己当起了土皇帝。

他之前在洛阳已自封相国，现在嫌小，就自拜为太师，称“尚父”；又封他的弟弟董旻为左将军，侄子董璜为中军校尉，把兵权牢牢抓在了手中；同时，在很多重要职位上都安插了自己的亲戚，“宗族内外并列朝廷”；此外又大肆封侯，连侍妾生的儿子，还抱在怀里就被封了侯，拿印绶给婴儿当玩具。

董卓还把自己的车驾、仪仗、服饰等，全都弄得跟皇帝一样。朝中公卿见到他的车驾，都得到车前行礼跪拜，他则连还礼的动作都懒得做，直接无视；尚书以下的官员，则必须到他府上去奏事，听候他的指示差遣。

在当时，除名号之外，董卓其实跟皇帝也没啥两样了。

原本属于天子的生杀予夺之权，现在全都捏在了董卓手上。他要是看谁不顺眼，让你三更死，你就休想活过五更。

这一年冬天，朝廷的天文台长（太史）闲来无事，仰观天象，似乎发现了某种异常，然后就上奏董卓，说“当有大臣戮死”，也就是必须有当朝大臣被诛杀，才能应和天象。

天知道这个太史是哪根筋搭错了，竟然说这种害死人的话。反正董卓听了，觉得既然如此，那就杀一个呗，给老天爷反馈一下。

于是，他在满朝文武中扫了一圈，马上点了一个人的名。

这个人就是张温，时任卫尉。当初征讨凉州时，他是董卓的领导，批评过董卓。这事董卓一直记着，如今太史说上天要收人，董卓自然就选了他。

杀人总要有个理由，不过这对董卓来讲不成问题。他随口栽赃，说张温与袁术暗中勾结，就把张温押到闹市，乱棍打死了。不知张温临死之前，有没有想起孙坚劝他杀董卓的那一幕，假如当时狠下一条心，又岂会有今日这飞来横祸？

初平三年（公元192年），董卓在自己的封地郿县（今陕西眉县）建了一座大型坞堡，据说城墙高度堪与长安相比，“高厚皆七丈”，还在里面囤积了三十年的粮食。董卓宣称：“事成，雄踞天下；不成，守此足以毕老。”（《三国志·董卓传》）

骄狂暴虐的董卓其实也知道，天下有很多人恨他，所以修建这座坞堡，就是想给自己弄一个末日来临的避难所。

进可攻，退可守，大不了就躲在这里面安度晚年，反正粮食够他吃到死，管他天下乱成什么鬼样子。

董卓想得很美，但天下人可不会这么便宜他。

董卓以为，能给他带来威胁的只有关东那些诸侯，所以就派女婿牛辅在陕县（今河南三门峡市）及函谷关一带重兵布防，可他却没想到，世界上最坚固的堡垒往往是从内部攻破的——真正致命的威胁，其实就藏在他的身边。

差不多就在坞堡建成的同时，一个以董卓为目标的暗杀小组也成立了。

为首的是司徒王允，成员有司隶校尉黄琬、仆射士孙瑞等人。当然，他们也知道，董卓没那么好杀。这老家伙就是怕人刺杀，所以平时都在外衣下面多穿了一件软甲；此外，不管走到哪儿，他都会让义子吕布当贴身侍卫，寸步不离。

吕布这一关，无疑是暗杀行动的最大障碍。

不过，王允的聪明之处就在于，他非但不需要过吕布这一关，反而直接把吕布策反了，让他去执行刺杀任务。

如此一来，最大的障碍就成了最狠的利器，让董卓做梦都想不到。

为了策反吕布，王允很早就开始了布局。他有意对吕布非常好，一向关怀备至，让吕布感到了春风般的温暖。吕布这人本来就没什么城府，所以很快就跟王允成了好友，几乎无话不谈。正是通过这种私密的交往，王允得知了不少吕布与董卓之间的内情。

吕布说，董卓残忍好杀，麾下部将有时候一两句话说错，忤逆了他，就会被他当场砍死，所以人人自危。就连吕布自己，有一次稍拂其意，董卓就拔出手戟掷他，多亏他身手敏捷，堪堪躲过，不然小命就没了。为此，他心里其实是恨董卓的。

除此之外，吕布还向王允透露了一件难以启齿的事：因职务之便，他经常在董卓的内室门口守卫，一来二去，便跟董卓的一个侍妾私通了。为此，吕布惶恐不安，生怕哪天事情泄露，他会死无葬身之地。

掌握了这些情报，王允的策反行动自然就水到渠成了。他把暗杀计划告诉了吕布。吕布一听就动心了，但还是有些迟疑，说："那父子之义怎么办？"

王允冷笑："你姓吕，又不是董卓的骨肉，何况眼下担忧死亡都来不及，还谈什么父子？再说了，他董卓扔出手戟之时，岂有顾念父子之情？"

就这样，吕布被说服了。

或者说，他并不需要被说服，只需要王允给他一个就坡下驴的理由即可。

其实对吕布来讲，做出这个决定并没有多么困难，因为他早就有经验了——当初为了投靠董卓可以干掉丁原，如今为了自保当然也可以干掉董卓。

在利己主义者吕布这儿，从来没有什么底线是必须坚守的，也从来没有什么原则是不能放弃的。衡量一件事情该不该做的唯一标准，就是看对自己是否有利。至于其他东西，很少在他的考虑范围之内。

正因为此，日后我们就将看到，吕布不管走到哪儿，都成了最不受欢迎的人。原因倒不是说当时的人都很注重道德节操，耻于与他为伍，而是多数跟他打交道的人，尤其是准备当他领导的人，都不免担心步丁原和董卓之后尘，所以避之唯恐不及。

一味利己的结果，恰恰变成最不利己。这肯定是吕布没有预料到的。就此而言，“得道多助，失道寡助”这句老话，还是颇有现实意义的。

初平三年（公元 192 年）四月末的一天，献帝刘协小病新愈，大会群臣于未央殿。

这种场合，董卓自然不会缺席。

王允和吕布等人，就把刺杀行动定在了这一天。

当日，董卓非常谨慎，在前往皇宫的一路上都安排了严密的警戒，士兵夹道布岗，车驾左右都有骑兵和步兵护卫，前后还有吕布来回巡视。

此时，吕布早已命亲信部将李肃等十余人，伪装成皇宫侍卫，埋伏在了未央殿的北掖门，也就是入宫的必经之路上。

车驾刚一进门，李肃便按照计划冲了出来，手执长戟，以最快的速度直刺董卓前胸。不料，董卓在朝服里穿了软甲，长戟滑开，只刺伤了他的手臂。董卓吃痛，跌下马车，大喊道：“吕布何在？”

吕布不紧不慢，策马走到他的面前，淡淡道：“天子有诏，诛讨贼臣。”

董卓又惊又怒，破口大骂：“狗崽子，你敢杀我！”（《后汉书·董卓传》：“庸狗，敢如是邪！”）

话音未落，吕布手中长戟便已刺出。这回终于穿透软甲，刺入了董卓的胸口。董卓手下主簿田仪冲上来要保护他，也被吕布刺了个对穿；然后董卓的一个老仆人也跑了过来，又被吕布刺死……如此一连杀了三个，其他人才不敢再动弹。

吕布命人砍下了董卓的首级，然后从怀里掏出王允事先准备好的诏书，朗声道：“诏讨董卓，余皆不问！”

董卓的部众一动不动地愣了好一会儿，最后才猛然爆发出一片“万岁！万岁！”的欢呼声。

从这一幕，我们足以看出，董卓这家伙实在是不得人心。不管之前有多少人肯替他卖命，到了最后关头，真正愿意为他而死的，也就田仪等区区三人而已；剩下的，全都是欢呼雀跃、为他的死亡喝彩的。

紧接着，长安老百姓的反应就更能说明问题了。听说董卓已死，百姓们竟然跑到大街上载歌载舞，仿佛在欢度一个盛大的节日。不仅如此，很多人还把自己的珠宝首饰和贵重衣服拿到当铺去典当了，只为换钱去买酒买肉，好好庆贺一番。哪怕从明天开始喝西北风，也定要把此刻激动的心情宣泄出来。

董卓做人做到这个地步，用“失败”二字似乎已不足以形容。

当天，董卓的弟弟董旻、侄子董璜，还有宗族中的老弱妇孺，就全都死于非命了。可怜那些尚在襁褓中的婴儿，来到这个世界才几天，就莫名其妙被封了侯；然后封了侯才几天，又莫名其妙地丢了性命。假如死后有知，他们一定会告诉自己：这莫名其妙的人间，不来也罢！

随后，朝廷查抄了董卓在郿县的那座坞堡，抄出黄金两三万斤、白银八九万斤，还有堆积如山的奇珍异宝和绫罗绸缎。

很显然，这座金山银山就是之前从洛阳洗劫而来的，其中既有活人的财富，也有死人的墓葬。董卓曾经以为，无论如何，抢到手就是自己的，可事实证明他只是做了一个辛勤的搬运工。

董卓死后，肥胖的尸体被扔在闹市之中。当时已是夏天，经过阳光暴晒，油脂流淌了一地。负责看守尸体的小吏灵机一动，就找了一根粗大的灯芯，插在他的肚脐眼上，然后点燃，就这样制造出了一盏历史上绝无仅有的“人油路灯”。

据说，这盏“路灯”竟然从夜里一直燃到了天明，然后又整整燃烧了一天。

“守尸吏燃火置卓脐中，光明达曙，如是积日。”（《后汉书·董卓传》）

之所以这么耐烧，我们只能认为，是董卓生前“吸食”了太多民脂民膏。

长安乱：两步臭棋，一场劫难

除掉了逆贼董卓，王允和吕布就成了朝廷的功臣，自然是要论功行赏。

王允已是司徒，本来便行使着宰相职权，不好再往上升，于是兼了一个“录尚书事”的职务，相当于在总揽外朝的基础上，把内廷的机要工作也管了起来，差不多算是权倾内外了。

吕布更是赢得钵满盆满，不仅升任奋威将军，封为温侯，而且还被赐予“假节、仪比三司”的特殊待遇，并与王允“共秉朝政”，俨然成了朝廷的二号人物。

这里顺带解释一下，“假节”的意思，是持有皇帝的节杖，代表皇帝亲临，拥有诛杀之权，类似于后世戏剧舞台上经常出现的先斩后奏的尚方宝剑。“仪比三司”，意指未任三公而享有三公的同等礼遇和待遇。

表面上看，王允和吕布一文一武，共同辅佐刘协，似乎给劫后余生的大汉朝廷带来了希望。如果二人能够勠力同心、精诚合作，还是有机会在关中创造一个相对安定的政治局面的。

然而，很多人能做到“同患难”，却往往很难做到“共富贵”。因为后者比前者更考验人性。当王允和吕布面对同一个敌人董卓时，他们必然会为了共同的利益，心往一处想，劲往一处使；可董卓一死，共同的利益基础就消失了，他们也必然会因利益诉求的变化而不可避免地产生分歧与矛盾。

第一个分歧，如何处理董卓麾下那些悍将，如牛辅、李傕、郭汜、张济等人。吕布的意见是斩草除根，永绝后患。可王允却不同意，他认为这些人没有罪，不该杀。

第二个分歧，如何处理董卓留下的巨额财产。吕布提议，应该把钱分了，凡朝中公卿和军中将领，大家都有份。可王允又拒绝了，这次连理由都不给，反正就是不行。

应该说，王允和吕布因身份和立场的不同，有分歧是很正常的，并没有严格的孰是孰非的问题。而且，有分歧不要紧，大家可以坐下来慢慢商量，总是能找到既顾全大局又符合多数人利益的方法。

只可惜，他们俩并没有这么做。

主要原因在于，两个人都以诛杀董卓的首功之臣自居。尤其是王允，董卓死后，他就成了朝廷说一不二的头号人物，一手掌握了曾经属于董卓的生杀予夺之权。于是，就像董卓随随便便可以杀死张温一样，王允一旦跋扈起来，也是可以任意置人于死地的。

比如一代名士蔡邕，就在这时死在了王允手上。

事情源于董卓被杀当日。那天，蔡邕在王允府上做客，宾主正坐着聊天，然后消息传来，说董卓死了。蔡邕惊愕之余，下意识地叹了口气。就是这一叹，给他惹来了杀身之祸。王允当场就变了脸色，怒道："董卓是国之大贼，险些倾覆汉室，你身为大汉臣子，理应疾恶如仇，可你却顾念他给你的一点私人恩惠，反而为他悲痛，岂不是同为逆贼！"

说完，就把蔡邕抓起来扔进了监狱。

凭良心说，蔡邕这一声惊叹，纯属人在突遇意外时的自然反应，可王允偏偏上纲上线，进行了一番恶意解读，这就颇有些"欲加之罪，何患无辞"的味道了。

蔡邕也知道自己那一叹相当不合时宜，于是在狱中主动认罪，甘愿承受"黥首刖足"（额头刺字，斩断双脚）之刑，只求王允留下他的性命，让他完成几年前就开始动笔写作的汉朝历史。朝中的士大夫也纷纷替他求情，时任太尉的马日磾亲自去找王允，说："蔡邕是旷世奇才，熟悉我朝掌故，若能完成这部史书，将成一代巨典，而他的罪名却微不足道，杀了他，岂不令天下人失望？"

王允却不为所动，冷冷道："昔日，武帝不杀司马迁，以致司马迁写出谤书流传后世。而今，国势衰微，战乱频仍，若是让佞臣在幼主左右执笔著史，不仅无益于主上的圣德，而且会令我们这些人受到妄议和毁谤。"

马日磾无奈，出门后仰天长叹，连声咒骂王允会断子绝孙。

不久，蔡邕便死在了狱中。

从这件事足以看出，大权在握的王允，完全有成为董卓第二的潜质，只不过他杀起人来，手段比董卓温和一些罢了。

连一代名士蔡邕，王允都没放在眼里，更何况一介武夫吕布呢?

据史书称，王允本来就是把吕布当成一名"剑客"看待的——说好听点是剑客，说难听点就是武夫。此前，他之所以表现出一副"折节下士"的样子，对吕布嘘寒问暖，无非是出于"革命工作"的需要。现在没有这个需要了，大领导的架子肯定得端起来，对吕布自然就是一副公事公办的态度。

而吕布身为亲手诛杀董卓之人，理所当然认为自己的功劳最大，加上他的性格本来就比较骄矜自负，这下更是牛皮烘烘、眼高于顶，两项提议均被王允驳回，自然是一肚子不爽。

于是，吕布决定甩开王允，自己动手去对付牛辅那帮人。

此刻的吕布绝对没有料到，他这个举动，将引来一场滔天大祸。

他命亲信李肃前往陕县，声称有天子诏书，要诛杀牛辅。牛辅当然不会束手待毙，就把李肃打得大败而逃。吕布大怒，斩了李肃。

牛辅虽然赢了一仗，但接下来该何去何从，却没了主意。正忧惧不安时，某天夜里军营又发生骚乱，牛辅吓得带上几个亲兵连夜出逃。可还没跑出多远，左右亲信就砍下了他的脑袋，往长安邀功请赏去了。

牛辅的部将李傕、郭汜等人，之前被派往中牟攻击朱儁，顺便在陈留、颍川一带洗劫百姓，此刻回到陕县，才知道大老板董卓和上司牛辅都死于非命了，顿时六神无主。没办法，只好派人去长安，请求朝廷赦免。

面对这帮悍将的请求，王允只给了一句冷冰冰的答复："朝廷今年已经赦过了，不能再赦。"

这算什么狗屁理由？！

李傕、郭汜等人一下就傻了眼：照这意思，咱哥儿几个就得伸直了脖子等着挨刀喽？

不得不说，在对待董卓旧部的问题上，吕布和王允都下了一步臭棋，都犯了不可原谅的错误。吕布是有勇无谋，擅自行动，只想着杀人，完全没有考虑后续的应对策略。而王允作为此时的文官领袖、朝廷的一把手，在这件事上更是表现得毫无脑子，一点政治手腕都没有——非但没有设法安抚李傕等人的不安情绪，反而在激化矛盾，等于是给他们提供了一个鱼死网破的理由。

你如果想杀他们，完全可以把他们先调回朝中，来个明升暗降，夺了他们的兵权，然后再动手；而如果不想杀他们，那就直接赦免，放他们一条生路，何必找个"一岁不可再赦"的可笑理由逼他们造反呢？

所以，接下来马上就将爆发的这场祸乱，主要责任在于王允，次要责任在于吕布。说白了，这都是他们自找的。

当然，虽说王允和吕布点燃了导火索，但如果不是有人在紧要关头又加了一把火，火药桶也不会炸。

关键时刻煽风点火的这个人，就是贾诩。

贾诩，字文和，武威郡姑臧县（今甘肃武威市）人，举孝廉出身，祖上是汉初名臣贾谊。贾诩后来成了曹操帐下的著名谋士，被誉为“奇谋百出、算无遗策”，不过此刻在董卓这边，还只是个区区校尉。

正当李傕、郭汜等人惶惶不安，准备吃一顿散伙饭，然后各回老家的时候，贾诩开口了，说：“诸位若是解散了部众，单独行动，一个小小的亭长就能把你们生擒。而今之计，不如率领弟兄们，西进关中，杀入长安，为董太师报仇。大事若成，则奉国家以正天下；万一不成，到时再散伙也不迟。”

李傕、郭汜等人一听，顿时豁然开朗，遂连夜拔营，引兵向西。出发之时，本来只有几千人，可他们打着为董卓报仇的旗号，一路上不断集结人马，把原本分驻各地的西凉军如樊稠、李蒙等都收拢了过来，待到兵临长安时，已经是一支十余万人的大军了。

不过，长安城墙高大坚固，李傕等人来得仓促，未及准备攻城器械，没法攻城，只能将长安团团围困。就这么围了八天，到了第九天，吕布的手下叛变，打开了城门，李傕大军像潮水般涌入，开始大肆劫掠。

吕布率部与西凉军在城中展开巷战，无奈寡不敌众，只能拼死突围，仅带数百骑从青琐门出逃。临走前，吕布难得地表现了一回义气，命人去找王允，叫他一块儿逃。可王允知道，一旦离开幼主刘协，离开这个流亡朝廷，他便什么都不是——天下再大，也很难有他的容身之处。于是，他拒绝了。

吕布一逃，偌大的长安城就没有什么像样的抵抗力量了。凉州兵团本来就都是军纪涣散的骄兵悍将，此刻更是如入无人之境，对长安的官员和百姓展开了无差别攻击。多位大臣如太常种拂、太仆鲁旭、大鸿胪周奂、城门校尉崔烈、越骑校尉王颀等，都在混战中被杀。短短半天时间，便有官吏百姓共一万多人死于非命，城中一片狼藉，尸体堆满了道路。

王允扶着刘协躲到了宣平门的城楼上。李傕等人带兵追至，但也不敢造次，只能下马跪拜，行人臣之礼。刘协这一年周岁才十一，相当于现在的小学五年级，却俨然已是历经沧桑、看惯腥风血雨的小大人。他镇定地问李傕等人：“卿等放兵纵横，欲何为乎？”

李傕答："董卓忠于陛下，而无故为吕布所杀，臣等为董卓报仇，不敢叛逆。只待大事了结，臣等自愿领罪受罚。"

话说得好听，实际上刘协和王允现在都是他们砧板上的鱼肉了。

紧接着，李傕等人便围住城楼，要求交出王允。穷途末路的王允只能乖乖下楼，束手就擒。

次日，李傕便自封为扬武将军，封郭汜为扬烈将军，封樊稠等人为中郎将。同日，参与暗杀董卓的司隶校尉黄琬被捕下狱，旋即处决。

当时，长安外围其实还有两支兵马忠于朝廷：左冯翊（今陕西高陵西南）太守宋翼、右扶风（今陕西兴平东南）太守王宏。两人都是王允任命的，且都是王允同乡。李傕担心杀了王允会逼反他们，便以朝廷名义下诏，征召他们回京。

王宏料定这一去必死无疑，便劝宋翼不要奉诏，索性起兵讨伐。可宋翼却是个迂腐透顶的糊涂蛋，明知小皇帝已经被李傕等人绑架了，所谓的诏书根本就是废纸一张，却以"王命难违"为由，拒绝了王宏的提议。而这个王宏的智商虽然比宋翼略高，但也只是高了一点点而已，听他这么说，便没再反对，跟着他一块儿乖乖回了长安。

两人一到，李傕唯一的顾虑便消除了，于是当天就把王允和这两个弱智同乡以及王允的妻儿全都砍了头。

王允死后，尸体被扔在闹市，无人敢收葬。他的一个老部下、平陵（今陕西咸阳市西）县令赵戬于心不忍，便辞掉了官职，以个人身份替他收尸，王允才得以入土为安。

至此，长安就彻底成为李傕、郭汜等人的天下了。

可怜献帝刘协，刚刚摆脱董卓的魔爪，转眼就又落到了这帮军阀的手里。

董卓虽说是一个暴虐无道的权臣，但毕竟受朝廷教育多年，多少还是有底线的，对士大夫和当时名士（比如王允和蔡邕）总体上还算尊重，所以能让流亡朝廷维持正常运转，百姓基本上也活得下去。可是，他的部下李傕、郭汜等人，却几乎就是一群穷凶极恶的兵匪，说他们是军阀可能还抬举他们了。刘协和朝廷落入这帮肆无忌惮的流氓手里，处境自然更为不堪——此后的日子，朝廷的法令和纲纪完全废弛，各项职能随之瘫痪，整个长安的社会秩序荡然无存，老百姓更是在兵祸和天灾的双重打击下死亡殆尽……

王允和吕布的两步无脑臭棋，固然是造成这场劫难的主要原因，而只用短短几句话就让李傕等人改变主意的贾诩，也未尝不是造成灾难的祸首之一。

那年头，一个谋士在某个关键时刻说的一句话，往往可能改变历史的走向，并带来谁也无法预料的或好或坏的巨大结果。

《论语》说，“一言兴邦，一言丧邦”，古人诚不我欺。

从郡守到州牧：曹操的崛起

自从对袁绍大盟主深感失望之后，曹操就开始铆足劲儿为自己打地盘了。

当初袁绍要拥立刘虞，曹操极力反对，为此还喊出了一句“诸君北面，我自西向”的口号，意思好像一个人要去救西边的小皇帝。事实上，他一步也没有西行，而是掉头往黄河南边去了。

因为黄河以北是袁绍的地盘，曹操不能与之争锋，所以只能到南边寻找机会。至于救小皇帝的事情，曹操已经不考虑了，至少暂时不会考虑。这首先是因为刘协被董卓挟持到了长安，关山阻隔，连猛人孙坚都不得不知难而退，更不用说眼下实力尚弱的曹操。其次，也是更主要的，曹操的心态变了。

年轻时在官场上与宦官频频死磕，曹操没看到任何好的结果；之后与袁绍等人一起讨伐董卓，更是不了了之，甚至以自相残杀的闹剧收场。这一桩桩严酷的现实，不能不引发曹操的反思；而反思的结果，也不可能不改变他的心态。

说白了，人总是会成长的。

当然，曹操不会从一个热血青年一下黑化成大反派，但他的确已经从一个相对单纯的理想主义者，变成了一个渐趋复杂的现实主义者。

这不是变好或变坏的问题，而是世上大多数人都必然要走过的一个人生轨迹。所以，曹操不再一门心思想着匡扶汉室、救小皇帝，不是因为他变坏了，而是他首先必须考虑自己的生存和发展，必须直面越来越复杂而残酷的现实。

曹操做出向南发展的决定后，他的战友鲍信也力表支持。鲍信说，袁绍身为盟主，却争权夺利，迟早变成第二个董卓，咱们惹不起躲得起，索性到南边静观待变。

不久，黄巾余众黑山军的首领于毒、白绕、眭固纠集十万余人进攻东郡（治今河南濮阳市），太守王肱力不能敌。曹操抓住这个机会，立刻率部驰援，在濮阳（今濮阳市西南）大破白绕所部。袁绍乐得让曹操赶紧离开河北，马上做了个顺水人情，表荐曹操为东郡太守。

于是，曹操总算有了一块自己的地盘。

初平三年（公元192年）春，曹操驻军顿丘（今河南清丰县西南）。这里就是他早年当过县令，而且还干得不错的地方。于毒趁其不备，打算偷袭东郡治所濮阳，替去年兵败的白绕报仇。

正当麾下将领们急着要去救大本营时，曹操却说，不回去了，咱们去西边的山里，把于毒的老巢端了。

众将都愣住了：万一东武阳丢了咋办？

曹操说："于毒一旦得知我要去端他的西山老巢，必然回头来救，东武阳之围不就解了吗？就算他不回兵，我把他老巢端了，他哪有心思再打东武阳？"

众将这才明白过来，哦，原来是战国孙膑的"围魏救赵"之策啊！

果然不出曹操所料，于毒得知曹军动向后，立即放弃进攻，回师去救老巢。而让所有人都没料到的是，这时的曹操既没去打于毒的老巢，也没回东武阳，而是虚晃一枪，掉头去打驻扎在顿丘西北的眭固所部。

眭固哪能想到曹操会突然来这一招，被打了个措手不及，大败而逃。曹操马不停蹄，又乘胜进攻附近的南匈奴流亡单于于扶罗（此人之前已挟持张杨，脱离袁绍），再度将其击破。

这场仗，曹操本来是处于不利境地的。因为眭固和于扶罗都在顿丘西北面，对他虎视眈眈，而于毒又去打他东北面的大本营，曹操不管怎么做都有腹背受敌之虞，可谁也没想到，他要了几下花枪之后，不但摆脱了不利境地，反而还将敌人各个击破，打了个大胜仗。

如此神出鬼没的用兵之道，足见曹操的军事天才，也足以说明他年轻时的那些兵书都没有白读。

大约就在这个时候，一个谋士投到了他的帐下，令曹操顿生如虎添翼之感。

这个人就是荀彧。

荀彧，字文若，颍川郡颍阴县（今河南许昌市）人，名门望族出身，祖父荀淑曾是一代名士。荀彧年少时便有“王佐之才”的盛名，后举为孝廉，拜守宫令。董卓入京后，他料定天下将乱，遂弃官归乡。之后董卓迁都，群雄并起，天下果然乱得不可收拾，他就对家乡父老说：“颍川是四战之地，很不安全，应尽早离开。”可乡里人都安土重迁，终究没有离开。只有荀彧带着自己的宗族到了河北。不久，西凉军的李傕、郭汜大举扫荡陈留、颍川一带，那些没有听从荀彧劝告的乡人便大多死于非命了。

荀彧到河北后，袁绍非常热情，以“上宾之礼”待之，满心希望荀彧能跟他弟弟荀谌一样为自己所用。可荀彧观察了袁绍一段时间后，便预料他“终不能定大业”，反而是当时实力尚弱、刚刚据有东郡的曹操，入了荀彧的法眼。

在荀彧看来，曹操才是有雄才大略之人，于是毅然离开袁绍，南下投奔了曹操。

颍川荀氏是东汉末年著名的世家大族之一，曹操当然知道，而且荀彧的盛名他也听说过，这样的人才当然求之不得。但毕竟之前从没打过交道，其才学与盛名是否相符也还难说，所以曹操就有意面试了一下。

没想到一番攀谈之后，荀彧的见识竟远超曹操的期望值。曹操大喜，对荀彧说：“你就是我的张良啊！”旋即任命他为司马，从此引为心腹智囊。

而荀彧也没让曹操失望。此后的十数年中，他不仅为曹操制定了统一北方的战略规划和军事路线，而且在奇谋妙策、匡正辅弼、举荐人才等方面都卓有建树，可以说全方位地帮助曹操奠定了霸业之基。

初平三年（公元 192 年）四月，青州（今山东北部）的黄巾军纠集百万之众，大举进攻兖州（今山东西部及河南东部），杀了任城相郑遂，来势颇为凶猛。兖州刺史刘岱决定率部迎战。鲍信劝他说：“黄巾有百万之众，我们则百姓震恐、兵无斗志；但黄巾的弱点也很明显：行军打仗一向不带粮草，只靠抢劫，更没有攻城武器，所以只要固守城池、坚壁清野，他们便会军心涣散，到时候出击定可获胜。”

可刘岱不听，执意出战，结果就挂了。

刘岱一死，兖州无主。曹操帐下一个谋士敏锐地发现，这简直是天上掉下来一块大馅饼啊！

这个谋士就是陈宫。

我们前面说过，之前在中牟县上演“捉放曹”的人并不是他。陈宫是东郡人，所以很可能是曹操就任太守后，才来投奔了他。

东郡属兖州管辖，刘岱算是曹操的顶头上司。现在刘岱死了，陈宫觉得最有资格上位的就是曹操了，于是马上给老板打报告，说应该顺势拿下兖州，以此为资本图谋天下，成就王霸之业。然后，陈宫还自告奋勇，愿意出面去说服州里的主政官员，让他们敲锣打鼓来迎接曹老板。

这一番话正中曹操下怀，当即批准。

陈宫立刻赶到兖州治所昌邑（今山东巨野县东南），面见兖州别驾和治中，说：“如今天下分裂而兖州无主，曹东郡是命世之才，若迎他来当州牧，必可造福百姓。”此时，曹操的好战友鲍信也赶来替他站台，说了一堆好话。兖州的官员便顺水推舟，派人去东郡恭迎曹操，推举他就任兖州牧。

东汉天下设十三个州，分别是司隶、兖州、青州、豫州、徐州、冀州、幽州、并州、扬州、荆州、益州、凉州、交州。州下面设郡（国），郡（国）下面设县。州本是中央派出的监察机构，长官称为刺史；到了汉灵帝中平五年（公元 188 年），由朝廷选派重臣出任州牧。从此，州就演变成了行政区，各州或置刺史，或置州牧，为地方最高军政长官。董卓之乱后，各地刺史与州牧更是由封疆大吏摇身一变，纷纷成为事实上割据自立的军阀。

所以，此时的曹操就任兖州牧，当然就是名副其实、割据一方的军阀了。这无疑是曹操创业生涯中的第一个高光时刻。从此，他真正具有了与四方群雄一较短长、逐鹿天下的资本——比如说，可以跟袁绍大盟主平起平坐，再也不用看他脸色了。

新官上任，肯定得干点业绩才能服众。踌躇满志的曹操立刻出兵攻击黄巾军，在寿张（今山东阳谷县）东面与之交战，不料却吃了败仗。曹操冷静下来，寻找失败原因，发现还是吃了老兵太少、新兵蛋子太多的亏，于是开始埋头训练新兵，严格赏罚，激励士气。

很快，部队的战斗力大为改观。曹操再度发起进攻，昼夜不停，轮番上阵，终于把黄巾军逼退了。可是，几年来一直与曹操并肩战斗的鲍信，却在这场战斗中不幸阵亡。由于连日混战，战场情况异常复杂，所以连尸体都没找到。

曹操悲痛万分，重金悬赏寻找他的尸首，最后还是没有结果，只好命人雕刻了一尊鲍信的木像，隆重地将其安葬。据说在葬礼上，曹操情不自禁，放声大哭。

这年冬天，曹操化悲痛为力量，对来自青州的这支黄巾军穷追猛打，终于在济北（治今山东济南市长清区）取得了决定性胜利。黄巾部众走投无路，只好投降。

这是曹操自起兵以来收获最大的一场胜利——整整收编了三十余万士卒，外加随军的男女老少一百余万人。

除了地盘，人口就是当时最宝贵的资源。一旦有了充足的人口，军队就有了兵源，可以不断补充生力军；剩下的人，还可以大规模开垦荒田，种植粮食，以保证军队和政府的粮草等物资供应。

事实上，曹操正是这么做的。

他从三十万降卒中精心遴选出一批青壮年，经过长期而严格的训练，最终把他们变成了一支战斗力异常强悍的精锐部队，号称“青州兵”。从此，这支劲旅就成了曹操征战天下的嫡系和王牌，为他立下了汗马功劳。

而在稍后的建安元年（公元 196 年），曹操则开始实行“屯田制”，即命剩下的大部分黄巾降卒及其家属从事集体化耕作，类似于“生产建设兵团”，从而极大地保障了后勤补给。

由此可见，济北这一仗，显著壮大了曹操的军事和经济实力，在他的创业之路上无疑具有里程碑的意义。

巧合的是，济北正是鲍信生前担任国相的地方。

也许，这是鲍信的在天之灵冥冥中保佑了曹操的胜利；反过来说，这场胜利也是曹操对这位英年早逝的挚友最好的缅怀和告慰。

南讨袁术，东征陶谦

袁术所在的豫州（今河南东部及安徽北部），南边与刘表的荆州（今湖北、湖南大部）相邻，北边与曹操的兖州接壤，他在刘表那儿讨不着便宜，自然把目光转向了曹操。

初平四年（公元193年）春，袁术悍然发兵北上，进驻封丘（今河南封丘县）。封丘归属陈留郡，而陈留郡归兖州管辖。袁术此举，就是赤裸裸地入侵曹操的地盘了，丝毫不把曹操放在眼里。

之前被曹操打败的那个南匈奴的于扶罗，还有黑山军的一部，这时都跑来投靠了袁术，想借机找曹操报仇。一时间，袁术势力大盛。

曹操一看，正好，你袁二公子不来串门，我迟早也得去拜访你。

此时的曹操至少表面上还是袁绍这边的，而袁绍与袁术兄弟阋墙，这事大家都知道，所以就算袁术不打上门来，曹操早晚也会去南边打他。

之前曹操已将兖州治所移到鄄城（今山东鄄城县），此时正驻军在此，他得到战报后，立刻挥师南下，在匡亭（今河南长垣市西南）击破袁术的前锋部队，然后进围封丘。袁术突围，退保雍丘（今河南杞县）。曹操乘胜追击，袁术不敌，又退到襄邑（今河南睢县）。曹操再进，袁术再败，又逃奔宁陵（今河南宁陵县）。

就这样，曹操一鼓作气，连战连捷，像痛打落水狗一样，撵着袁术一直往南打。袁术则毫无招架之力，夹着尾巴一路逃窜，最后一口气逃到了九江郡的寿春（今安徽寿县）。

至此，曹操才意犹未尽地勒住缰绳，凯旋。

九江郡属扬州（今安徽中部及江南地区）管辖，也是此时的扬州治所。之前袁绍曾任命一个刺史袁遗，要来接管扬州，被袁术击杀，然后袁术任命了自己人陈瑀当扬州刺史。眼下袁术惶惶若丧家之犬，本以为能在九江歇个脚缓口气，不料陈瑀竟翻脸不认人，拒而不纳。袁术大怒，只好先退到阴陵（今安徽定远县西北），稍事休整，紧接着便在淮河北岸重新集结部队，然后攻打寿春。陈瑀恐惧，弃城而逃，亡奔下邳（今江苏徐州市睢宁县北）。

袁术遂接管了扬州，自任刺史，又兼称徐州伯。

从他自封的这个名号看，显然是在豫州方向被曹操打败后，仍然没有放弃向北扩张的野心——只不过换了一个路线，打算等时机成熟就从扬州北上，进攻徐州（今江苏北部及山东南部）。

初平四年（公元193年）秋天，正当袁术远远望着徐州垂涎三尺时，曹操已经本着心动不如行动的原则，对徐州下手了。

曹操所在的兖州，共与五个州接壤，属于典型的四战之地：北面的冀州，袁绍与公孙瓒打得不可开交；东北面的青州，袁绍之子袁谭与公孙瓒手下的田楷、刘备也缠斗不休；南面的豫州，他刚跟袁术打完一仗；西面的司隶，即京师洛阳所在地，之前是董卓西凉军的跑马场，眼下西凉军虽然走了，但此地理论上还是东汉的政治中心，暂时不宜轻举妄动。

所以，这么一圈看下来，曹操如果要扩张地盘的话，最好的选择就只有东南面的徐州了。

这是他出兵徐州的主要动机，也是内在动机。而促成曹操在这个时候动手的直接原因，或者说外在原因，则是一起骇人听闻的灭门惨案。

被害者就是曹操的父亲曹嵩、弟弟曹德，以及曹氏的一大家子。

关于这起惨案的来龙去脉，历史上有三种不同说法，就跟曹操当年路过成皋杀吕伯奢一家一样，向来也是聚讼纷纭，莫衷一是。

第一种说法，出自《三国志·武帝纪》，说曹嵩在董卓之乱后弃官回乡，不久又避难琅琊，被徐州牧陶谦所害。

第二种说法，出自裴松之注所引的《魏晋世语》，事件经过大致与上述说法相同，只是情节上详细了很多。该书说，曹嵩当时在泰山郡的华县，曹操命当地太守应劭护送曹嵩到兖州，可应劭还没到，陶谦便密遣数千骑兵到此，准备捕杀曹嵩。曹嵩以为是应劭来了，毫无防备，就让曹德去开门，结果曹德就被砍死在了门口。曹嵩慌忙带着小妾往后院跑，想从后墙的一个小洞钻出去，怎奈小妾太胖，出不去，曹嵩只好又拉着小妾躲进了厕所里，最后还是双双被杀。同时，家中的亲眷仆佣也全部遇害。事后，应劭自忖没法跟曹操交代，便弃官而逃，投奔了袁绍。

这两种说法，都直接点名陶谦是杀人凶手，且是性质极其恶劣的蓄意谋杀，只是没说杀人动机。而我们在《后汉书·应劭传》中，找到了这么一句话："兴平元年……徐州牧陶谦素怨嵩子操数击之，乃使轻骑追嵩、德，并杀之于郡界。"杀人时间和经过稍有不同，暂且勿论，动机则说得很清楚，就是陶谦曾被曹操攻打了几次，故怀恨在心，杀人报复。

那么，事实是否如此呢？

我们接着来看第三种说法。这个说法出自东吴史官韦曜所著的《吴书》，说曹操通知曹嵩回兖州，可曹嵩的金银细软太多，足足装了一百多辆车。陶谦出于好意，就派部将张闿率两百骑兵护送。不料，张闿见钱眼开，就在半路上杀了曹嵩，然后抢走这一百多车财物，亡奔淮南。曹操归咎于陶谦，就此发兵复仇。

《后汉书·陶谦传》也大致佐证了这一说法："初，曹操父嵩避难琅琊，时谦别将守阴平，士卒利嵩财宝，遂袭杀之。"

三个说法共同的事实是：曹嵩、曹德及一大家子都被杀了，而且是死在陶谦的地盘。不同的是，在第三种说法中，陶谦已经不是杀人凶手了，而只是管教部下不严、用人失当，顶多负有领导责任和连带责任。

历史的真相究竟如何，今天我们已经不得而知。但我们不妨从常理上做个推论，看看陶谦蓄意谋杀曹操一家人的可能性有多大。

从事后曹操攻打徐州的情况来看，几乎可以说是势如破竹——陶谦被打得落花流水，完全是一副毫无防备、手足无措的样子。那么问题来了，假如陶谦真的是蓄意谋杀曹操一家人，那他就不考虑后果吗？不担心曹操报复吗？

按照常理，陶谦敢动手把人家灭门，就一定会做好被报复的准备。即使他毫无自知之明，自以为有实力跟曹操抗衡，那也应该做好各项战备工作。而事实上他几乎没有。并且，按照《后汉书·应劭传》中提及的杀人动机，陶谦恰恰是被曹操打了几次，又没有能力从战场上讨回来，才去杀曹操的家人泄愤。这就更加说明，陶谦自己也知道打不过曹操，否则你打回去就是了，何必用那么下作的手段去杀害老弱、殃及无辜呢？

明知打不过，又杀了人家的父亲和一大家子，事后还根本没有任何防范措施，这一切说得通吗？

我们只能说，这完全不合常理。所以，第三种说法应该比较接近事实，即陶谦事先并不知情，派人护送曹嵩是出于好意，完全没想到手下人会干出伤天害理之事。

不管实情到底如何，反正在曹操看来，这笔账肯定要记在陶谦头上。

本来就有扩张地盘的动机，现在又加上这笔血海深仇，曹操若是不打徐州，简直是没有天理。于是这年秋天，曹操亲自领兵东征，一口气攻陷了徐州的十几座城池，进抵彭城（今江苏徐州市）。陶谦硬着头皮迎战，大败，只好撤回徐州治所郯县（今山东郯城县）。

这是陶谦最后一道防线，其麾下的精锐和主力部队都在这里，并且已经没有退路，全军上下必然抱定死守之心；而曹操长途奔袭，连续作战，不论战斗力再强，复仇的火焰再怎么猛烈，到这儿也已是强弩之末了。

所以，曹操围着郯县连攻多日，始终无法攻克，只好率部南下，在泗水一带大肆扫荡，并连克取虑（今江苏睢宁西南）、睢陵（今江苏睢宁县）、夏丘（今安徽泗县）三城。

就是在这里，曹操干了一件令人发指、从而给他留下千古骂名的事情——屠城。

因为没攻下郯县，没杀死陶谦，复仇计划没有完成，所以，曹操就把心头的怒火全都发泄到了无辜的百姓头上。

据《后汉书·陶谦传》记载，曹操“过拔取虑、睢陵、夏丘，皆屠之。凡杀男女数十万人，鸡犬无余，泗水为之不流”。

这是曹操一生中最大的污点，充分暴露出他性格中残忍、嗜杀的一面，无论出于任何理由，都无法给这种罪恶的行为洗白。如果说当初杀吕伯奢一家是因多疑而导致的误杀，尚属情有可原的话，那么如今为了报一己私仇而屠杀数十万百姓，就绝对是难以饶恕的罪行！

据史书记载，这几十万百姓都是当初因董卓之乱从洛阳一带逃难而来的，可他们万万没料到，躲过了董卓西凉铁骑的践踏，却没能躲过曹操复仇之刀的屠杀。

仅就这一点而言，曹操的残忍与暴虐，甚至超过了董卓，也超过了与他同时代的大多数军阀。

当然，关于曹操这场屠杀的死亡人数，历史上也有不同说法。《三国志·陶谦传》说是“死者万数”，也就是数以万计的意思。

可是，不管死的是几十万人还是几万人，性质都一样，都无法因此减轻他的罪行。孟子说：“行一不义、杀一不辜而得天下，皆不为也。”我们当然不能要求曹操有这么高的道德境界，但是在征战天下的过程中尽量避免滥杀无辜，则是可以做到也应该做到的。然而曹操不仅没有避免，反而主动为之，这就不可原谅了。

从这个意义上讲，曹操就活该被后人唾骂千年。而《三国演义》及后世的诸多戏剧、评书等，之所以不约而同把曹操妖魔化，或许原因之一就在于此，不完全是出于尊崇汉室的正统立场。

曹操屠城之后，由于战线拉得太长，补给跟不上，粮草告罄，只好引兵而还。

兴平元年（公元 194 年）春，遭到重创的陶谦担心曹操卷土重来，连忙向青州的田楷和刘备告急求援。此时，袁绍与公孙瓒早已打得精疲力尽、两败俱伤，谁都想歇口气，于是假惺惺地结为儿女亲家，双方各自罢兵。

田楷和刘备得以抽身，一同南下。

这几年，刘备在平原相任上干出了不少政绩。史称其“外御寇难，内丰财施”，就是军事和经济两手抓，既保障了地方安全和社会秩序，又繁荣了经济，让百姓安居乐业，所以深得当地士民拥戴。刘备善待下人的品行，更是让他具备了一般官员少有的亲和力。他没有任何官架子，不管什么身份的人，只要是工作需要，都可以跟他同席而坐，同案而食。

由于草根出身的刘备深得人心，居然引起了当地豪强的嫉恨。

据说，有个叫刘平的人，就雇了一名刺客去杀他。刺客装成要到衙门里办事的样子，来找刘备，而刘备一贯平易近人，所以十分热情地接待了他。刺客大感意外。因为自古以来，不管哪一级官府，只要是个衙门，都是“门难进，脸难看，事难办”。刺客这辈子从没见过哪个当官的像刘备这么和蔼可亲，最后被感动得一塌糊涂，便把受雇杀他的事和盘托出了。《三国志·先主传》在讲完这个故事后，还不忘在后面加了一句感叹：“其得人心如此！”

就这样，刘备勤政爱民的口碑迅速传播开来，自然引起了世人的注意。

有一个大名鼎鼎的人物就是在这时听说了刘备。

这个人就是建安七子之一、时任北海相的孔融。

孔融，字文举，孔子的二十世孙，“幼有异才”，年少成名。直到今天，我们依然在传诵“孔融让梨”的故事，说的就是他四岁的时候，每次和几个哥哥一块儿吃梨，他一贯挑最小的，大人问他何故，他说自己是小辈，理应吃小的。大人们都感到十分惊奇，由此传为美谈。成年后，孔融入仕，历任侍御史、司空掾、虎贲中郎将等职，后来得罪董卓，就被董卓“发配”到了黄巾军闹得最凶的地方——青州北海（治今山东寿光市东南）。

孔融这人，只适合做文学家和教育家，不适合从政，更不适合在乱世从政。

他到北海国六年，修城墙，办学校，举贤才，等等，都干得不错，另外口才也很好，平常开会讲话都是一套一套的。只可惜，他实干能力差，治不了贪官污吏，更不会打仗，所以完全保不了一方平安，先是被黄巾军的张饶打得“弃郡而去”，之后跑到都昌（今山东昌邑市西），又被黄巾军的管亥团团围困。

眼看就快撑不住了，孔融猛然想起了刘备，就派麾下的神箭手太史慈，单人独骑突围而出，赶到平原国向刘备求援。刘备听说一代名士孔融居然知道他这号人物，还向他求救，顿时受宠若惊，忍不住道：“孔北海知世间有刘备邪？！”（《三国志·太史慈传》）

这话说得有点掉价，不过却很真实，道出了世间草根渴望出人头地又难免自卑的普遍心声——天哪，名人居然知道我？太让人激动了！

激动完，刘备立刻发兵三千，随太史慈赶去救援。不料人还没到，黄巾军听说援军来了，便解围而去。结果，一仗没打，刘备便得到了“救人急难”的美名，从此刘备的招牌就在业界打响了。

陶谦之所以在危急时刻向他和田楷求援，也未尝不是因为这次驰援孔融的义举。

刘备带着关羽、张飞和数千人马到了徐州，陶谦十分感激，就把自己的嫡系部队四千丹阳兵划到了他的麾下，让他和自己的部将曹豹一起驻扎在郯县东郊，以备随时策应。

这年夏天，曹操经过几个月的休整，恢复了战斗力，遂命荀彧和程昱留守大本营鄄城，然后再度出兵，二征徐州。他先是一口气连克五城，接着扫荡了琅琊郡（郡治襄贲，今山东临沂市）、东海郡（郡治郯县，今山东郯城县），然后故伎重施，又一次屠杀了不少平民——用《三国志·武帝纪》的说法，就是“所过多所残戮”。

刘备和曹豹赶紧出兵截击，结果一战即溃，毫无招架之力。

这是刘备生平第一次与曹操交手，也是第一次领教曹操可怕的战斗力，从而给他留下了心理阴影。日后刘备还将一次又一次败给曹操，阴影面积也不断扩大，直到许多年后，与孙权联手打赢了赤壁之战，才算勉强扳回一局。

眼看曹操所向披靡，如入无人之境，连特意请来的帮手也被打得找不着北，陶谦大为恐慌，觉得还是保命要紧，于是打算逃回老家丹阳（治今安徽宣城市）。就在他收拾金银细软准备跑路时，突然传来一个令人十分意外的消息——曹操撤军了。

陶谦很蒙，但更多的还是庆幸。

他不知道曹操为什么会在这节骨眼儿上突然撤军了，可有一点他很确定——曹操一定会再来。

所以，必须把刘备派到前线去顶着，让他留在郯县这儿根本没用。虽然刘备明显不是曹操的对手，但好歹让他做个挡箭牌，不然这个雇佣兵就白请了。

随后，陶谦便非常殷勤地表荐刘备为豫州刺史，让他进驻小沛（今江苏沛县）。小沛位于豫州东北角的一个突出部上，正好挡在兖州和徐州之间。曹操若要三征徐州，就必须先打刘备。

刘备当然也知道陶谦的用意，可他非但没有抵触情绪，反而惊喜万分。

原因很简单，就是“豫州刺史”这个金光闪闪的头衔。

虽然眼下的豫州，大部分地盘都在别人手上，但无论如何也是堂堂刺史，名义上就是封疆大吏了啊！

从中平元年（公元 184 年）开始创业，掐指一算，到现在整整十年——从县尉起步，然后县丞、县令、国相，到刺史，相当于从一个小县城的公安局长干到了名誉省长，刘备感觉自己这个卑微的草根终于脱胎换骨，从此可以扬眉吐气了。

有了这么高的事业平台，老同学公孙瓒对刘备就不再有吸引力了。刘备随即给公孙瓒打了辞职报告，然后带着关羽、张飞等部众，意气风发地走向了新的工作岗位。

反曹同盟：陈宫和张邈的背叛

曹操之所以在即将拿下徐州的节骨眼上突然撤军，是因为后院起火了——吕布这个丧门星，早不来晚不来，居然在这时候打上门来了。

自从被赶出长安后，吕布就开启了漫无目的的流亡和跳槽之旅。

他先是跑到南阳投奔了袁术——之所以选择他，是因为吕布觉得，当初董卓杀了袁隗满门，而他又杀了董卓，相当于是替他们老袁家报了仇，所以袁术理应厚待他。

可是，袁术根本不买他的账。

理由我们前文讲过，像吕布这种习惯拿老板的首级做进阶之礼的人，任何老板看到他都会害怕，更会犯恶心。虽然袁术自己的人品也好不到哪儿去，但他也厌恶吕布这种反复无常之人，所以就给他吃了个闭门羹。

吕布讨了个没趣，只好离开南阳，跑到河内去投靠了张杨。

这时候的张杨，跟南匈奴那个破落户于扶罗已经分道扬镳了，而原河内太守王匡，也早死于军阀混战之中。所以此时的河内，算是张杨的地盘。

但是，吕布在这里也只待了很短的时间。

因为李傕发布了悬赏令，满世界嚷嚷，要取他的项上人头。吕布担心自己被张杨给卖了，就又离开河内，北上投奔了袁绍。

恰好，一到袁绍的地盘上，就碰上袁绍跟黑山军的张燕打得不可开交。吕布就帮助袁绍，连战十多天，打得比较辛苦，算是纳了投名状。袁绍便收留了他。可是，没过多久，袁绍就感觉不对劲了。

因为吕布就不是个安分的人。虽然在人家的地盘上，可他从不拿自己当外人，时常纵容手下那帮骄兵悍将到处抢劫。

哪个老板受得了这个？再想想吕布之前干的那些烂事儿，袁绍的脸色就越发不好看了。

吕布自己也觉得待不下去，就主动提出要去洛阳。

洛阳自从被董卓一把火烧了之后，就几乎没了人烟，哪个军阀都不想去，算是一块无主之地。袁绍当然乐得打发这个丧门星，立刻以皇帝名义下达任命书（专业名词称为“承制”），封吕布为司隶校尉。

别的军阀封官，还都举着一块“表荐”的遮羞布，这会儿袁绍连遮羞布都不要，赤裸裸地就“承制”了。

承制就承制，大家都懂的，吕布也不在乎这个。于是，大家好聚好散。袁绍很客气，还派了一队壮士给吕布送行。

送着送着，吕布心里就发毛了。因为这帮“壮士”看上去都不太面善，而且一送还送了老远，压根没有回去的意思。

吕布懂了，袁绍这不是要送他去洛阳，而是要送他去黄泉。

一天夜里，众人在野外扎营。壮士们约好了，决定当晚动手，干掉吕布。巧的是，吕布这天晚上好像很有雅兴，一直都在自己的帐篷里弹筝。壮士们耐着性子等到大半夜，听到琴声歇了，就冲进去一通乱砍，把帐幕和被子砍得稀巴烂，可点亮灯火一看，人早跑了，哪还有吕布的影子?

得到吕布逃走的消息，袁绍立刻撕掉假面，派出大队人马前去追杀，同时下令关闭城门，以防吕布杀个回马枪。

大队人马朝洛阳方向追了过去，却有意放慢速度，不敢追得太快，因为他们都怕打不过吕布。

就这样，吕布终于逃脱了袁绍的毒手。可是，天涯茫茫，他该往哪儿去呢?

站在半路上想了半天，吕布还是不知道能去投靠哪个老板，或者说还有哪个老板愿意收留他，最后实在没辙，只好又跑回河内去找张杨。

不过，天无绝人之路，即便吕布这么差的人品，老天爷也还是给机会的。很快，一个天大的机会就掉到了吕布面前——有两个人主动来找他，要请他去当兖州牧。

这两个人，一个是曹操从小玩到大的铁哥们儿、陈留太守张邈，另一个是曹操帐下谋士、前不久让曹操当上兖州牧的陈宫。

是的，就是曹操最信任的这两个人，联手背叛了他。

冰冻三尺非一日之寒。张邈和陈宫之所以背叛曹操，是许多因素共同作用的结果。

年轻的时候，张邈和曹操、袁绍都是非常要好的哥们儿，他们都崇尚游侠，追慕古人的尚武和侠义之风。然而，自从袁绍当上盟主之后，骄矜之色溢于言表，昔日的义气更是荡然无存。张邈看不惯，经常当面指责他，口气还很严厉，让袁大盟主很没面子。

袁绍因此怀恨在心，就暗中叫曹操杀了他。曹操当然不肯，说："孟卓（张邈字）是兄弟，就算有不对的地方，也该包容。如今天下未定，怎能自相残杀？"

曹操是真的把张邈当兄弟，这话一点都不违心。比如他之前要去打陶谦，怕自己有个三长两短，就叮嘱家人说："我要是回不来，你们就去投靠孟卓。"等到安全回来了，跟张邈见面，两个大男人忍不住都流了眼泪。

能把家人的性命相托付，可见曹操对张邈的信任之深。

然而，人心终究是隔着肚皮的。张邈对曹操本人没什么意见，可他还是担心有朝一日，曹操顶不住袁绍的压力，会对自己下手。毕竟现在曹操是兖州牧，而陈留郡归兖州管辖，所以张邈也算是曹操的下属。况且曹操眼下的实力比张邈强得多，假如曹操真的要杀他，张邈是无力抗拒的。

心里藏着这种疑虑和恐惧，一个人就很容易变得风声鹤唳、草木皆兵。

而吕布的出现，又在客观上加剧了这种恐慌。

事情源于吕布从袁绍那儿逃出来后，路过陈留，跟张邈见面。两人不知道聊了些啥，临别时都很激动，据说还"把手共誓"了，就是拉着手一起发誓。至于发的什么誓，史书无载，我们也不得而知。但是袁绍很快就听说了，顿时气得七窍生烟——这两人现在都是他的敌人，他们居然"把手共誓"，那能有什么好？

在袁绍看来，他们发的誓八成就是针对自己的。

不久，张邈也得知了袁绍暴跳如雷的事，心里越发恐惧，总怀疑曹操迟早会屈从于袁绍，把他给干掉。就在张邈神经最紧张、心理最脆弱的这个时候，陈宫的出现，成了压垮骆驼的最后一根稻草。

在《三国演义》里，陈宫之所以离开曹操，是因为曹操杀了吕伯奢一家且毫无悔意，陈宫恨他是“狼心之徒”。而在正史中，陈宫之所以背叛曹操，同样也是因为曹操的残忍和嗜杀，只不过跟吕伯奢无关，而是因为另外一个人。

这个人叫边让，兖州陈留人，也是当时的名士和大儒，与孔融齐名。他曾任九江太守，后辞官还乡，因看不惯曹操的为人，便多次放言讥讽。曹操一怒之下，就把边让和他的妻儿全都杀了。

此事引起了兖州士大夫的震恐，也引发了陈宫的义愤和不安。

据史书称，陈宫的性格是比较正直刚烈的，就这一点而言，《三国演义》写得倒是没错。所以，陈宫不免担心，以自己的性格，恐怕迟早会得罪曹操，步边让之后尘。

而有这个想法的人，远不止陈宫一个。比如同为曹操谋士的许汜、王楷，还有张邈的弟弟张超（时任广陵太守）等人。大伙经常聚在一块儿吐槽，自然越说越愤怒。恰在此时，曹操东征陶谦，兖州空虚，而四处跳槽无从落脚的吕布，也刚好进入了他们的视野。

于是，陈宫等人一拍即合，决定拉张邈入伙，然后推吕布上位，大家齐心协力灭了曹操。

就这样，陈宫找到张邈，对他说：“如今天下分崩，英雄并起，你据有一郡之众，身处四战之地，抚剑四顾，足以成为人中豪杰，却反倒受制于人，岂不是没有出息？眼下大军东征，州内空虚，而吕布又是一位猛士，英勇善战，若暂且推举他，与他共分兖州，而后静观天下之变，这正是纵横捭阖之良机也。”

张邈被说服了，同意入伙，一个反曹同盟就此成立。

随后，陈宫便领着吕布偷偷地进入了兖州地界。

此时，替曹操留守大后方的谋士是荀彧和程昱，武将是夏侯惇。张邈派人到鄄城来见荀彧，堂而皇之地说，吕布将军来助曹使君（东汉时州牧、刺史的别称）攻打陶谦，赶紧准备粮草等一应军需。

所谓谋士，就是靠脑子吃饭的人，何况荀彧又是天才谋士，岂能被这种小伎俩蒙蔽？他立刻判断出，张邈和吕布来者不善，很可能要搞事，旋即命部众严密戒备，同时急召驻扎在濮阳的夏侯惇。

这时候的鄄城，形势可以说异常危急，不仅因为大军东征，留守的兵力十分薄弱，而且更要命的是，此刻鄄城中有数十名将领和官吏早已加入了陈宫他们的反曹同盟，正准备里应外合，一举拿下曹操的这座大本营。

危急时刻，考验的就是荀彧等人的忠心、定力和胆识了。

所幸，三个人都没有让曹操失望。夏侯惇连夜赶回鄄城后，便与荀彧和程昱联手，当天夜里就把那几十个叛徒全都揪了出来，并悉数砍了脑袋，鄄城的局势才算稳定下来。

可让他们没有料到的是，夏侯惇前脚刚离开濮阳，吕布和陈宫趁其空虚，后脚就把濮阳给占了。

屋漏偏逢连夜雨。正在这紧要关头，朝廷任命的一个名叫郭贡的豫州刺史，居然带着数万人马来到了鄄城城下。

又一个豫州刺史。这就是三国历史与众不同的地方：一个豫州，肉眼可见的就有三个刺史——除了这位姓郭的，还有袁术任命的孙坚侄子孙贲，再有一个就是给陶谦当雇佣兵的刘备。

反正那年头，州牧刺史满天飞，若要问哪个是真的，只能用拳头说话。

此刻，郭贡突然兵临城下，很多人都猜测他是跟吕布一伙的，全城上下顿时人心惶惶。郭贡还点名让荀彧出城去见他。

见就见呗，荀彧二话不说，正要出城，被夏侯惇一把拦住了。夏侯惇说："兖州现在由你镇守，出去必有危险，万万不可。"

荀彧却很淡定，说："郭贡和张邈他们，向来没什么交情，现在来得这么急，必然还没打定主意。趁他还没想好，跟他聊聊，就算他不帮我们，至少让他保持中立。如果咱们先怀疑他是敌人，那他一怒之下，就真可能变成敌人了。"

荀彧随即出城，与郭贡见面。郭贡跟他聊了聊，见他神色从容，毫无惧意，知道鄄城一定防备甚严，恐怕没什么便宜可捞，就带兵走了。

虽然送走了这位不速之客，但兖州的局势却非常不乐观，因为陈宫之前的地下工作做得十分扎实，反曹同盟人数众多，所以吕布一到，大部分郡县就都倒戈易帜了。荀彧他们放眼一看，心都凉透了——短短几天时间，整个兖州，就只剩下鄄城、范县（今山东梁山县）、东阿（今山东阳谷县东北）三座城池还插着曹操的旗子。

这无疑是曹操自起兵以来最危险的时刻。

而此时此刻，曹操还在快马加鞭往回赶的路上。荀彧他们若保不住这最后三城，等曹操回来，见到的就是一个满地遍插“吕”字旗的兖州了……

兖州争夺战：吕布与曹操的较量

正当鄄城人心惶惶时，荀彧抓获了吕布那边的一个舌头，那人供出了一条重要情报：不日，陈宫将带兵袭取东阿，吕布部将氾嶷将谋取范县，最糟糕的是，吕布已经绑架了范县县令靳允的老母和妻儿，想逼他投降，兵不血刃拿下范县。

面对如此严峻的局面，鄄城的官员百姓更是一片恐慌。

如果东阿和范县再沦陷的话，剩下鄄城一座孤城，“曹”字旗又能打多久?

十万火急之际，荀彧拍了拍程昱的肩膀：老兄，该你上场了。

因为程昱就是东阿人，自然责无旁贷——如果连自己的老家都守不住，那他也没脸在曹操手底下混了。

程昱随即赶回东阿，然后半道上特意去见了范县的靳允，先是就他家人被绑一事安慰了一番，紧接着便转入正题，说如今天下大乱，英雄并起，必有一位命世之才最终安定天下，所以智者要选择明主。言下之意，这位命世之才和明主当然就是曹操了。

然后，程昱又分析了一下当前的形势，说吕布和陈宫现在看上去很强大，可你瞧瞧吕布那种人品，简单粗暴，刚愎自用，对下属没爱心，对领导不尊重，纯属一介莽夫。陈宫他们只是利用他而已，迟早得散伙，必定不能成事。

最后，程昱把话题转回到曹操身上，说曹使君的雄才大略世上少有，乃上天所赐，跟着这样的老板才有前途。你只管安心守住范县，我去守东阿，咱们一起立功。千万不要违背忠义，被吕布那恶棍挟持，到时候不但娘亲和家人保不住，连你自己也得搭进去。

一番话说得靳允热血沸腾。他流下两行热泪，向程昱保证，绝不敢有二心。

这就是谋士的魅力——有时候一条三寸不烂之舌，抵得过千军万马。

此时，吕布派出的部将氾嶷已经身在范县，正等着跟靳允谈判，让他用城池换家人。靳允随即约他见面，却设下伏兵，将其砍杀，然后集结部众，固守城池。

在忠孝难以两全的情况下，靳允为了成全对曹操的忠义，牺牲了自己的母亲和妻儿。这种事情显然是违背人性的，即使是在推崇忠义的古代，也很难得到多数人的谅解。

然而，这就是乱世之人的命运——有时候你根本没法选，或者不管怎么选都是错的。

假如靳允为了保全家人，选择背叛曹操、投降吕布，那么不久之后，随着吕布的败亡，靳允及其家人恐怕也不会有什么好下场。

套用一句话：时代的一粒灰，落到个人的头上就是一座山。我们不曾经历那种乱世，更没有被置于那种两难绝境之中，所以对靳允做任何批判，可能都是站着说话不腰疼。在此，除了为靳允和他的家人一洒同情之泪，我们真的不知道该说什么。

程昱赶回东阿后，立刻着手布防，并派出一支骑兵封锁了仓亭津（今山东阳谷县北古黄河渡口）。等陈宫率部抵达时，已经无法渡河。

就这样，程昱以一人之力，保住了两座城池。不久，曹操终于回师，激动地握住程昱的手，感慨道："若不是你拼尽全力，我就无家可归了。"

差不多在曹操回师之时，吕布发兵进攻鄄城，难以攻克，只好又缩回濮阳。

稍事休整后，曹操于这一年秋天开始反攻，亲自率军夜袭濮阳，攻破了吕布在城西的一座军营。凌晨时分，吕布出城迎击，双方展开了一场短兵相接的激战。

这场战斗打得十分惨烈，从清晨一直厮杀到黄昏。双方来回拉锯，鏖战了数十会合，依然不分胜负。吕布亲自冲锋陷阵，居然有越战越勇之势。曹操见状，立刻在阵前招募敢死队。麾下悍将典韦挺身而出，愿率敢死队上阵。

此时，吕布军万箭齐发，矢如雨下。典韦连眼都不眨，迎着箭雨冲了上去，对左右的敢死队员说：“等敌人冲到面前十步时，告诉我。”然后竟然转过了身，很嚣张地以自己的虎背朝着敌军。

片刻后，手下大喊：“十步了。”

典韦动也不动，道：“五步时告诉我。”

手下大惊失色，连声大喊：“到面前了！”

典韦这才大喝一声，手持十几支铁戟，奋身冲入敌阵，以戟掷敌——每一支铁戟掷出，必有一人应声倒地，转眼便毙敌十余人。吕布的部众也是百战之兵，虽然见过勇猛的，但愣是没见过这种不要命的，无不被他的气势所震慑，吓得纷纷退却。

这时，夜幕已然降临，再打下去未必会有胜算，曹操只能收手，下令部队撤离战场。

此役过后，曹操马上擢升典韦为都尉（相当于侍卫长），命他统率亲兵，专门负责自己的安全保卫工作。

之后的濮阳一战，让曹操见识了吕布的厉害之处。

吕布做人虽然不地道，但打仗却是一把好手。曹操寻思跟他硬拼不是办法，于是想要智取。兖州毕竟是曹操的地盘，要在背地里搞点小动作，还是办得到的。

随后，曹操就暗中联络了濮阳城内一个姓田的豪强，跟他制订了一个里应外合的行动计划。到了行动时间，曹操率部埋伏在东门外，而田氏也如约干掉了守门士兵，打开了城门。

曹军一拥而入。曹操以为这次必能得手，脑子一热，就命部众放火焚烧城门，以示破釜沉舟、背水一战的决心。

眼下濮阳另外三个城门都还在吕布手里，只有这东门是曹操唯一的退路，他现在把门烧了，等于是在告诉吕布——老子今天一定要拿下濮阳！

但是，一个人太自信了，有时候就会忘记“玩火自焚”这四个字怎么写。曹操刚把东门点着，人家吕布就打过来了。曹操赶紧迎战，结果……被打败了。

打败了就赶紧逃呗。可是，无路可逃，因为唯一的逃生出口刚刚被他自己一把火点了，现在火势正旺呢。曹操傻眼了，骑着马左冲右突，然后就跟部众跑散了。

跑散了还不要紧，关键是迎面居然杀来了一队敌军骑兵。

曹操想跑也来不及了，被逮了个正着。眼看日后的三国第一枭雄、堂堂的魏武帝就要跟孙坚一样壮志未酬身先死了，可就在这时，对方竟然朝他吼了一声："曹操何在？"

啊？原来你们不认识我。

对自己的相貌，曹操向来是不大自信的，但他万万没料到，在这个性命攸关的时刻，"其貌不扬"这个缺点竟然成了自己的保命符。假如曹操长得跟袁绍一样帅，吕布的骑兵断然不会认不出他。正因为他的长相太过普通，所以就被当成了普通人。

听对方这么一吼，曹操赶紧指着某个方向说："快看，那边那个骑黄马的便是曹操。"

这些不长眼的敌人就这么追了过去，把已经到手的大鱼生生给放回了水里。

曹操死里逃生，再也不管东门的大火烧得多旺，硬着头皮冲进火海，然后万分侥幸地逃了出来。

估计往火里这么一冲，头发胡子肯定被烧了不少，可好歹性命是保住了。

回到大营后，惊魂甫定的曹操立刻下令制造攻城器械，这口恶气他非出不可！

然而，在接下来的日子里，曹军围着濮阳猛攻了一百多天，却始终无法将其攻克。战事就此陷入胶着状态。紧接着，濮阳及附近地区又爆发了一场严重的蝗灾。一时饥荒四起，老百姓自己都没饭吃了，更不可能拿出粮草去供应这两支杀红了眼的军队。

这一年冬天，双方都揭不开锅了。曹操只好率部撤回鄄城，吕布也不得不放弃濮阳，进驻东面的山阳郡（治今山东金乡县西北）。

见曹操处境困难，冀州的袁绍就给他抛出了橄榄枝，让他举家搬到河北的邺城（冀州治所，今河北临漳县西南），其实就是想收编他。曹操眼看兖州大部分还在吕布手上，而蝗灾又闹得厉害，粮食越发紧张，就动了心思，准备答应袁绍。

要是真去了，就意味着曹操创业失败，只好去给袁绍打工了。

见老板竟然要关门歇业，程昱赶紧劝阻，说："我一向以为将军是临危不惧之人，没想到竟然不是！为何思虑如此不周呢？袁绍虽有吞并天下之心，但脑子不太好使，谋略也不高明，将军自问，能长久在他之下吗？将军以龙虎之威，岂可步韩信、彭越（二人均为汉初名将、开国功臣，后皆以谋反罪名被杀）之后尘？如今兖州虽然残破，但我们手上还有三城，能战之士不下万人，以将军之神武，再加上荀彧和我，众人齐心协力，霸王之业可成也！愿将军三思。"

曹操深以为然，这才打消了投靠袁绍的念头。

兴平二年（公元 195 年）春，曹操和吕布歇了一个冬天，缓过劲来了，再度开战。

双方战于定陶（今山东定陶县）城外，吕布败，撤回城中固守。

曹操吸取上次的教训，不再强攻吕布，而是回师收复了部分郡县，之后又休整了一段时间，才转攻吕布部将薛兰、李封屯驻的巨野（今山东巨野县）。吕布率军前来援救。曹操却不慌不忙，围点打援，两线作战，结果大获全胜，不仅击退了吕布，还攻克了巨野。

曹操斩杀了薛、李二人，随后进驻乘氏（今山东巨野县西南），威逼定陶。

此处已经接近徐州地界，曹操想起前一年两度东征却被迫回师的事，忍不住又打起了徐州的主意。

不过，此时曹操想打徐州，已经与复仇无关，而是纯粹为了地盘。

因为陶谦死了。现在的徐州老大，不是别人，正是当初的雇佣兵——刘备。

陶谦死于兴平元年（公元 194 年）冬天，临终时，给他的副手、徐州别驾糜竺留下遗言："非刘备不能安此州也。"（《三国志·先主传》）正所谓人之将死，其言也善。陶谦对刘备之前在平原国的政绩，自然是早有耳闻，知道他一向折节下士、勤政爱民，所以把徐州托付给刘备，也算是以大局为重。

陶谦此举，属于比较典型的让贤。当然，前提是他自己要撒手人寰了，否则刘备的口碑再好，再有仁义之名，他肯定也是不会让的。

就这样，糜竺带着陶谦的遗命，率领州里的一批官员前往小沛迎接刘备。

听他们把事情一说，刘备这一惊真是非同小可。本来有名无实的“豫州刺史”已经够让他惊喜了，没想到一年时间还不到，天上就又掉下来一个货真价实的“徐州牧”——幸福来得太突然，简直让他措手不及。

出于谨慎和官场惯例，刘备连连摇头，不敢答应，说：“袁术近在寿春，且袁氏一门四世三公，海内归心，你们还是把徐州交给他吧。”

与糜竺同来的官员陈登一听就急了，说：“袁术骄奢淫逸，不是能平定乱世的人。如今我们献上步骑十万，上可以救世济民，下可以割据自保，你若是不答应，我们也绝不会把徐州让给袁术。”

北海相孔融这回也一起来了，一听刘备提起袁术，便冷哼一声，道：“袁术那种人，岂能为了国家而不顾自身？还有那什么‘四世三公’，不过冢中枯骨而已，何足挂齿！今日之事，乃民心所向，上天赐给你的你不要，到时候后悔可来不及了。”

刘备哪是不要？他是被幸福撞了一下腰，感觉脑子有些飘，一时反应不过来而已。听了众人的劝说，尤其是孔融那句“冢中枯骨”，实在是一句顶一万句，相当有力道，顿时就把草根刘备内心深处的自卑情结一扫而空了。

于是，刘备压抑住心中的喜悦，用他那一贯“喜怒不形于色”的沉稳表情看了众人一眼，然后才点了点头，同意接任徐州牧。

至此，刘备终于从一介草根熬成了实打实的封疆大吏。不，更准确地说，是熬成了实打实的一方诸侯——有钱、有粮、有人马、有地盘。在此后的三国业界，刘备也算是一个数得着的人物了，你或许可以打败他，但你绝不能无视他。

就比如后来的曹操，可以分分钟把刘备打得满世界乱跑，但打心眼里从没小瞧过他。

当然，此刻的曹操尚未对刘备这号人物有什么印象。在他看来，徐州就应该是他的，不管是之前姓陶还是现在姓刘，总之它必须姓曹！

正当曹操蠢蠢欲动打算三征徐州的时候，荀彧及时劝阻了他。

荀彧为此说了一段很长的话，在历史上也颇为有名，总结其中心思想，就是一句话——深根固本以制天下。

所谓根本，指的当然就是兖州了。荀彧以汉高祖刘邦和光武帝刘秀为例，说他们之所以最终平定天下，就在于“高祖保关中，光武据河内”，所以“进足以胜敌，退足以坚守”。而眼下吕布未破、兖州未定，若急于东进，万一打不下徐州，将失去退路。何况陶谦虽死，徐州也不见得好打。为了说明这一点，荀彧顺便婉转地批评了一下曹操此前的屠城之举。他说，徐州子弟念及父兄被杀之仇，必人人死守，不肯投降，即便攻下了城池，也得不到民心。

因此，归根结底一句话：徐州不能打，至少暂时不能打。

曹操想了想，最后听取了荀彧的意见，决定还是先摆平吕布再说。

不久，吕布就与陈宫联兵，率一万余人打过来了。这一次，吕布的时机掐得很准，而曹操的预警系统则出现了严重的纰漏。

吕布选择的这个出战时机，正是春麦成熟的季节。而曹操此前已初步开展屯田，部众这时候都到地里收割麦子去了，大营只剩下不到一千人的留守部队。此外，理应布置的外围岗哨也不知出了什么问题，直到吕布的大军长驱直入，进抵营寨，曹操才知道敌人来了。

万分危急之时，曹操超强的应变能力再次发挥了威力。

当时，曹营西边有一条大堤，堤坝后面树木幽深。曹操利用这个地形，把一半兵力埋伏在树林中，另一半兵力在堤前列阵。吕布来到，一看曹军兵力如此薄弱，立刻发起攻击。双方接战后，大堤后面的伏兵突然杀出，吕布的部众不知虚实，以为对方既然早有埋伏，兵力肯定不少，于是仓皇退却。

两军交战，兵力固然重要，但士气更为重要。一旦军心不稳，阵脚松动，那么兵力越多反而越容易引起混乱。吕布现在就陷入了这样的混乱，于是一万多人就这样被不到一千人打败了。

吕布和陈宫慌忙撤退。曹操率部紧追，一直追到了吕布的大营，并将其攻破。吕布连夜逃回定陶，曹操乘胜而进，竟然一举就把定陶攻克了。

战争从来都是变幻莫测、难以预料的。曹操绝对没想到，去年秋天他对濮阳志在必得，可整整围攻了一百多天却徒劳无功，如今被吕布偷袭，在毫无防备的情况下仓促应战，最后不但反击得手，而且连战连捷，一不留神就取得了决定性的胜利。

随后，曹操分兵前往那些沦陷的郡县，一一将其收复。被吕布折腾了一年之后，兖州终归还是回到了曹操手上。

而吕布丢了定陶，在兖州便再无立足之地了。

天涯茫茫，总是找不到归宿的吕布再次踏上了逃亡之路。与之前不同的是，这回他的身边多出了两个难兄难弟：陈宫和张邈。

徐州与兖州距离很近。所以，吕布选择徐州，去投奔刘备。也就是说，堪称“史上最危险员工”的吕布，又一次选择了一个新的老板。

此时，刚刚当上徐州牧还没几天的刘备并不知道，曾经降临到丁原和董卓头上的命运，很快也将降临到他的头上……

第五章

挟天子以令诸侯

傀儡天子的流亡之路

长安那伙流氓军阀赶走吕布、杀了王允后，朝廷就成了他们的掌中之物。李傕自命为车骑将军、领司隶校尉、假节，郭汜为后将军，樊稠为右将军，张济为骠骑将军。四人皆封侯。李傕、郭汜、樊稠在长安共掌朝政，张济出镇弘农（治今河南灵宝市东北），防备关东诸侯。

见李傕等人赢得钵满盆满，凉州那边有两个军阀顿时心痒难耐，也赶紧跑了过来，准备捞点油水。

这两个人，一个是此前与边章一起作乱，后来因内讧杀了边章的韩遂；还有一个，是韩遂的新搭档，即日后蜀汉名将马超之父——马腾。

马腾，字寿成，扶风郡茂陵县（今陕西兴平市东北）人，据说祖上是东汉开国功臣、伏波将军马援。马腾是典型的西北汉子，身材魁梧，年少时家中贫困，以砍柴为生。稍长从军，因讨伐羌人叛乱有功，历任军司马、偏将军等职。中平年间，天下渐乱，马腾便与韩遂等人纵兵叛乱，在关中肆意劫掠。

董卓把持朝政后，将二人招安。随后董卓入关，就邀二人前来长安，共同对付关东诸侯。两人也想依傍董卓，可又不想被他当枪使，所以就磨磨蹭蹭，都一年了也没来。直到董卓被诛，李傕等人兵变成功，他们才本着利益均沾、见者有份的原则，一口气跑到了长安。

李傕也知道，不给点好处这两个家伙是不会走的，于是就封韩遂为镇西将军，让他回去驻守金城（今甘肃兰州市）；封马腾为征西将军，让他驻守郿县（今陕西眉县），这才把他们打发了。

可是，没过多久，马腾就又不安分了，私底下有事求李傕。李傕不搭理他，马腾大怒，立即发兵，气势汹汹往长安而来。小皇帝刘协一看又要打仗了，连忙派使者去说和，可马腾根本不买小皇帝的账。

这时，韩遂也跑来凑热闹，名义上说要劝马腾和李傕和解，其实就是来帮马腾打架的。

眼瞅着这帮军阀起了内讧，几个仍忠于汉室的朝臣觉得时机来了，就暗中联络马腾，准备与他里应外合，除掉李傕等人。

这几个朝臣就是谏议大夫种邵、侍中马宇、左中郎将刘范。

马腾和韩遂见朝中有人充当内应，底气更足，马上率兵进抵长平观（今陕西泾阳县西南）。此处距长安已近在咫尺。

就在这紧要关头，种邵等人的密谋泄露，遂慌忙出逃，亡奔扶风郡的槐里县（今陕西兴平市）。李傕摆平了内鬼，便命侄子李利和樊稠、郭汜一同出战，进攻马腾和韩遂。马、韩不敌，只好逃回凉州。稍后，樊稠等人又进攻槐里县，轻而易举就攻破了城池，将种邵等三人全部斩杀。

为了不跟马、韩二人结怨，以免他们又来骚扰，李傕随后做出姿态，以皇帝名义下诏，赦免了两人的叛乱之罪，又挖空心思地杜撰了两个头衔：封马腾为安狄将军，韩遂为安降将军。

估计除了这两个新头衔，相关待遇也有提升，所以马腾和韩遂就此消停了。只是，忠于汉室的种邵等人白白赔上了性命，在军阀恶斗的滚滚浊浪中，连一点小水花都没翻起来。其实，就算他们得手了，帮马腾战胜了李傕，结果又能如何呢？恐怕也只是换一个绑匪而已。献帝刘协作为人质的命运，注定不会有丝毫改变。

虽然赶走了马腾和韩遂，但李傕等人绝非铁板一块。

事实上，自从把持朝政之后，他们之间的争权夺利就开始了，好几次险些爆发流血冲突。之所以还能压得住火，首先是因为贾诩一直从中弥缝，力劝他们要识大体、顾大局，其次是外面还有马腾和韩遂的威胁，故而李傕等人虽然内斗不止，但基本上还算一致对外。

可是现在，来自马腾和韩遂的威胁解除了，所以李傕等人的冲突立刻升级，很快就从明争暗斗发展到了自相残杀。

导火索是李傕的侄子李利。

之前，李利随樊稠一起攻打马腾和韩遂，仗着是李傕的侄子，出工不出力，对樊稠这个顶头上司也很不尊重。樊稠就骂他，说："你知道吗，很多人都想砍了你叔叔的脑袋，你还仗什么势？真以为我不敢杀你吗？"

李利怀恨在心，就开始找樊稠的把柄，结果还真被他找着了。事情发生在樊稠打败马、韩二人后，追击到了陈仓（今陕西宝鸡市东）。韩遂派人给樊稠传话，说咱俩是凉州老乡，本无私人恩怨，打仗是出于公事，现在我要走了，咱们还是见个面、话个别吧。

于是，两人便屏退随从，约了个地方单独见面。说什么没人知道，反正就是手拉手聊了好一阵子，然后才依依惜别。（《资治通鉴·汉纪五十三》："交臂相加，共语良久而别。"）

而这一幕，当然被李利尽收眼底。一回长安，他便迫不及待地跟李傕打了小报告。李傕顿时大为警觉。稍后，樊稠又提出要去打关东诸侯，要求李傕给他增加兵力。李傕越发料定樊稠要反，遂起了杀心。

数日后，李傕通知樊稠来开会，然后就在会议上当众杀了他。

樊稠一死，这帮军阀就越发相互猜忌了。郭汜的老婆就跟他说，"一栖不两雄"，即一个鸡窝里容不下两只好斗的公鸡，劝他别太相信李傕。有一天，李傕宴请郭汜，郭汜喝得酩酊大醉，回家后感觉不适，怀疑是被李傕下毒，情急之下赶紧喝了一大碗粪汁。

这粪汁，可不是什么解药，真的就是粪便的汁液，目的就是催吐。结果，郭汜的确吐了，只是吐得肠子都快出来了。

次日，恼羞成怒的郭汜立刻发兵攻打李傕，双方旋即在长安城内展开混战。

可怜的小皇帝刘协赶紧又出面劝和，却再度被当成了耳旁风。郭汜杀红了眼，就想把刘协劫持到他的军营，不料有个手下叛变，跑去跟李傕告了密。结果，李傕就抢先劫持了天子和百官，然后把宫中的金银珠宝搜刮一空，最后一把火把皇宫和官署都给烧了，还殃及了附近的一大片民宅。

刘协欲哭无泪，只好派太尉杨彪、司空张喜等一大帮朝臣去找郭汜，力劝他们和解。这些大臣中，就有当初平定黄巾之乱的功臣朱儁，时任大司农。郭汜一看大臣们自动送上门，二话不说就把他们给扣了。

你劫持天子，我就劫持百官，看谁斗得过谁！

朱儁一生为官，哪里碰到过如此荒诞的事情？顿时急怒攻心，当天就去世了。可怜这位东汉末年的一代名将、平定黄巾的赫赫功臣，最后竟然死得如此不值。

就这样，李傕和郭汜这两个毫无底线的流氓军阀，从兴平二年（公元195年）二月开始混战，一直打到六月，双方共战死了一万多人，却丝毫没有停手的迹象。

值得一提的是，这场战争并非发生在一般的战场，如山野、平原等无人之处，而是在昔日的西汉帝京长安城内。所以，最遭殃的，当然就是城里的百姓了。祸不单行的是，这一年的长安，恰好又碰上天灾，粮食歉收，饥饿难忍的百姓只好人吃人——大人吃小孩，男人吃女人，凶狠的吃老实的，青壮的吃老弱的。

据史料记载，董卓被杀时，长安城尚有数十万户百姓，但在经历了一连串战乱和饥荒之后，“二年间，民相食略尽”（《资治通鉴·汉纪五十三》）。

这年六月，李傕的部将杨奉，跟他生了嫌隙，想要刺杀他，结果事情泄露，便率部投奔了郭汜，于是李傕的势力相对削弱了一些。

不久，驻守弘农的张济赶回长安，打算调解李、郭二人，并将小皇帝刘协迎往弘农，貌似很忠心，其实真正的动机，无非也是想过一把绑架天子的瘾。

李傕之前从凉州请了一帮羌人和胡人来当雇佣兵，承诺送给他们宫女，然后这帮人就跑到刘协住的地方闹事，索要宫女。刘协彷徨无计，只好求助于贾诩。贾诩遂设宴款待羌胡头领，许诺给他们封侯和大量赏赐。羌胡头领这才引兵而去。

李傕本来还不答应和解，现在雇佣兵一走，势力更弱，只能同意，然后跟郭汜交换了女儿，互为人质。

兴平二年（公元195年）七月，刘协和百官终于离开长安，在张济、杨奉、董承等人的护送下，踏上了东归之路。

从初平元年被董卓劫持到长安，一晃五年过去了，刘协也从一个九岁的孩子，变成了十四岁的少年。然而，人质的身份始终没有改变，只是绑匪换了一茬又一茬；悲剧命运同样没有改变，只是流亡之路变了一个方向。

长安这个地方已经待不下去了，所以李傕也只能离开，进驻池阳（今陕西泾阳县）。而郭汜仍不死心，追上天子车驾，打算劫持刘协前往高陵（今陕西高陵县）。刘协愤而以绝食相抗，整整一天水米未进，郭汜才悻悻作罢。

十月，刘协一行抵达华阴（今陕西华阴市），当地军阀段煨很是殷勤，赶紧奉上粮食衣物等，然后郑重邀请天子前往他的军营。

此刻的刘协，很像《西游记》里的唐僧，不仅一路上要碰到无数妖魔鬼怪，而且每个妖魔鬼怪都试图绑架他。这个可怜的傀儡天子，其实手上一丁点权力都没有，但这并不妨碍军阀们打他的主意，因为他们都知道“挟天子以令诸侯”的利益和价值所在。

见半路上杀出个劫道的，杨奉、董承等人当然不干，旋即跟段煨打了起来。双方一打就是十多天，却难分胜负。刘协赶紧又派人劝架，双方这才罢手。

可是，谁也没想到，这边刚把战乱平息，身后那两个大流氓——李傕和郭汜便又打过来了。

自从刘协一走，李、郭二人就总觉得人生当中少了点什么，心里空落落的，后来总算想明白了——他们离不开刘协。

这当然不是因为他们爱上了刘协，而是“权力的毒瘾”发作了。在这个世界上，对很多人来讲，最类似于毒瘾的，恐怕就是“权力瘾”了。从没掌握过权力的人倒也罢了，只要曾经大权在握，那么一旦权力离手，对这些人而言就无异于丢了半条命，所以他们无论如何都要把权力再抢回来。

于是，李傕和郭汜这对冤家在这一点上又找到了共同语言，便又携手踏上了追赶天子的征程。

可笑的是，杨奉、董承刚刚跟段煨罢战，回头就又跟张济发生了冲突。张济一怒，索性又跑去跟李傕、郭汜合伙，然后掉转枪口一起对付杨奉和董承。

世界上最善变的是什么？

不是天气，也不是人心，而是东汉末年这帮反复无常、行为乖张的流氓军阀。看他们分分合合、打打闹闹，你不会觉得是在看严肃的历史，而是在看一档胡编乱造、雷死人不偿命的劣质肥皂剧。

十一月初，刘协一行走到弘农，李傕、郭汜和张济就追上来了，杨奉和董承连忙回头应战，结果被打得大败，百官和士卒死了大半，连皇室的御用物品如玉玺、符节、典籍等，也全都弄丢了。

数日后，刘协一行逃到曹阳（今河南灵宝市东北），露宿在黄河南岸的荒野上。董承和杨奉自知兵力薄弱，难以抵挡，便一边派人去找李傕他们，假意求和，拖延时间，一边派密使渡过黄河，向昔日的黄巾白波军首领李乐、韩暹、胡才等人（均已招安）求援。

抢天子这种好事，李乐等人当然不会错过，立刻带上数千骑兵，渡河南下，与杨奉、董承联手，对李傕等人发动攻击，大破之，斩首数千。

这回，刘协又有了新的保镖，或者说又落入了新的绑匪手中，然后急急忙忙继续东行。李傕等人不甘失败，再度追了上来，又打了一仗。这一仗，死的人比弘农那一仗还多，光禄勋邓渊等一批大臣被杀，司徒赵温等人被俘。李傕本打算杀了赵温等人，因贾诩劝阻才作罢。

李乐、董承等人带着刘协跑到陕县，结营固守。李傕等人追至，将军营包围。这时，负责护卫天子的羽林军只剩下不到一百人，李乐的部众也消耗得差不多了。李乐无奈，打算带刘协乘船，顺黄河东下，到洛阳附近的孟津登岸。太尉杨彪则认为，黄河风高浪急，这么做太危险，还是先渡河，到北岸再做打算。

于是这天深夜，李乐找到一艘船只，带着刘协等人仓皇登船。百官、士兵、宫女等人争相上船，秩序大乱，很多人甚至跳进水里，扒着船舷要爬上来。董承和李乐挥戈乱砍，霎时，船上出现了一幕惨烈的奇观，用《资治通鉴》的话说，就是“手指于舟中可掬”。

什么意思？就是很多人扒着船舷要上来，用刀一砍，手指头纷纷掉在船上，所以随便用手一捧，都可以捧起一堆断掉的手指头。

混乱过后，最终上船的，除了董承、李乐等人，也不过是天子刘协、皇后伏寿、太尉杨彪等几十人而已。剩下的大多数官员、宫女和士卒，就只能被无情地扔在岸上等死了。时值深冬，很多人就这样被活活冻毙。稍后，李傕追至，那些侥幸没冻死的，也都被一一砍杀了。有个当初与王允一起谋划刺杀董卓的朝臣，事后躲过了李傕的清洗，但这次却没能躲过，终究还是死在了李傕手上。

这个人就是士孙瑞，之前的职务是仆射，临死前的官职是卫尉。

如此乱世，又陪着这位倒霉天子遭逢如此厄运，死时还能留下姓名，被后人所知，或许已经是一种幸运了——至少相对于那天夜里，被扔在黄河岸边的无数具尸体而言。

经过惊魂一夜，刘协一行终于登上黄河北岸，来到了李乐位于大阳（今山西平陆县）的军营。此时的河内太守是张杨，正驻扎在野王（今河南沁阳市），听到消息，立刻带上数千人，背着粮秣来给落难的皇帝进贡。

十二月初，刘协坐着牛车前往河东郡的治所安邑（今山西夏县）。河东太守王邑献上绢帛布匹。刘协将其赏赐给太尉杨彪等人，以示对他们这一路护驾的慰劳。当然，对于其他那些大大小小的军阀，刘协更是得有所表示。

可眼下的刘协穷得叮当响，真金白银断然拿不出来，唯一拿得出手、取之不尽用之不竭的东西，就只有朝廷的官爵了。

于是，张杨、王邑、李乐、胡才等人，全都加官进爵。由于索要官爵的军阀太多，刻印都来不及，只好拿铁锥在空白官印上随便凿几下，反正拿出去能唬人就行了。

王邑献完绢帛、换取了官爵后，对天子的态度立马冷淡了，连座像样的房子都没安排，只给了几间门户残缺的破屋子。刘协没办法，也只能将就，反正别像李傕、郭汜那样穷凶极恶，他就谢天谢地了。

条件虽然简陋不堪，但朝廷总得有个朝廷的样儿，刘协还是会与杨彪等人举行朝会。由于门户无法完全关闭，所以每当君臣开会的时候，就会有一帮大兵挤在外面的篱笆上围观，还推推搡搡，不时爆出一阵哄笑。

这也许是史上“透明度”最高、最没有威仪和尊严的朝会了。不过，对于劫后余生的刘协和杨彪等君臣来说，能有个地方栖身已是万幸了，哪还敢去想“尊严”这种奢侈品？

眼下，生存是唯一的刚需，其他都是后话。

勉强安顿下来后，刘协派人去跟李傕、郭汜和解。李、郭二人虽心有不甘，但毕竟鞭长莫及，也无从折腾了，这才把此前俘虏的一批大臣和宫女给放了回来，同时交还了一些御用物品和衣服。

但是，多一个人就多一张吃饭的嘴。一大堆人放回来，粮食立马就不够吃了，于是很多官员和宫女只好到地里去摘些菜叶和野果，勉强糊口。

不久，上回殷勤献粮的张杨又来了，不过这回却是空手而来，什么都没带。他此行的目的只有一个，就是想把天子接到洛阳去。李乐、杨奉等人一听就不乐意了。在他们看来，天子是他们拼着老命抢回来的，你张杨献了几袋米就想把天子弄走，想得倒美，门儿都没有！

张杨碰了一鼻子灰，只好阴着脸走了。

可想而知，他并不会就此作罢。因为他是军阀，而只要是军阀，骨子里就跟李傕、郭汜那帮人没啥两样——谁都想把天子攥在手中，然后号令天下诸侯。

因此，对刘协而言，这个名叫安邑的地方，就绝不是他流亡之路的终点。甚至，曾经的帝都洛阳也不是。

他真正的终点，在一个叫许都的地方，眼下的名字还叫许县。

战幽州：公孙瓒的崛起与衰落

公孙瓒与袁绍假惺惺地和亲之后，就暂时息兵罢战了。可是，这头刚刚挂起免战牌，另一头马上就有人给公孙瓒下了战书。

这个人就是他的顶头上司、幽州牧刘虞。

前文说过，刘虞跟公孙瓒积怨已久，彼此都看对方很不顺眼。所以，当公孙瓒与袁绍大打出手的时候，刘虞便屡屡命他停战，可公孙瓒却充耳不闻，照打不误。刘虞身为领导，岂能容忍下属一再无视他？于是减少了他的粮秣供应，想给他点教训。

没粮怎么打仗？公孙瓒大怒，就放纵士兵从老百姓那儿抢粮。刘虞一向爱民如子，见公孙瓒如此变本加厉，气得一状告到了朝廷那里，历数公孙瓒的暴虐之罪。公孙瓒得知后，就针尖对麦芒，也奏了一本，指控刘虞克扣军饷。

远在长安的流亡朝廷本身就乱得一塌糊涂，谁还管得了地方军阀的这些破事儿？所以奏章呈上都如泥牛入海，一点回音都没有。

当然，刘虞和公孙瓒也没指望朝廷来主持公道，这么干无非是找个渠道发泄而已。反正走到这一步，双方的矛盾就彻底公开化了。公孙瓒索性连蓟县（幽州治所，今北京市）都不回去，自己在蓟县东南方修筑了一座小城，摆明了就是炒领导鱿鱼，自立山头了。

刘虞强忍怒火，多次叫他来蓟县开会，打算把事情摊开，大家有什么话当面说明白。可公孙瓒愣是不接招，每次都托病不去。

初平四年（公元 193 年）冬，刘虞忍无可忍，终于发飙。他一口气集结了十万大军，准备一举讨平公孙瓒，给幽州各级官员来个警钟长鸣，让他们看看不尊重领导的下场。

当时，公孙瓒的部队都在外地驻防，除了少量守城部队，身边只有他的亲兵卫队白马义从，仅有区区数百人，怎么干得过人家十万大军？

事发突然，要召回部队根本来不及，公孙瓒这回真慌了，决定三十六计走为上。他不敢从城门跑，怕被人家十万大军一人一口唾沫给淹死，便想在东边的城墙上凿个洞，偷偷溜出去。可是，这边墙还没凿开，刘虞就开始攻城了。

然而，刘虞不攻城还不要紧，一下令攻城，他自己的破绽就暴露无遗了。

因为刘虞一向有仁政的美名，他可不想被公孙瓒败坏了“爱护百姓”的人设，所以就给部众下令：不许伤害无辜，只杀公孙瓒一人足矣。

部众们傻眼了：公孙瓒又不是草垛子，摆在城头上让我们去砍，你要杀他不得先攻城吗？要攻城不就得先杀守城的人吗？你领导下这种不着调的命令，让我们怎么执行？

这还没完。刘虞还特意叮嘱大家：要爱护百姓的房子，不准纵火。

部众们一听，心里估计都在骂人了：敢问刘大领导，咱们到底是来打仗的，还是来演习的？打仗不就是杀人放火吗？不准杀人不准放火，那还打个什么劲？！

除了刘虞本身的命令极不靠谱，他手底下这十万大军也纯粹是一帮乌合之众。因为刘虞是地道的文官，从来不会治军，他的部众向来军纪松散，而且缺乏训练。现在一下子把他们拉出来打仗，人人都跟无头苍蝇似的，加上他那“不准杀人放火”的奇葩命令，这城能攻下来才怪了。

所以，十万人乱哄哄地围着城池打了半天，攻势却十分疲软，没有丝毫战果。

公孙瓒是身经百战之人，一下就看出了刘虞的问题所在。所以，墙也不用凿了，人也不用跑了，就咱这几百号白马义从的兄弟，足以把刘虞那十万大军干得满地找牙!

随后，公孙瓒率领这数百骑冲出城门，径直杀进了刘虞的大军中。

我们说过，打仗不是靠人多，而是靠士气，当然也靠作战经验。如果一无士气二无经验，那么人越多反而越容易混乱，也会败得越惨。公孙瓒杀入敌阵后，因风纵火，左冲右突，一下就把对方的阵脚全打乱了。

于是，十万大军瞬间溃散，光是自相践踏就不知踩死了多少人。刘虞带着属下官员仓皇逃窜，到蓟县接了自己的妻儿，然后亡奔北边的居庸（今北京延庆县）。公孙瓒率部追至，猛攻三天，将城池攻陷，生擒了刘虞及其妻儿，押回蓟县。

不久，朝廷恰好派了一个叫段训的使者前来，准备增加刘虞的封邑，并让他都督六州军事，同时擢升公孙瓒为前将军，封易侯。

朝廷估计是怕二人矛盾激化，就想以加官进爵的方式分别安抚，问题是动作太慢了，到现在才打算处理这摊烂事儿，没想到人家早已经一决雌雄了。所以，段训这一来，反倒成了公孙瓒杀人的刀。

公孙瓒给刘虞安了一个罪名，说他当初与袁绍通谋，打算当皇帝，实属大逆不道，然后胁迫段训把刘虞及其妻儿押到闹市，全部斩首，同时还杀了一批拥护刘虞的官员。

至此，公孙瓒与刘虞的这桩宿仇总算了结了。

然而，幽州百姓得知刘虞被杀，无不流泪痛惜。

事实证明，刘虞的确是一位深得民心的好官，可我们不得不承认，他同时也是一个非常糟糕的将领。如果在和平年代，以他的政绩和声望，一定可以入朝拜相，造福更多的百姓。只可惜，他生逢乱世—— 一个全凭武力说话的乱世。在这样一个时代，不会治军打仗，就成了一个不可原谅的缺点，并最终成为他悲剧的根源。

刘虞固然是一个很仁慈的人，这是一种很好的品质，但仁慈却不能用在错误的时间、地点和对象身上，否则就是对自己的残忍。在这一点上，刘虞其实很像一千多年后的明朝建文皇帝朱允炆。他也很仁慈，跟叔叔朱棣打仗的时候，也特意叮嘱即将出征的大将耿炳文，让将士们体察他的苦衷，不要让他背上杀害亲叔叔的骂名。言下之意，就是尽量生擒，这显然令前线将士无端背上了一个心理包袱。朱允炆最终败亡，也与此不无关系。

由此可见，仁慈这种品质一旦错用，就会变成迂腐。

而刘虞和朱允炆还有一个共同点，就是都很爱惜羽毛，很珍视自己的一贯人设。一般来讲，这其实也是一种好习惯，因为这会让人保持道德自律，但一旦用在你死我活的政治斗争和战场上，就会让一个人变得软弱无能。

简言之，“人设”这种东西，用得好叫作品牌，用得不好，就是包袱。

除掉了刘虞，幽州自然就成了公孙瓒的天下。然后，这位大权在握的“白马将军”就开始腐化变质了。

英国历史学家阿克顿说过：“权力导致腐败，绝对权力绝对导致腐败。”这条铁律对谁都管用，公孙瓒当然也不例外。

公孙瓒这人原本就挺骄傲，现在成了幽州的一把手，越发变得骄横无比。《后汉书·公孙瓒传》给他罗列了一堆罪状，说他“恃其才力，不恤百姓，记过忘善，睚眦必报”。就是恃才傲物，不体恤百姓，别人对他的好他全忘了，但只要稍微跟他有点过节，他就一定会报复。

此外，他还嫉贤妒能。士大夫中凡是名望比他高的，他就随便给你安个罪名，让你锒铛入狱；凡是有才干的，他就百般打压，让你穷困潦倒，永无出头之日。总之自从当上大领导，公孙瓒就变态了，所作所为完全不可理喻，简直就是在自毁长城。

有人问他，为什么要虐待那些优秀人才？他居然回答说：“因为这些人自认为有才，觉得富贵是天经地义的，那就算给他们富贵，他们也不知感激。”

理由如此奇葩，实在令人无语。我们只能说，一个人的官儿当大了以后，脑回路就会变得比较清奇，难以用常理揣度。

因为厌恶优秀的人，所以公孙瓒就专门跟一些下九流交朋友，比如摆摊算命的、贩卖丝绸的、开杂货铺的等。公孙瓒不仅跟他们称兄道弟，还结成了儿女亲家。而这些人傍上大领导之后，就开始作威作福，令幽州百姓怨声载道。

可想而知，公孙瓒的这些行为，令他完全丧失了人心，无异于作死。

兴平二年（公元 195 年）冬，一个叫鲜于辅的刘虞旧部，率先打出了为刘虞报仇的旗号，推举一个叫阎柔的地方豪强为首领，然后招募了数万汉人和胡人，大举进攻渔阳郡（治今北京密云区），斩杀渔阳太守邹丹及部众四千余人。与此同时，乌桓人和鲜卑人也起兵响应，出动七千余骑，追随鲜于辅，并一同南下，准备迎回刘虞之子刘和。

前文讲过，刘和从长安出逃后被袁术给扣了，后来他又从袁术那儿逃了出来，投奔了冀州的袁绍。此刻，袁绍见公孙瓒后院起火，正中下怀，遂撕毁那一纸本来就靠不住的儿女婚约，命部将麴义与刘和一起率部北上，与鲜于辅等人会合。

就这样，公孙瓒的仇人们结成了统一战线，合兵十万，在鲍丘河（今潮白河，发源于河北丰宁县西北）与公孙瓒展开会战，大破之，斩首二万余。

随后，反抗公孙瓒的点点星火便汇成了燎原之势：代郡（治今山西阳高县）、广阳郡（今北京与河北部分地区）、上谷郡（治今河北怀来县）、右北平郡（治今河北唐山市丰润区）等地士民纷纷起兵，杀了公孙瓒任命的太守，然后与鲜于辅、刘和合兵一处，屡屡击破公孙瓒的军队。

转眼之间，刚刚独霸幽州没多久的“白马将军”公孙瓒，就陷入了众叛亲离、四面楚歌的境地。他知道大势已去，难以挽回，于是就想学董卓，找个风水宝地，建一座城堡，躲进小楼成一统，管他春夏与秋冬。

很快，他就把大本营迁到了易县（今河北雄县西北）。因为据民间谣谶说，这地方最适合“避世”。

公孙瓒命人沿城墙挖掘了十道壕沟，然后在城中堆起了几座五六丈高的巨大土丘，在其上修建高楼；位于中央的一座土丘最高，足有十丈，公孙瓒便居于此处。

他这幢高楼，大门用铁打造，常年紧闭，侍从警卫都屏退于外，凡七岁以上男子皆不得入内，里面只有他和妻妾侍女。平常处理公务，都让人用绳子把文书吊上去。他要对外传达命令，就让侍女用嗓子喊，为此还进行了专门培训，“令妇人习为大言声，使闻数百步，以传宣教令”（《后汉书·公孙瓒传》）。

从此，公孙瓒就闭门不出、谢绝宾客了，更不想再上阵打仗。他麾下的谋士和将领眼看领导死心塌地要做宅男，便陆续离开了他。

有人问他：“为何甘愿就这么隐退了？”

公孙瓒答：“想当年，我驱逐胡人于塞外，扫除黄巾于孟津，以为天下很快就能平定。可时至今日，战乱才刚刚开始。看起来，我已无能为力，不如息兵罢战，休养生息。如今我的大营，外有壕沟十重，内有高楼数座，还有粮食三百万斛，等到把这些粮食吃完了，天下大事也自有分晓了。”

这口气，基本上跟董卓如出一辙，都把这个世界当成了一个进退自如、来去自由的游乐场，以为他们想进来玩的时候就可以翻云覆雨、为所欲为，而他们不想玩的时候，就可以退隐江湖、富贵终老。

然而，之前的历史已经证明：董卓错了。之后的事实还将证明：公孙瓒也错了。

即便这个世界真的是一个权力的游乐场，游戏规则也不是他们理解的那样。除非你从一开始就躲得远远的，否则一旦上了牌桌，就必须玩到底。你不能在牌面好的时候赢得钵满盆满，却在牌面变差的时候说你要金盆洗手了。这是不现实的，牌桌上的所有对手都不会答应。因为，牌桌上的每个人从一开始就都押上了自己的脑袋，你要么赢掉别人的，要么输掉自己的，二者必居其一。

所以，既然公孙瓒可以在牌面好的时候赢下刘虞的脑袋，别人当然也可以在他牌面变差的时候赢下他的脑袋，这正是这个游戏的公平之处。公孙瓒想在这个时候全身而退，就等于破坏了游戏规则，当然会有对手站出来表示反对。

就比如袁绍，他是绝不会让公孙瓒挥一挥衣袖轻轻走掉的。

你不带走一片云彩可以，但必须把脑袋留下。

短短几年后，袁绍就率领冀州大军，一路杀到了公孙瓒精心修筑的这座“铁城堡”下，不依不饶定要拿下他这颗颜值甚高的大好头颅……

基业草创：孙策入江东

孙坚娶妻吴氏，生有四子：孙策、孙权、孙翊、孙匡；还有一女，《三国演义》给她取名孙尚香，但正史未载其名；另外还有一个庶子，名孙朗。

日后与曹魏、蜀汉三国鼎立的东吴，虽然是在孙权的手上建立的，但其基业，却是长兄孙策一手奠定。

孙策，字伯符，很大程度上继承了孙坚的优秀基因，不仅颜值高，性格还很开朗，爱开玩笑，且为人豁达，善于用人。孙坚常年在外征战，就把妻儿留在了寿春（今安徽寿县）。孙策早熟，十余岁时，便懂得结交当地名士。日后东吴的中流砥柱、一代名将周瑜，就是在这时与孙策结为了好友。

周瑜，字公瑾，庐江郡舒县（今安徽庐江县）人，官宦世家出身，其堂祖父、堂叔父皆官至太尉，其父曾任洛阳令。周瑜在历史上也是以高颜值著称，如苏轼在《念奴娇·赤壁怀古》中描绘的那个“雄姿英发，羽扇纶巾”的儒将形象，千百年来便脍炙人口；还有南宋名臣范成大，也曾以“世间豪杰英雄士，江左风流美丈夫”誉之。

周瑜和孙策同岁，听说寿春有个少年英雄，特地前来拜会，结果一见如故。周瑜建议孙策搬到舒县，两人也好经常见面。孙策随即携母亲和弟弟妹妹搬了过去，周瑜马上把家里的一座大宅腾给了他们住。

在舒县住了几年，两人更是成了莫逆之交。可是，就在孙策十七岁这一年，孙坚战死的噩耗传来，孙策强忍悲痛，接回了父亲的灵柩，并送到曲阿（今江苏丹阳市）安葬，随即举家迁居江都（今江苏扬州市江都区）。

接下来的三年，孙策一边为父亲守孝，一边广交江淮一带的豪杰，立志为父报仇。

日后孙策帐下的主要谋士张纮，便是在此时结交的。张纮，字子纲，徐州广陵县（今江苏扬州市）人，年轻时游学京师，后被举为茂才（即秀才，因避光武帝刘秀之讳而改称）。何进、朱儁等当朝大员都曾慕名要征召他为掾属，可张纮看出天下将乱，便辞而不受，避乱江东。

孙策知道张纮是个胸有韬略的人物，便数度拜访，与他讨论天下大势，并提出了自己的创业构想，希望张纮能够加盟。

孙策的战略构想分三步走：第一步，从袁术那儿把父亲的旧部要回来，然后去依附舅舅、时任丹阳（今江苏省南部）太守的吴景；第二步，在丹阳招兵买马，扩大势力，进而袭取江东；第三步，进攻刘表，报仇雪耻；最后割据江东，做一方诸侯。

张纮一听，这年轻人的口气还真不小，只是不知他是真的胸怀大志还是随口吹牛，于是便以自己才疏学浅，且正为母亲居丧为由，婉拒了他。

孙策急了，登时“涕泣横流”，再三表明自己的诚意。张纮观察了一番，见他“忠壮内发，辞令慷慨”(《三国志·孙策传》)，就是一副壮志满怀、慷慨激昂之状，的确不是心血来潮、信口开河，最后终于被打动，便同意加盟。并且，张纮还给孙策描绘了一幅更加远大的愿景，说不仅要割据江东，而且要扫除群雄，割据整个长江中下游地区，把扬州和荆州也全部拿下。

孙策没想到刚才还扭扭捏捏的张纮，其实野心比自己还大，不由大喜过望，同时更加坚信自己一定能闯出一番功业。

兴平元年（公元 194 年），孙策守孝期满，便把母亲和弟弟妹妹托付给张纮照顾，然后前往寿春，找到袁术，表示愿意继承父亲遗志，继续为其效命。袁术虽然也挺赏识这个英气勃发的年轻人，但是一听要讨还孙坚旧部，就跟他打起了太极，让孙策先去他舅舅那边（吴景也是袁术部下），说丹阳那儿有志青年很多，足以招募精兵。

孙策没办法，只能去丹阳，不久就招募了几百号人，拉起了生平第一支队伍。然而，年轻人志气虽大，却没有半点实战经验，所以刚一露头，就被附近一个叫祖郎的“大帅”给揍了。史书没有记载这个大帅是哪里的，估计就是地方上的一个豪强。

这一揍还挺狠，居然把孙策辛辛苦苦招来的几百号人给团灭了，连他本人都差点挂掉。初出茅庐的年轻人这才意识到：江湖险恶，不是光凭一腔血气之勇就可以打天下的，尤其是不能带着一群生瓜蛋子打天下。

痛定思痛后，孙策就又跑到寿春，再次跟袁术讨要父亲的旧部——只有那些跟随父亲南征北讨、身经百战的弟兄，才能真正帮助自己创业。

当初孙坚手下有好几万人，除了一部分由侄子孙贲（此时已改任丹阳都尉）统领，大部分早被袁术收编到自己的直属部队了。吃进嘴里的肉，怎么可能再吐出来？袁术当然不干。可是，考虑到这个年轻人毕竟有些利用价值，所以袁术最后还是拨给了孙策一千余人，同时表荐他为怀义校尉。

明明有数万部众，却只要回一千余人，连个零头都不到，孙策自然有些失望。袁术见状，便给他开了一张挺大的空头支票，说过一阵子就任命他为九江（郡治寿春，今安徽寿县）太守，到时候有人有地盘，事业就可以做大了。

孙策信以为真，眼巴巴地等着那一天。结果没过多久，袁术就安排了一个叫陈纪的人到九江郡走马上任了。

孙策再度失望。

当时，袁术一心准备打徐州，就命庐江（郡治舒县，今安徽庐江县）太守陆康负责供应三万斛粮食，不料却被一口回绝。袁术大怒，就命孙策去打庐江，说："之前阴差阳错用了陈纪，实在不是我的本意，这回要是打败陆康，庐江郡就是你的了。"

孙策大喜，带上人马就打了过去。他不愧是猛人孙坚的儿子，一战就把庐江治所舒县攻克了。

这回，袁老板总该兑现承诺了吧？

很遗憾，还是没有。人家袁老板就是存心忽悠他的，回头就又让一个叫刘勋的亲信去当太守了。

孙策三度失望。

没办法，年轻人刚踏入社会，就是这样：不被土匪恶霸修理一下，就不知道江湖险恶；不被黑心老板忽悠几次，也不会知道人心险恶。

经历过这些事，孙策总算看明白了：袁老板这个人，靠不住。要想闯出一番事业，迟早得脱离他。自力更生，才能丰衣足食。

机会很快就来了。

事情源于一个叫刘繇的人，此人就是兖州前刺史刘岱的弟弟。当时，刘繇被朝廷任命为扬州刺史，要来上任，可治所寿春被袁术盘踞着，只能另觅他处。袁术便授意吴景和孙贲把刘繇迎到了曲阿。

刘繇当然知道吴、孙是袁术的人，心中不免惴惴。恰在这时，孙策奉袁术之命攻克了庐江，刘繇更担心吴景和孙贲会如法炮制，把他也吞并了。于是，刘繇便先下手为强，强行驱逐了吴、孙二人。吴景和孙贲只好退保历阳（今安徽和县）。

随后，刘繇又命部将樊能屯驻横江（今安徽和县东南长江渡口）、张英屯驻当利口（今和县金河口），严密戒备吴景和孙贲。

袁术见刘繇竟然先动手了，不禁大怒，马上任命了一个亲信当扬州刺史，同时命吴景和孙贲进攻刘繇。

然而，尽管吴、孙二人都是孙坚的亲戚兼旧部，可打仗却不太行，跟刘繇那几个部将相持了一年多，愣是没能前进半步。

孙策一看，这不正是拿下江东的最好机会吗？于是自告奋勇，对袁术说，他愿助舅舅吴景打过横江，击败刘繇，然后招募江东勇士，辅佐袁术平定天下。

袁术老奸巨猾，当然知道孙策对之前的事心怀不满，这回是想趁机脱离他自立门户。不过，袁术也知道，江东没那么好打，因为北边有刘繇，南边有陶谦旧部、会稽（治今浙江绍兴市）太守王朗，另外还有许贡、严白虎等好几支军阀和土匪武装，你一个年轻人，能把他们全都打败？

在袁术看来，这纯属异想天开。所以，索性就让孙策去碰碰壁，否则他都不知道天有多高、地有多厚。

就这样，袁术又跟上回一样，只给了孙策一千余人、战马数十匹，然后就放他出去打天下了。

他以为，孙策很快就会灰溜溜地跑回来，继续端他袁老板的饭碗，却万万没想到，孙策这一去，便如猛虎归山、蛟龙入海，从此再也不回来了。

兴平二年（公元 195 年）冬，孙策带着那一千余人，沿长江东下，一路不断招募兵勇，待到进抵历阳时，部众已有五六千人。恰在此时，新任丹阳太守周尚正是周瑜的伯父，所以周瑜便带了一队人马过来与孙策会合，同时还带来了一大批粮草和军需物资。

孙策大喜过望，对周瑜说："有了你，我大事必成！"

此时的孙策，已经历了两年的军伍生涯的历练，也早把如何治军、带兵、打仗的门道都摸熟了，所以不论新兵老兵，一到他的麾下，很快就被他训练成了军纪严明、指哪儿打哪儿的精锐之师。

随后，孙策对樊能、张英发起了进攻，连克横江、当利两座大营。樊、张败逃。孙策乘胜渡江南下，所过之处，刘繇的部众无不望风披靡、弃城而逃。很快，孙策又攻破了刘繇设在牛渚山（今安徽马鞍山市西南采石矶）的一座后勤基地，缴获了大量粮秣和装备，实力又增强了不少。

当时孙策虚岁仅二十一，江东人都称他"孙郎"。百姓虽然都知道他是孙坚之子，但对他本人并不了解，以为他跟别的军阀一样，所到之处必定烧杀掳掠，所以一开始，听说孙郎要杀过来了，都吓得失魂落魄。

等到孙策率部来到，部众全都严守军纪，对百姓秋毫无犯，江东士民才转忧为喜，纷纷献上牛肉和好酒犒劳军队，大有"箪食壶浆以迎王师"的味道。

在当时的东汉天下，能够管束部众，使其"不拿群众一针一线"，从而得到百姓真心拥戴的主公，实属凤毛麟角。除了孙策之外，也许就只有刘备了。

从这个意义上说，孙策能为后来的东吴开基立业，刘备能在若干年后建立蜀汉，与北方的曹操三分天下，绝非偶然。

东汉末年，天下的军阀多如牛毛，最后为什么是他们三家胜出？如果说曹操的成功主要得益于他的雄才大略，那么在孙策和刘备的创业之路上，最主要的加分项之一，无疑就是善待百姓，从而赢得民心。

当然，在善待百姓的同时，也要善于打仗，否则就成了刘虞了。

这句话反过来说也同样成立：在善于打仗的同时，也要善待百姓，否则就成了公孙瓒。

而此时的孙策，显然二者兼备。所以，江东注定是他的天下。

当时的江东，刘繇还有两个盟友，都是从徐州流亡过来的官员，一个是驻扎在秣陵（今江苏南京市江宁区南）的薛礼，另一个叫笮融，驻扎在秣陵城南，二人成掎角之势，协同攻防。

孙策先攻笮融。笮融出兵迎战，一下便被孙策斩首五百余级，慌忙缩回大营。因笮融大营地势险要，不易攻取，所以孙策转攻薛礼，一战便攻下了秣陵。然后，孙策回头再攻笮融。混战中，他臀部中箭，不能骑马，只好撤回牛渚山养伤。

笮融却风闻孙策中箭已死，大喜，立刻出兵，主动邀战。孙策派数百步骑迎击，但未及接战便掉头而逃。笮融以为他们怯战，遂急起直追，不料却一头闯入了孙策的伏击圈，被斩首一千余级。

从此战的结果看，很可能是孙策故意释放了“中箭身死”的假情报，从而设下了诱敌、伏击之计。

笮融吃了两次败仗，再也不敢露头，遂加强防御，凭险固守。

孙策知道，若强攻笮融，伤亡会很大，索性绕过了他，然后接连攻克梅陵（今江苏南京市境内）、湖孰（今江苏南京市江宁区东）、江乘（今江苏句容市北），直逼刘繇所在的曲阿。

此时，刘繇有个同乡，也是个猛人，恰好从徐州过来投奔了他。

这个猛人就是当初孔融被围，然后单骑突围去跟刘备求援的太史慈。有人马上建议刘繇重用太史慈，让他去对付孙策。可刘繇有眼无珠，竟然只给了太史慈一个斥候的职务，让他出去侦察敌情。

太史慈倒也不挑肥拣瘦，带上一个随从就出城执行任务了。

没想到刚走到半路，居然迎面撞上了孙策。

孙策也是出来侦察的，没多带人，只有十几骑，不过其中却有两名虎将，都是孙坚旧部——韩当和黄盖。

狭路相逢勇者胜。太史慈还是那么猛，竟全然不顾敌众我寡的态势，拍马拧枪迎着孙策就冲了上去。孙策毫不示弱，挥着长枪也杀了过来。紧接着，当众人都还没来得及反应时，二人就已在电光石火间交了一回手。

孙策一枪刺中太史慈坐骑，并顺手夺了太史慈挂在脖子边上的手戟。而太史慈也没吃亏，同样一枪挑落了孙策的头盔，并稳稳抓在了手上。

两个猛人，各擅胜场，不相伯仲，谁都没落于下风。

眼看一场棋逢对手的精彩厮杀就要开始——按照《三国演义》的口头禅，接下来很可能要“大战三百回合”。可恰在此刻，双方的后援部队同时赶到，二人这才意犹未尽地各自撤退。

不久，孙策与刘繇的会战正式打响，结果没有什么悬念，刘繇大败，逃亡丹徒（今江苏镇江市）。其后，穷途末路的刘繇与笮融交战，笮融败亡。刘繇又亡奔彭泽（今江西湖口县东），但没过多久就抑郁而终了。

孙策进入曲阿后，立刻发布优待俘虏的文告，说凡是刘繇、笮融的部众，只要归降，便既往不咎；愿意投效的，全家免除赋税差役；不愿投效的，也绝不勉强。

文告发出后，旬日之间，便有两万多人前来归附，还带来了一千多匹战马。

至此，孙策兵力大盛，威震江东。

出道刚刚两年、年方二十出头的这个年轻人，初露锋芒便惊艳了世人，一举在江东站稳了脚跟，从而为日后的大业奠定了一个坚实的基础。此时此刻，虽然江东的大部分地盘还在别的军阀手上，但对孙策来讲，扫除群雄，最终割据整个江东，只不过是时间问题。

包括为父报仇，打下荆州，甚至北上中原，匡扶汉室，在自信满满的孙策看来，同样都只是时间问题。

然而，此刻踌躇满志的孙策并不知道，他这辈子，缺的不是信念，不是才干，也不是机遇，而恰恰是时间。

因为这一生，老天爷只给了他短短二十六年的光阴。

五年之后，他就将步父亲孙坚之后尘，壮志未酬身先死，唯余长恨在人间……

天子入许都：曹操的阳谋

建安元年（公元 196 年）春，献帝刘协在安邑（今山西夏县）的日子开始不太安逸了。

因为他身边的那些军阀再一次爆发了内讧。

事情的起因，是围绕天子该不该回洛阳的问题，军阀们分成了两派：一派以河内太守张杨为首，就是当初殷勤献粮的那位，坚持让天子回洛阳，董承站在他这一边；另一派以杨奉和李乐为首，坚决不同意。

军阀之间有分歧，解决方式肯定简单粗暴，就是直接用拳头说话。

李乐手下的韩暹率先发难，攻击董承。董承战败，跑去投奔了张杨。稍后，同一阵营的韩暹与胡才又发出了冲突。胡才准备打韩暹，刘协担心李傕和郭汜狗咬狗的那一幕重演，赶紧派人去劝，好说歹说才把胡才劝住了。

之后，可能是老大李乐出面调停，韩暹便率部离开了安邑，跑到了北边的闻喜（今山西闻喜县）；胡才则跟着杨奉一同南下，进驻坞乡（今河南偃师区南），明显是防备张杨。

张杨这人比较狡猾，他看得出天子内心是倾向于回洛阳的，所以他才不会动用武力去硬抢，那太笨了。他的招数是“筑巢引凤”，让天子主动上钩。因为洛阳早已被董卓一把火烧成了废墟，要想把天子接回来，肯定得有地方住才行。所以，张杨随后就把董承派到洛阳去修缮皇宫了。

可是，修皇宫得花费巨资，别说张杨没那么多钱，就算有他也绝不会自掏腰包。那怎么办？

张杨的办法，是去拉赞助。当然也不是他自己出面。他找了朝中的太仆赵岐，由他出面去跟荆州牧刘表拉赞助。

天下诸侯那么多，为什么张杨选择了刘表呢？他凭什么认为刘表肯出这笔钱？

在此，我们有必要正式认识一下刘表这个人。

刘表，字景升，跟幽州牧刘虞一样，也是汉朝宗室出身，少年时代便知名于世，曾参加太学生运动，反对宦官，受党锢之祸牵连，一度逃亡。灵帝末期，当了何进手下的掾属，又担任过北军中侯。董卓把持朝政后，出任荆州刺史。不久，刘表殷勤地遣使入贡，遂被朝廷任命为荆州牧。

刘表这个人，性格比较温和，崇尚清谈，没什么野心，只求据有荆州自保，毫无征战天下之志。但他治理内政是一把好手，荆州在他治下颇为安定，百姓过得也比较太平。

荆州地域辽阔，人口众多，《三国志·刘表传》便称其“地方数千里，带甲十余万”，所以刘表虽然不思进取，但自保却绰绰有余。这也是当初孙坚为何打不下荆州、反倒赔了性命的原因之一，同时也是袁术后来一直与他相持却占不到便宜的主要原因。

总而言之，在当时的四方群雄中，刘表属于实力最雄厚的诸侯之一。此外，相对其他军阀，他算是对朝廷比较尊重的——毕竟汉室宗亲的身份在那儿摆着，不管心里怎么想，表面工作还是要做一做的。

所以，张杨要帮天子修皇宫，刘表就是最理想的赞助人，没有之一。

刘表也很爽快，一听这事，二话不说，立马派了一队工兵前往洛阳，把修皇宫的事给承包了。随后，大批建筑材料和所需物资也源源不断地运了过去。

五月，随着工程的进展，归心似箭的刘协等不及了，便派人去通知杨奉、李乐和韩暹，说他决定返回洛阳，请他们派兵护送。杨奉等人本来是不乐意的，可转念一想，反正到了洛阳，天子照旧攥在他们手里，好像也没什么损失，便同意了。

李乐和胡才不想离开自己的地盘，留在河东没走。几年后，胡才死于乱兵之中，李乐病卒。

六月，天子车驾启程，由杨奉和韩暹护送，东归洛阳。张杨得偿所愿，赶忙又殷勤地带上粮食，专门到半道上去进贡。

七月初一，刘协终于回到了阔别五年多的洛阳。因皇宫尚未完全竣工，便暂住当年那个大宦官赵忠的宅邸。

八月初八，刘协正式入住新修的皇宫。张杨特意为皇帝的寝殿起了个名字——杨安殿。张杨认为天子还都完全是他的功劳，所以很显然，“杨安”二字，便是“张杨安天下”的意思。

功劳这么大，加官进爵自然不在话下。仅仅两天后，张杨便被封为大司马，韩暹封大将军兼司隶校尉，杨奉封车骑将军，三人全都赐以“假节钺”的礼遇。

得了便宜之后，张杨又开始卖乖，对众将说：“天子，当与天下共之。”言下之意就是天子不能由他们哥儿几个独占着，然后说：“朝廷自有公卿大臣，我会出外镇守，作为天子和朝廷的屏障。”

说完，他果真就离开了洛阳，率部回他的基地野王（今河南沁阳市）去了。杨奉心领神会，也率部离开，屯驻在南面的梁县（今河南汝州市）。韩暹和董承则留在洛阳，担任皇宫宿卫。

张杨此举，表面上是在避嫌，似乎不想让天下人把他当成李傕、郭汜那样的军阀，其实不过是“此地无银三百两”而已。

道理很简单。首先，此时的洛阳早已没有百姓，也就没有人上交粮食，所以这么多支军队在这儿扎堆，吃饭都成问题，为了不喝西北风，他只能回自己的老巢。其次，洛阳的皇宫虽然修好了，但压根没有城防工事，万一别的军阀打过来，根本无险可守。因此，张杨屯驻洛阳北边的野王，杨奉屯驻南边的梁县，二者距离洛阳都不远，就是为了防备别的军阀来洛阳抢人。

此外，从他们四个人的分工来看，挟持天子的意味仍然很明显：张杨和董承本是一伙的，而杨奉和韩暹是一伙的，现在张杨和杨奉出外镇守，却各留了一个自己人在洛阳，这显然是双方博弈的结果。换言之，双方表面上是在合作，共同守卫天子，其实是在制约和提防对方，不让对方独占挟持天子的好处。

以张杨为首的这四个军阀，智商显然比李傕、郭汜之流高一些，不像他们那样简单粗暴、穷凶极恶，但本质上照样是绑匪，只不过方式较为温和、手段较为高明而已。说穿了，他们的所作所为，目的同样只有一个，就是挟天子以令诸侯。

然而，就在张杨等人自以为得计的时候，有个实力比他们强得多、智商也比他们高得多的军阀，已经把目光瞄向了洛阳，并且锁定了天子刘协，酝酿着一个很大的阳谋。

这个人当然就是曹操。

此时的曹操驻扎在许县（今河南许昌市东）。这个原本毫不起眼的十八线小县城，很快就将因曹操实施的这个阳谋而变得举足轻重。

众所周知，曹操的这个阳谋，其实跟董卓、李傕、郭汜，乃至张杨、杨奉这些军阀都是一样的，无非也是要挟持天子，号令天下诸侯。

不过，说“挟天子以令诸侯”比较难听，而且格局太小、政治站位太低。用曹操帐下谋士毛玠的话说，应该叫“奉天子以令不臣”。

早在四年前，即初平三年（公元 192 年），毛玠就向曹操提出了一套如何实现“霸王之业”的战略构想，核心有二：第一，奉天子以令不臣；第二，修耕植以畜（蓄）军资。前者是政治战略，后者是经济战略，其中尤以前者为重。

因为名正则言顺。虽然曹操跟四方群雄一样，大家打的都是兼并战和争霸战，但是一旦“奉迎天子”，树起匡扶汉室的旗帜，就等于占领了政治制高点和道德制高点，为战争行为披上了一件正义性与合法性的外衣。尽管人人都知道这只是一件“皇帝的新装”，但这并不妨碍曹操利用它去做很多实实在在的事情。毕竟在当时，天下士民和四方诸侯表面上都还是尊奉汉朝天子的，所以曹操只要把自己跟天子深度绑定，那他就在很大程度上代表了朝廷，从而对天下的人才构成极大的号召力，可以吸引大批精英前来投效。此外，当曹操想打哪个诸侯时，就会以天子名义进行讨伐，既让自己师出有名，又陷对手于不义之地；同理，当曹操觉得有必要跟哪个诸侯结盟时，也会以天子名义给对方加官进爵，从而换取自己想要的利益。

说白了，这就是一桩一本万利的政治投资——只要把皇帝供起来，几乎不用花费什么成本，就能在政治上、军事上、品牌经营上、团队建设上获取各种有形无形的收益，何乐而不为？

尽管好处多多，可当曹操提出这个想法时，还是遭到了大部分属下的反对。他们的理由是：中原未定，要做的事还很多，此事并非急务；此外，韩暹、杨奉这些军阀自恃护驾有功，骄横凶暴，恐怕不易对付。

有远见的人虽然是少数，但终究还是有的。荀彧和程昱就坚定地站在了曹操一边。为了说服众人，荀彧高屋建瓴地总结了“奉迎天子”能够带来的三大政治利益：“奉主上以从民望，大顺也；秉至公以服雄杰，大略也；扶弘义以致英俊，大德也。”（《三国志·荀彧传》）

奉迎天子以顺应人心，是最大的趋势；大公无私以降服群雄，是最大的战略；弘扬正义以招揽俊杰，是最大的德行。

什么叫政治站位？这就叫政治站位。

这番话虽然是荀彧说的，但恰恰说出了曹操心中想的。

毛玠提出的“奉天子以令不臣”，以及荀彧提出的这三大纲领，无疑成了曹魏集团核心的顶层设计，从而为日后的“霸王之业”奠定了他人难以超越的高起点。

从这个意义上说，曹操就绝不只是一个军阀，而更是一个深谋远虑、雄才大略的政治家。仅仅在这点上，那个“四世三公”的袁大盟主就远远比不上他了。

其实，袁绍帐下也并非没有能人。早在去年，也就是刘协刚刚逃到安邑的时候，谋士沮授就已经建议袁绍先下手为强了。

沮授说：“将军一族，数代皆为国之重臣，忠义无双。而今朝廷流离，宗庙残毁，四方诸侯都以大义为名，行相互吞并之实，没有人心忧社稷、体恤百姓。如今冀州已定，兵力强盛，士民拥戴，若西迎天子大驾，迁都邺城，挟天子以令诸侯，率大军以讨叛臣，天下谁人能挡？”

然而，正如在曹操那边，这个提议也遭到了多数人反对一样，袁绍的谋士郭图、部将淳于琼等人都不同意。他们说：“汉室衰弱，由来已久，要把它再扶起来太难了。且如今群雄并起，各据州郡，所谓‘秦失其鹿，先得者王’，若真把天子迎回来，动辄就要奏请。服从他吧，权力就没了；不服从吧，等同于抗旨。束手束脚，太麻烦了。”

所以他们一致认为：这是个馊主意。

沮授只能苦笑，最后对袁绍说了一句：“现在奉迎天子，在大义上占了先机，在时间上正合时宜，若不早定，必有人抢先下手。”

属下意见不一，最后如何拍板，当然就看袁绍的了。

很遗憾，袁绍并没有曹操那样的格局、远见和政治智慧。他的看法跟郭图等人差不多，觉得把天子供在身边就是自找麻烦，而且刘协又是董卓拥立的，这也让袁绍打心眼里排斥和反感。所以，他毫不犹豫地否决了沮授的提议。

仅就这件事来比较，不管是曹操与袁绍的个人素质，还是两个阵营的综合水平，其实都已经高下立判了。在这件事上，沮授算是袁绍阵营里最有头脑的人了，可他提出的“挟天子以令诸侯”，与曹操阵营毛玠所提的“奉天子以令不臣”比起来，在格局、高度和气势上显然都差了一大截。

虽然他们说的是同一件事，但“奉天子以令不臣”的出发点是家国大义，而“挟天子以令诸侯”的出发点却是个人野心，二者岂可同日而语？当然，可能有人会说，毛玠所言不过是冠冕堂皇的口号而已，其实质还不是跟沮授说的一样？

平心而论，还真不完全一样。

其微妙的差别，就在于曹操这个人的复杂性。正如前文所言，曹操固然是一个军阀，但他又绝不只是军阀，更是一个深谋远虑、雄才大略的政治家。作为政治家，心中就必然会有家国天下的位置，也一定会有匡扶社稷的志向和情怀。

这从他年轻的时候就可以看出来。不论是当年在官场上与宦官死磕，还是后来举兵讨伐董卓，曹操都是真心实意想要匡扶汉室的。而当袁绍要拥立刘虞时，曹操愤然喊出的那句“诸君北面，我自西向”，同样也是出自真心。只是后来，面对日益复杂和残酷的现实，这颗真心才逐渐让位于争霸天下的野心而已。但我们却不能因此就说他只有个人野心，丝毫没有家国情怀。

简言之，在曹操身上，个人野心和家国情怀是同时存在且纠缠在一起的，或许就连他本人也分不清何者比重更大，何者才是他做事的主要动机。

这正是曹操的多面性和复杂性所在，也是人性的矛盾和纠结所在。

不光是曹操，其实世上的所有人都一样。我们做某件事的时候，背后往往会有不止一种动机，只是有些动机比较明显，容易判断，有些动机藏得很深，连我们自己都察觉不出而已。

因此，如果说曹操奉迎刘协单纯是为了“奉天子以令不臣”，那肯定是在美化和高抬他；但如果说他纯粹是为了“挟天子以令诸侯”，再也没有别的动机或想法，那也未免把他简单化和脸谱化了。

主意打定，曹操立刻付诸行动，命曹洪去洛阳迎接天子。

可是，天子身边那些军阀可不是摆设。他们千辛万苦才把天子从长安护送到洛阳，你曹操不费吹灰之力就想把天子弄走？做梦吧。

承担宿卫之责的董承闻讯，马上出兵，驻守在曹洪的必经之路上，把他给挡了回去。

关键时刻，朝中有个人主动出手，帮了曹操一个大忙。

这个人就是日后曹操帐下的重要谋士董昭。

董昭之前在袁绍帐下，后被袁绍猜疑而投靠张杨。张杨迎天子回洛阳后，董昭就留在了朝中，被任命为议郎。他很有眼光，知道跟着曹操这样的老板才有前途，于是决定在这件事上立个大功。

但他只是个小小的议郎，如何能从军阀那儿虎口夺食呢？

董昭使了一个借力打力的妙招。他把天子身边的军阀挨个研究了一遍，发现来自关中的杨奉在此地最缺人脉，几乎没有外援。像这样的人，通常是不会拒绝与“地头蛇”曹操合作的。于是，董昭便以曹操名义给杨奉写了封信，先是狠狠恭维了一番，说他护驾之功“超世无畴”云云，然后抛出橄榄枝，说你有兵，我有粮，我来做你的外援，咱们“有无相通，生死与共”。

杨奉见信大喜，马上在朝中替曹操背书，说人家兖州牧有钱有粮，最适合做朝廷的后盾。然后又表荐曹操为镇东将军，并让他承袭其父曹嵩的爵位费亭侯。

有杨奉背书，在舆论上就有了铺垫。紧接着，董承和韩暹这两个死对头又发生了冲突，董承一怒之下，暗中联络曹操，主动要做他的内应。

事不宜迟，曹操亲自率军，立刻从许县出发，在董承的接应下，不费一兵一卒就进了洛阳，然后第一时间宣布了韩暹和张杨的罪状。韩暹见曹操兵强马壮，自己根本不是对手，只好单骑逃奔杨奉。刘协怕军阀们又打起来，赶紧劝阻，说他们都护驾有功，就不要追究了。

几天后，刘协下诏，任命曹操为司隶校尉，录尚书事。

曹操权力到手，就毫不客气地开始树立恩威了，先是斩杀了尚书冯硕等三名大臣（具体罪名史书无载），接着又封董承等十三人为列侯。

随后，曹操去见此次立下大功的董昭，与他促膝而坐，讨论接下来该怎么做。董昭的意见很明确——迁都许县。曹操说正合我意，只是杨奉近在梁县，且兵力甚强，只怕是个麻烦。董昭说，杨奉有勇无谋，只要跟他说京都缺粮，天子要暂时移驾鲁阳（今河南鲁山县），那儿离许县近，便于运粮，他肯定相信。

曹操听了很满意，就说了一个字：“善！”

这一年八月底，献帝刘协离开洛阳，启程前往许县；不久，进封曹操为大将军，封武平侯。之前，曹操承袭的是“亭侯”，在侯爵中是最低一级；

眼下的武平侯是“县侯”，在侯爵中属最高级。

随着刘协的到来，汉朝的宗庙社稷也跟着迁到了许县。从此，许县就变成了许都。东汉末年的历史，在这里掀开了新的一页。

九月初，后知后觉的杨奉才发现自己被曹操和董昭给耍了，赶紧出兵去追，但天子车驾早已远去，连扬起的尘埃都看不见了。

十月，将天子安顿在许都后，曹操立刻亲率大军进攻梁县。杨奉大败，带着韩暹一起投奔了袁术。

徐州混战：刘备、吕布与袁术

吕布被曹操赶出兖州后，跑到徐州投奔了刘备。

两人素昧平生，吕布就想套套近乎，可实在想不出跟刘备有啥共同点，只好说：“我与卿同边地人也。”吕布是五原郡人，刘备是涿郡人，其实八竿子打不着，所以这么说就跟“咱俩都是北方人”没啥区别，纯属尬聊。

然后，吕布在军营中设宴款待刘备，非常自来熟，口口声声叫他“老弟”，还跟他抱怨，说关东诸侯起兵不就是想杀董卓吗？我替他们把董卓杀了，可关东诸将非但不收留我，还都想杀我。

那还不是你抢人家曹操的地盘在先？

刘备肯定在心里这么嘀咕。不过初次见面，他当然也不好把这话说出口。

对于吕布的为人，刘备自然有所耳闻，只是本着以和为贵的原则，才勉强收留他，并且跟他嗯嗯啊啊地应酬，其实内心对他颇为反感。

此时的刘备并不知道，吕布正在跟他上演一出“农夫与蛇”的故事。他收留吕布的善意之举，很快就将得到巨大的“回报”。

作为“史上最危险员工”，吕布给刘备的回报，堪称一份罕见的“豪华大礼包”——其中包括偷袭张飞、占据下邳、绑架刘备及下属的妻小，最后还包括夺取徐州，并险些要了刘备的命。

当然，吕布能搞出这么大动静，得益于一个外在的助力。

这个助力就来自袁术。

袁术垂涎徐州已经好久了，为此做了很长时间的战备工作。建安元年（公元196年）春，袁术悍然发兵，沿盱眙（今江苏盱眙县）、淮阴（今江苏淮安市淮阴区）一线对徐州发起了进攻。

刘备命张飞留守徐州治所下邳（今江苏睢宁县北），然后带着关羽等人亲往前线抵御。双方相持一个多月，不分胜负，战事陷入胶着状态。

这时，生性暴躁的张飞在后方给他捅了个大娄子。事情源于陶谦的旧部曹豹，时任下邳相，相当于张飞的副手。可张飞跟这人合不来，就找了个由头把他给杀了。当时，下邳有很多陶谦的旧部，曹豹一死，自然是人心惶惶。

袁术得到这个情报，立刻给吕布写了封信，许诺要给他军粮，条件是让他袭取下邳。吕布大喜。这种背后捅人刀子的事，他最拿手了，旋即率部东下，兵锋直指下邳。

紧要关头，张飞任性杀人的恶果就呈现出来了：吕布大军刚一到，一个叫许耽的陶谦旧部就打开了城门。

张飞猝不及防，只好落荒而逃。吕布就这样兵不血刃占据了下邳，而且把刘备及属下的家眷一股脑儿全给抓了。

刘备闻讯，大惊失色，连忙回师，想夺回大本营。可刚刚走到下邳，还没开打呢，麾下部众便哗然四散了。原因其实也很简单——这些人的家眷都在吕布手里，谁还有心思替你刘备打仗呢？没有当场倒戈，把你刘备捆起来交给吕布，就算他们有良心了。

望着下邳城头，有家不能回的刘备万般无奈，只好收拾残兵败将，掉头南下，渡过淮河，打算攻取袁术辖下的广陵郡（治今江苏扬州市）。可这种时候，部队的士气已经低落到了极点，怎么可能打胜仗呢？

所以，毫不意外，刘备又吃了一个败仗，只好又逃回淮河以北，撤退到了海西（今江苏灌南县和灌云县）一带。

所有人跑到这儿，就全都跑不动了，因为断粮了。饿得眼睛发绿的官兵们开始自相残杀，靠吃人肉充饥。（《资治通鉴·汉纪五十四》："屯于海西，饥饿困踧，吏士相食。"）

一不留神就混到这步田地，刘备几乎绝望了。

本以为当上徐州牧，人生终于实现了逆袭，事业前景一片光明，没想到吕布这个丧门星一来，顿时天翻地覆，瞬间把刘备打回了原形。

当年那个草根，绕了一大圈，仿佛又回到了一穷二白的原点。

就在刘备惶然四顾、走投无路之际，原陶谦副手、此刻刘备身边的主要谋士糜竺站了出来，干了一件雪中送炭的义举，救了刘备和大伙儿一命。

糜竺是怎么办到的？

答案很简单：这位老兄是个不折不扣的富二代，家里有的是钱。

据《三国志·糜竺传》记载，这位老兄家里“祖世货殖，僮客万人，赀产巨亿”。就是说，他家世代经商，家里光仆人家丁就有上万人，是地地道道的亿万富豪。此外，糜竺的老家就在东海郡的朐县（今江苏连云港市），离这儿很近，顶多不过二百里地。

于是，糜竺立刻回了趟家。等他再次出现的时候，身后竟然跟着两千多名青壮家丁，还有一支满载金银和粮食的车队，外加他的一个亲妹妹。

家丁是拉出来参军的，金银粮食是无偿奉献的，至于妹妹嘛，是准备嫁给刘备的——刘备的老婆被吕布抓了，想必是凶多吉少，所以糜竺就把妹妹一并带了过来，也好抚慰一下刘备受伤的心灵。

刘备感动得眼泪哗哗的，都不知说什么好。

世上居然有这么慷慨、这么无私、这么体贴的下属，还能让刘备碰上，只能说刘备上辈子拯救了银河系。

当然，凡事都不能只从一个角度看。糜竺之所以做出如此义举，至少有三个原因：

首先是他人品好，慷慨又忠义；其次是他眼光好，认定刘备这个老板最终一定能成大业，所以舍得在他身上投资；最后，则应归功于刘备的人格魅力——倘若不是平时推诚待人，仁义为先，那么走到这种穷途末路，估计手下人早跑光了，谁还肯为他雪中送炭？

虽然靠着糜竺绝处逢生，粮食暂时是够吃了，兵员也得到了适当补充，但现实依旧是严峻的——接下来该怎么办？

因为刘备当徐州牧的时间不长，根基并不稳固，下面的郡县长官几乎都是陶谦旧部。而张飞杀了曹豹，显然给这些人留下了极大的心理阴影，所以这时候不管去哪个郡县落脚，都很危险，指不定睡到半夜就被人砍了脑袋去献给吕布了。

刘备思前想后，最后做出了一个艰难的决定：向吕布投降。

大丈夫能屈能伸，反正刘备之前已经经历了多次创业失败，这又不是第一回，大不了从头再来。虽然打心眼里厌恶吕布这个人，但眼下最要紧的是活下去，所以面子和自尊心这些奢侈品，暂时就顾不上了。

就这样，刘备带着部众灰溜溜地回到了下邳，表示过去的都让它过去吧，现在他心甘情愿为吕老板打工。

吕布欣然接受了刘备的投降。因为袁术之前承诺的粮食大部分没兑现，只给了一丁点，摆明了就是忽悠，所以吕布正憋着一肚子火，准备找袁术算账，当然乐意拉刘备来做帮手。

随后，吕布命刘备屯驻小沛，仍然当他从前的豫州刺史，而吕布则自命为徐州牧。当初，陶谦让刘备驻扎在这儿，是为了防备曹操，此刻，吕布显然也是这个用意。

至此，吕布终于鹊巢鸠占，完成了对徐州的窃取。他那“史上最危险员工”的履历本来就很夺目，如今无疑又添了浓墨重彩的一笔。

见吕布夺了徐州，袁术知道他不像刘备那么好惹，只好来个缓兵之计，主动提出跟吕布联姻，为自己的儿子向吕布女儿求婚。吕布初来乍到，立足未稳，也需要时间积蓄实力，便答应了。

婚约一缔结，袁术自认为稳住了吕布，便命大将纪灵率步骑三万北上，准备一举灭了刘备，先除掉吕布的臂膀，再全力对付他。

刘备自知不敌，赶紧向吕布求救。

有人就对吕布说：“将军不是一直想除掉刘备吗？现在正好借袁术的刀。”吕布虽说总体上是个有勇无谋之人，但也明白唇亡齿寒的道理，便道：“不然。袁术一旦灭了刘备，一定会跟北边泰山郡的臧霸、吴敦等人联手，到时候咱们就陷入他的包围圈了。所以，刘备不能不救。”

随后，吕布只带了步骑一千余人来到了小沛。

只带这么少的兵力，并不是吕布自恃勇猛，想以寡击众，而是他有把握不动一兵一卒，就迫使纪灵退兵。

接下来这一幕，便是吕布一生中难得的高光时刻，也是《三国演义》中最为脍炙人口的经典情节之一——辕门射戟。

在历史上，这一幕是真实发生过的，罗贯中并未虚构，只是细节上稍做修饰而已。

吕布来到小沛西南面扎营。纪灵知道来者不善，便停止了攻城，然后邀请吕布到营中聚宴，以此试探虚实。吕布随即约上刘备，来到纪灵营中。三人坐定，酒过三巡，吕布便对纪灵道："玄德，是我吕布的老弟，现在被你们围困了，所以我要来救他。不过，我吕布向来不喜欢战斗，只喜欢解除争斗。"

说你吕布不喜欢战斗，骗鬼呢？！

估计此言一出，纪灵和刘备都会在心里犯嘀咕，只是不知吕布葫芦里到底卖的什么药，所以都困惑地看着他。

吕布笑而不语，命人取出他的长戟，远远地立在营门前。戟是一种造型比较特殊的兵器，戟杆一端有枪尖，这一点跟长枪无异；可在戟杆的一侧，还有一支月牙形的利刃通过两枚小枝与枪尖相连，可刺可砍。

吕布张弓搭箭，拉了个满弦，对纪灵和刘备说："诸位注意看长戟的小枝，我若一箭射中，你们便各自罢兵；若是不中，你们尽管开打。"

此刻，纪灵估计会在心中暗笑，觉得这一仗打定了。而与此同时，刘备也一定在心里暗暗叫苦，认为自己死定了。

因为，要一箭射中长戟的小枝，几乎是不可能的，除非出现奇迹。

然而，他们万万没料到，奇迹真的发生了。但见吕布一箭射出，果然不偏不倚命中了长戟的小枝。

这一下，纪灵、刘备和在场众人无不目瞪口呆。愣了半晌，纪灵才喃喃道："将军天威也！"

此刻，刘备终于长长地松了一口气。

好悬！

纪灵知道有吕布拦着，他是动不了刘备的，无奈，只好于次日解围而去。

刘备投曹，袁术称帝

曹操把刘协迎到许都没几天，就以天子名义颁下了一道诏书。

诏书的内容是一通很严肃的批评，而批评对象不是别人，正是曹操昔日的死党、曾经的关东联军盟主、如今的冀州牧——袁绍。

曹操在发给袁绍的诏书中说，你“地广兵多”，却从未发过一兵一卒的勤王之师，只知道培植党羽，擅自征讨杀伐，你该当何罪？

袁绍当然知道，这些话名义上来自天子，实际上都是曹阿瞒说的，可明知如此，却一点办法都没有。除非袁绍敢公然跟朝廷决裂，否则你不仅得乖乖挨骂，还得写检讨。

所以，袁绍只好“上书深自陈述”，做了一番深刻的检讨，当然也婉转地替自己辩白了一下。

估计看到袁绍的检讨书，曹操一定笑得很开心。

巴掌打过之后，就该给颗糖了。随后，曹操就以朝廷名义拜袁绍为太尉，封邺侯。可是，这颗糖不给还好，一给反倒把袁绍气得一跳三丈高。

因为当时曹操已拜大将军，是实打实的朝廷一号人物；太尉虽然名义上是三公，但在东汉末年早就是个虚职了，班次自然在大将军之下。所以在袁绍看来，曹操这就算骑到他脖子上了，遂破口大骂：“曹操算什么东西？若不是我救他，早死好几回了，现在竟然敢挟天子来命令我？！”于是立刻上表，推辞不受。

曹操其实早料到他不会接受，因为袁大公子的脾气他太了解了。所以，接到袁绍的辞职书后，曹操做出了一个让人始料未及的举动——把大将军一职主动让给了袁绍，自己屈居司空。

二人的心胸、气度和博弈手段，通过此事立马分出了高下。

曹操是个非常务实的人，大将军也好，司空也罢，对他来讲根本没有区别。因为天子在他手上，这才是唯一重要的事情。理论上，曹操可以给自己任何官职，也可以给别人任何官职。所以，把大将军让给袁绍，既彰显了自己的大度，实际上又没有任何损失，客观上还把袁绍给比下去了，曹操何乐而不为？

从下诏责备，到拜太尉，到让出大将军一职，这一套花样玩下来，曹操几乎把袁绍拿捏得死死的，玩得既从容又开心，最后又以一个高风亮节的姿态，反衬出了袁绍的小肚鸡肠，实在是漂亮。而袁绍明知曹操在玩他，却又无可奈何，只能按照曹操设定的游戏规则来玩，既被动又憋屈，最后虽然得到了大将军一职，但归根结底，不也跟太尉一样，只是中看不中用的虚衔吗?

从这件事，足以看出曹操把天子供在身边的好处。至于他这么做到底属于“奉天子以令不臣”，还是“挟天子以令诸侯”，一点都不重要。

前文说过，把天子供在身边，还有一个实实在在的好处，就是在很大程度上，曹操就代表了朝廷，这就让他在吸纳人才方面，具有了其他诸侯难以比拟的巨大优势。

很快，就有一批堪称“人中龙凤”的一流谋士投到了他的麾下。其中的代表人物，就是由荀彧推荐的荀攸和郭嘉。

荀攸，字公达，荀彧的侄子，年少成名。何进秉政时，以“海内名士”的身份被征召入朝，担任黄门侍郎。董卓乱政后，曾与议郎何颙等人谋划刺杀董卓，事败入狱。何颙忧惧自杀，荀攸则“言语饮食自若”，十分淡定。董卓死后，荀攸出狱，弃官而去，暂居荆州，直到荀彧推荐，曹操亲自写信邀请，才来到许都。

曹操与他一番攀谈后，对面试结果非常满意，不禁对荀彧道：“公达，非常人也，吾得与之计事，天下当何忧哉！”（《三国志·荀攸传》）随即任命荀攸为军师。

郭嘉，字奉孝，荀彧的同乡，颍川郡阳翟县（今河南禹州市）人。从少年时代起就很有远见，知天下将乱，所以二十岁那年就跑到山上隐居了，只结交俊杰之士，不与俗人交往。后来，经人推荐，郭嘉到了袁绍帐下。袁绍对他礼遇甚周，可他只待了一个月，就看出袁绍不是做大事之人了。

在与袁绍谋士辛评、郭图的谈话中，郭嘉用一句非常犀利的话评价了袁绍：“多端寡要，好谋无决，欲与共济天下大难，定霸王之业，难矣！”（《三国志·郭嘉传》）

翻译成大白话就是：袁绍这个人，面对繁杂事物，抓不住重点；喜好谋略，却不会当机立断。想跟这种人一起拯救天下，建立霸王功业，太难了。

然后，郭嘉还说自己要另投明主，并奉劝辛评和郭图也趁早跳槽。

可是，并不是所有人的眼光都像他这么犀利。辛、郭二人不以为然，认为袁氏一族“有恩德于天下”，四方俊杰纷纷来附，且放眼天下诸侯，目前只有袁绍的实力最强，不跟这样的老板混，还能跟谁混？

郭嘉知道他们不会醒悟，遂不再多言，独自南下投奔了曹操。

曹操照旧面试了一下，结果给他打了不亚于荀攸的高分，大喜道：“能助我成就大业的，必是此人！”

郭嘉和老板聊完，一出来也满脸喜色地跟人说：“这才是我想要的主公。”

面试过后，曹操当天便任命郭嘉为司空祭酒。

事后来看，曹操对荀攸和郭嘉的评价丝毫没有夸张。二人在日后曹操讨吕布、征袁绍及统一北方的一系列战争中，均是奇谋百出，功勋卓著。

正当曹操敞开大门、全力招揽天下英才之际，他的一个隔壁邻居，也在这时候灰头土脸地跑来投奔了他。

这个人就是刘备。

辕门射戟，刘备侥幸逃过一劫，但这种命悬一线的感觉实在令他很不好受。

万一那天吕布发挥失常，射偏了咋办？想我刘备一向自诩为英雄豪杰，小时候还夸口说要当皇帝来着，怎么就混到了这一步，竟然要把自己和弟兄们的身家性命全都悬在吕布的那支箭上呢？

痛定思痛，刘备觉得无论如何还是要赶紧扩充实力，否则永远摆脱不了任人宰割的命运。

随后，他开始拼命招兵买马，部众很快增至一万余人。照着这个速度发展，刘备相信，只要给自己一两年时间，便可建立一支足以抗衡袁术和吕布的军队。

然而，吕布现在是他的老板，怎么可能任由他坐大？

吕布得知此事后立马就怒了，二话不说，亲率大军就打了过来。刘备那一万多部众大多是新兵蛋子，还没来得及训练呢，哪是吕布的对手？于是一战即溃。

刘备带着关羽、张飞及残部仓皇逃出小沛，四顾茫然。想来想去，最后只能去投奔曹操。

之所以选择曹操，其因有三：第一，距离最近，而且实力相对较强；第二，曹操现在代表了朝廷，投奔他至少在名义上就等于投效朝廷，面子上好看一点；第三，敌人的敌人就是朋友，吕布之前差点夺了兖州，是曹操的死敌，所以曹操与刘备可以同仇敌忾。

见刘备来投，曹操非常热情地接待了他，并以朝廷名义正式任命刘备为豫州牧。

此前，刘备的豫州刺史和徐州牧都是“表荐”的，未经朝廷正式任命，所以相比之下，这回的豫州牧算是含金量比较高的，不过并未实际到任，也没有真正的地盘，所以终究也只是个虚衔。

虚衔就虚衔吧，刘备现在别无他图，但求有个容身之处就谢天谢地了。

可是，很快就有人容不下他了。

刘备才来没几天，便有人私下对曹操说：“刘备这个人，素有英雄之志，若不趁早除掉，恐怕会有后患。”

曹操一听，好像挺有道理，却又拿不定主意，便找郭嘉商量。郭嘉说：“那人说得没错。”如果郭嘉这句话就到此为止，那么世界上恐怕就不会再有蜀汉昭烈皇帝这个人了，三国鼎立的历史恐怕也将彻底改写。

不过，还没等曹操发问，郭嘉就话锋一转，道：“然而，主公起义兵，为百姓除暴，全靠推诚待人、树立威信以招揽俊杰，如今刘备有英雄之名，穷途末路之下前来投靠，若杀了他，只怕会背上‘谋害贤人’的骂名。如此，天下的才智之士，必将人人自疑，另投明主，还有谁能辅佐主公平定天下？这就叫‘除一人之患以沮四海之望’，此乃安危祸福的分水岭，不可不察。”

曹操听完，豁然开朗。

刘备日后终将成为自己的对手，这一点看来是毫无疑问了。但是，为了大局，现在却不能杀他。可这样一个人，又该如何安置呢？

曹操琢磨了一下，找到了办法。随后，他调拨一部分兵力给了刘备，又给了他粮食，最后告诉他：回小沛吧。

人家给你官做，又给你兵和粮，就这一个要求，你能说不吗？刘备当然不能，所以只能照做。

吕布打跑刘备之后就回了下邳，眼下的小沛驻军不多，而此刻刘备兵精粮足，夺回小沛自然不在话下。

就这样，刘备第三次进入了小沛。

第一次，是陶谦让他防备曹操；第二次，是吕布让他既防袁术又防曹操；这一次，是曹操让他防备吕布。

兜兜转转，来来去去，刘备似乎永远摆脱不了“雇佣兵”的角色，也永远离不开这个名叫小沛的地方。

天地很大，但刘备好像只有一个小沛—— 一个得而复失、失而复得，守不住又离不开，令人又爱又恨的小沛。

建安元年（公元 196 年），北边的曹操忙着奉迎天子号令诸侯，而南边的袁术则在忙着自己当天子。

做皇帝这件事，袁术其实已经想很久了。

两汉时代，有一句非常著名的谶语，曾经在天下广为流传：“代汉者，当涂高也。”

这句谶语，预言的是某个与“当涂高”有关的人或朝代，终将取代汉朝。至于“当涂高”三个字当做何解，就没有人说得清楚了。自古以来，所有的预言都是晦涩难懂的，所以任何人都可以随便附会和解释，反正也没人知道对错。

而袁术就一直坚信，“当涂高”三个字说的就是他。

因为“涂”与“途”通假，可以解释成路途。而袁术的“术”，在古汉语中是“城中道路”的意思，他的字又是“公路”，这就都跟“路途”扯上了关系。此外，据说袁氏最早是出自陈姓，而陈姓又是舜帝的后裔，按古代“五德终始”的政治神学来说，舜帝属土德，汉朝属火德，以土代火，符合五德运转的次序，所以袁术自认为他代表土德，可以取代汉朝。

这样的解释，不仅绕得人头晕，而且十分牵强附会，但这丝毫不妨碍袁术的意淫。

前文说过，孙坚讨董卓、入洛阳后，曾无意中得到传国玉玺，其后袁术软禁了孙坚的妻子，迫使他交出了玉玺。

传国玉玺到手，袁术想当皇帝的野心越发不可遏止，于是就在建安元年（公元 196 年）春，召集下属们开了一次会，直言不讳道："如今汉室衰微，海内沸腾，我袁氏一族四世三公，百姓所归，我欲应天顺命，不知诸君意下如何？"

老板要当皇帝，按理说员工都是极力支持的，这道理就像今天的企业上市一样，凡是持有股份的员工，身家都是几十上百倍地飙涨，人人求之不得。而在古代，一般而言，袁术只要做了皇帝，下面的文官武将也会个个加官进爵，谁不想要呢？

遗憾的是，袁术的员工们就不想要。

他说出这个打算后，下面居然鸦雀无声，没有一个人响应。这就足以说明，员工们都很清楚，目前袁老板的公司，还远远不具备上市的条件，若强行上市，必会招来祸患。大家不敢明说，只好用沉默表示反对。

一时间，气氛相当尴尬。

为了不让老板太难堪，谋士阎象只好开口，说主公您虽然家世显赫，但还没到当皇帝的份上；汉朝虽然衰微，但也没到覆灭的地步。

袁术听了，十分不爽，会议遂不欢而散。

过后，袁术仍不死心，又跟一个叫张承的人说："我地盘广大，士民众多，想效法齐桓公，追随汉高祖，你觉得如何？"

张承不是他的员工，不怕得罪他，所以很不客气道："取天下，在德不在强。若德行施于天下，即便是一介匹夫，也能成就霸王之功。但若是为了僭越称尊，逆势而动，必将被天下人厌弃，谁会辅佐他呢？"

袁术一听，气得说不出话。

很快，孙策也听说了这件事，便写了一封长信，苦口婆心地劝他："商汤讨夏桀，武王伐商纣，商汤和武王虽有圣德，但若非夏桀、商纣昏庸无道，他们也无法强求天子之位。如今的天子并无罪过，只因幼小而被强臣所迫，这与汤、武之时迥然不同。再来看董卓，骄横暴虐，擅自废立，还没等到他想篡位，天下已经人人切齿痛恨了，更何况要做出比董卓更危险的事？我听说，幼主聪明睿智，虽暂未有恩德及于天下，但已人人归心。阁下一族，五世为大汉宰辅，荣宠之盛，莫与为比，正应效忠守节，以报汉室，成就周公、召公那样的美德，此乃四海所望。现在很多人，迷信谶纬之言，东拉西扯，牵强附会，都只为谄媚主公，而不顾成败之计。从古到今，在称帝这种事上，无不慎之又慎，还望阁下三思。忠言逆耳，但只要于阁下有益，我就不敢保持沉默。”

袁术本以为，自己地广兵多，孙策一定会赞同并拥戴他，不料却是这种结果。

由于得不到任何人的支持，袁术郁闷难当，为此还病了一场。

孙策见袁术不理会他，大有一意孤行之势，遂与之绝交。

袁术郁闷了一年，但皇帝梦并未因此消失，反而像燎原的野火一样在他心中越烧越旺。终于，在建安二年（公元 197 年）二月，袁术再也不顾任何人的反对，于寿春称帝，自号“仲家”（也作“仲氏”），同时设置文武百官，到郊外祭祀天地，一切皆仿天子之制。

后来的史书，就把袁术称为“仲家皇帝”（或“仲氏皇帝”）。但是，袁术起的这个名称实在是不伦不类，看上去什么都不像，所以千百年来众说纷纭，有说是国号，有说是年号，也有人说是类似“朕”的自称。

无论如何，“仲家皇帝”袁术就这样成了东汉末年第一个吃螃蟹的人。

然而，总算过了一把皇帝瘾的袁术并不知道，很快，他就将成为众矢之的，成为天底下人人喊打的过街老鼠。

老话常说，出头的椽子先烂。袁术并非不懂这个道理，只是灼热的权力欲实在烧得太厉害，以致烧坏了他的脑子。用他的一位故交陈珪写信骂他的话说，袁术这么做，就叫“阴谋不轨，以身试祸”。

第六章

下一个出局者

宛城之战：曹操的悲痛和耻辱

建安元年（公元 196 年）冬，一个军阀从关中流窜到了荆州，攻击穰城（今河南邓州市），身中流矢而死。

这个军阀就是张济。

张济之死本来只是一起很普通的事件。因为在那个乱世，每天都有很多人死于非命，其中自然包括那些大大小小的军阀。但是，张济之死却引发了一个令人始料未及的后果。准确地说，这个后果主要是作用在了曹操身上，不仅令曹操始料未及，而且还将带给他巨大的悲痛和耻辱。

事情还得从刘表讲起。

按理说，张济来打荆州，却被流箭射死了，这对刘表来说当然是件好事，所以他的下属们纷纷向他表示祝贺。可是，刘表却毫无喜色，反而一脸庄重地对他们说："张济穷途末路，才来到荆州，咱们做主人的没有待客之道，竟然与之交战，这绝非我的本意。所以，我只接受吊唁，不接受道贺。"

众人本想拍马屁，不料却拍到了马腿上。

刘表之所以不让大伙拍这个马屁，自然是大有深意的。他的目的，是想收张济部众的心，让他们为己所用。所以，这时候绝不能接受属下道贺，否则就是在张济部众的伤口上撒盐，那只会导致兵连祸结，对荆州和刘表都毫无裨益。

反之，只有像他这么做，才是化敌为友的高明之举。

随后，刘表便派人前去慰问张济的部众，并表达了收留之意。此时，张济的侄子张绣已经接管了部队的指挥权，正和将士们一块儿发愁，不知道下一步该怎么办，见刘表如此不计前嫌、宽宏大量，不禁大为感动，于是“皆归心焉”，所有人的心就这么被刘表给收了。

然后，刘表便把张绣及其部众安置在了宛城（今河南南阳市）。

刘表的这个安排，再次体现出了他的深意。

因为宛城绝不是一个普普通通的地方，而是位于荆州与豫州交界处的战略要地。换言之，就是刘表地盘与曹操地盘的接壤之处，其战略意义正类似于兖州和徐州之间的小沛。刘备之所以三进小沛，正是因为陶谦、吕布和曹操都知道这个地方的重要性。同理，刘表让张绣进驻宛城，也是为了让张绣替他抵挡日益强大的曹操。

说白了，张绣此刻的角色，与刘备无异，都属于拿人钱财、替人消灾的雇佣兵。

而曹操接下来即将遭遇的悲痛和耻辱，正是这个张绣一手造成的。

当然，张绣只是一个军阀，如果没有高明的谋士辅佐，他是不太可能打赢曹操的，更不可能把曹操打痛。而在其中发挥关键作用的谋士，不是别人，正是那个“奇谋百出”的贾诩。

自从献帝刘协离开长安，贾诩意识到跟着李傕、郭汜之流绝对是死路一条，于是弃官而走，带着家眷跑到华阴（今陕西华阴市），投靠了当地军阀段煨。

段煨的部众早就听说贾诩的大名，都对他十分仰慕，段煨对他自然也很尊重。然而，贾诩才待了几天，就觉得此处不宜久留了。他把适合投奔的对象挨个想了一遍，最后选择了张绣，决定把家眷暂留此处，独自前去投奔。

有人就问他，段煨待你不薄，你为何还要走？而且还把家眷留在这儿？

贾诩说：“段煨生性多疑，对我已有戒心，礼遇虽厚，不可持久，迟早会有变数。我离开后，他一定心中暗喜，而且他也希望我能给他建立外援，所以会善待我的妻儿。而我之所以选择张绣，是因为他身边没有谋士，肯定需要我。如此，我和家人，两边都可保全。”

其实，贾诩做出这个决定，背后还有一些想法，他没有说透：

一、他之所以离开段煨，关键不是在于段煨生性多疑，而是段煨的部众太过仰慕他，这才会引起段煨的猜疑，怕兵权被他贾诩窃夺。

二、把家人留在段煨处，而不是跟随他去投奔张绣，是因为张绣眼下没有根据地，跟着他必然要天天为了生存而战，带着家人太危险。

果然，一切不出贾诩所料。他走后，段煨仍旧善待他的家人，并未为难他们。而张绣见他到来，更是大喜过望，对他异常尊敬，主动执晚辈礼。

贾诩本来建议张绣归附刘表，可陪他去见了刘表一面后，便一针见血地对张绣说：“刘表是升平之世的三公之才，却没有洞察变局的眼光，且多疑而缺乏决断，不会有什么作为。”

没办法，贾诩这双毒眼，好像看什么人都是透明的。

建安二年（公元 197 年）春，曹操终于把目光转向了荆州，决定对刘表动手。

而驻扎在宛城的张绣，无疑是他第一颗要拔掉的钉子。

曹操亲率大军，进抵淯水（今白河，流经南阳），与张绣隔河对峙。张绣和贾诩都已看出跟着刘表这种老板没前途，自然也不想替他卖命，所以二人商量了一下，便打开城门，投降了曹操。

这原本是一个皆大欢喜的结局。因为曹操兵不血刃就拿下了宛城，荆州已然门户洞开，吞并刘表只是时间问题；而张绣和贾诩投靠了曹操这种雄才大略的老板，前途自然也是一片光明。

然而，事情坏就坏在英雄难过美人关。

曹操犯了一个男人经常犯的错误，为一个女人葬送了大好局面，并且白白葬送了他的长子曹昂和猛将典韦的性命。

这个女人，就是张济的遗孀、张绣的婶婶邹氏。

人家张绣只是率部归附，并没把婶婶也一并献上，可曹操偏偏看上了邹氏，就把她当成战利品给笑纳了。

叔父尸骨未寒，婶婶就被曹操霸占，张绣感到自己的人格遭受了极大的侮辱。与此同时，他又听说曹操送了一笔金子给自己的麾下骁将胡车儿。

这啥意思？不会是想收买胡车儿来杀我吧？张绣越想越不对劲，索性先下手为强，对淯水河畔的曹操大营发动了突然袭击。

曹操万没料到张绣会降而复叛，被打了个措手不及，只好仓皇出逃。可还没跑出多远，他的坐骑、号称“绝影”的宝马就被流箭射死了。曹操的右臂也中了一箭。长子曹昂赶紧把自己的马让给了父亲，然后护着父亲准备杀出一条血路。

遗憾的是，他终究没能杀出去，而是死在了混战之中，把自己刚刚二十出头的年轻的生命永远留在了宛城。同一天被杀的，还有曹操的侄子曹安民。

曹操麾下猛将典韦，守在营门前，与张绣拼死力战，左右死伤殆尽。典韦身披数十创，仍挥舞长戟死战不退，一戟砍出竟将敌军的十几把长矛齐齐砍断。最后敌军越围越多，打算冲上来抓活的。典韦用双臂夹住两名敌兵，竟生生把他们给夹死了。张绣部众吓得纷纷后退。典韦反倒冲了上去，用尽最后的力气又击杀了数人，然后才“瞋目大骂而死”。

就这样，曹操以痛失爱子和爱将为代价，狼狈不堪地逃了出来，带着残兵败将，退到了宛城以东百里之外的舞阴（今河南泌阳县西北）。

张绣也是狠角色，又亲率骑兵追至。这时曹操稍稍稳住了阵脚，便回头迎战，总算把张绣击退了。然而经此一败，曹军已然士气大挫，且各部的秩序都陷入了混乱。这种时候，如果没有临危不乱的将领来断后，那么大撤退就极有可能演变成大溃逃。

所幸，此时负责断后的于禁，有效地约束了部众，才保证了撤退的有序进行。

在撤军路上，于禁碰上了一伙青州兵，居然趁乱打劫自己人。于禁大怒，把他们狠狠收拾了一顿。

青州兵就是此前曹操从黄巾军收编过来的，打仗很猛，但是军纪很差。他们仗着曹操的器重，一向骄横，这回挨了于禁的打，自然不肯善罢甘休，回到大营就跟曹操告了状。

于禁回营后，并没有马上去见曹操，而是命部下抓紧修筑防御工事。左右劝他，说青州兵肯定恶人先告状了，得赶紧去跟曹公解释一下。于禁却不为所动，说：“敌军就在背后，随时会追过来，不先备战，如何迎敌？而且曹公英明，不会听信诬告。”

等到工事修完，于禁才去面见曹操，说了事情经过。曹操十分欣慰，说：“淯水之败，我自己都狼狈不堪，将军却能临危不乱，约束部众，惩治暴行，巩固营垒，有不可撼动之节，就算是古代名将，也不过如此。”旋即依据于禁前后立下的功劳，封他为益寿亭侯。

随后，曹操留曹洪驻防南阳，率部回到了许都。

宛城之战的失败，从创业的角度说其实算不了什么，因为胜败乃兵家常事，只要不影响大局，便无所谓。但是，从人的情感来说，曹昂、典韦之死，却无疑让曹操痛彻心扉，可以说是他自起兵以来遭到的最严重的一次打击。

人死不能复生，即便后面打十场胜仗，也换不回曹昂和典韦的生命。就此而言，宛城一战，就是刻在曹操心头的一道伤痕，永远也无法抹平。

可是，就算曹操恨不得把张绣撕了，眼下也只能强行忍住，因为他现在的对手还很多，容不得他感情用事。

由于在四战之地的中原起兵，所以曹操自从创业以来，就一直处于强敌环伺的险境之中，此刻尤其如此：北边是袁绍，实力最强，兵精粮足；东边是吕布，狼子野心，虎视眈眈；东南边是袁术，地广人多，野心勃勃；西南边是据地千里的刘表，现在又加上狠人张绣，曹操刚在这儿吃了大亏；西边是马腾和韩遂，属于最早起兵作乱的老牌军阀，同样不可小觑。

而在这些人中，最让曹操心生忌惮的，无疑还是袁绍。

袁绍一向看不起曹操，但自从曹操奉迎天子、代表朝廷之后，他无形中便矮了曹操一头，所以心里极不平衡，不时便会写一两封“辞语骄慢”的信给曹操，以此刷存在感，找回失落的自尊。

曹操当然懒得跟袁绍打口水仗，但他知道自己跟袁绍终有一战，而且这一天恐怕不会太远了。然而双方实力悬殊，真到了那一天，自己凭什么取胜？

带着这个重大的疑虑，曹操找来了他最倚重的荀彧和郭嘉，询问他们的看法。

荀彧和郭嘉对这个问题早已深思熟虑，所以曹操一问，他们立刻抛出了一通长篇大论。二人先是以刘邦和项羽作比，说当初刘邦弱、项羽强，可刘邦凭着过人的谋略，最后还是战胜了项羽。接下来，他们就从十个方面，全方位论述了袁绍必然失败、曹操必然获胜的理由：

一、“绍繁礼多仪，公体任自然，此道胜也。”（《资治通鉴·汉纪五十四》，下同）

袁绍繁文缛节太多，都是花架子，太务虚了；而曹操率性、务实、不图虚名。这是做人之道胜出。

二、“绍以逆动，公奉顺以率天下，此义胜也。”

袁绍割据一方，擅自征伐，从人臣的角度讲，就是叛逆；而曹操奉迎天子，代表朝廷号令天下。这是政治站位胜出。

三、“桓、灵以来，政失于宽，绍以宽济宽，故不摄，公纠之以猛而上下知制，此治胜也。”

从桓帝、灵帝以来，汉朝政令废弛，袁绍没有吸取教训，在管理上仍旧太过松弛；而曹操纲纪严明，使上上下下都知道自己的职责。这是治理方式胜出。

四、“绍外宽内忌，用人而疑之，所任唯亲戚子弟，公外易简而内机明，用人无疑，唯才所宜，不问远近，此度胜也。”

袁绍表面宽厚，内心猜忌，用人而又疑人，且任人唯亲；而曹操简单朴实，内心睿智，用人不疑，唯才是举，不问关系亲疏。这是胸襟气度胜出。

五、“绍多谋少决，失在后事，公得策辄行，应变无穷，此谋胜也。”

袁绍谋划很多，决断很少，抓不住时机；而曹操当机立断，善于应变。这是智谋才略胜出。

六、“绍高议揖让以收名誉，士之好言饰外者多归之，公以至心待人，不为虚美，士之忠正远见而有实者皆愿为用，此德胜也。”

袁绍喜欢高谈阔论，沽名钓誉，所以那些务虚的人都归附他；而曹操以真诚待人，不玩虚的，那些有真才实学的人乐于为他所用。这是个人修为胜出。

七、“绍见人饥寒，恤念之，形于颜色，其所不见，虑或不及；公于目前小事，时有所忽，至于大事，与四海接，恩之所加，皆过其望，虽所不见，虑无不周，此仁胜也。”

袁绍看见饥寒之人，会心生体恤，且流露于外，但他却有很多大事看不见，所以考虑不到；而曹操对于眼前的小事可能有所轻忽，却能关注天下大事，所以恩泽遍于四海，就连看不见的东西也考虑到了。这是战略眼光胜出。

八、“绍大臣争权，谗言惑乱，公御下以道，浸润不行，此明胜也。”

袁绍身边的大臣争权夺利，以谗言彼此陷害，所以一团混乱；而曹操以制度管理下属，让那些歪门邪道都行不通。这是管理智慧胜出。

九、“绍是非不可知，公所是进之以礼，所不是正之以法，此文胜也。”

袁绍做事，是非不分；而曹操对于正确的人和事，就待之以礼，对于错误的人和事，就绳之以法。这是为政之道胜出。

十、“绍好为虚势，不知兵要，公以少克众，用兵如神，军人恃之，敌人畏之，此武胜也。”

袁绍用兵，喜欢浩大的声势，却不懂兵法要义；而曹操以少胜多，用兵如神，令部下信赖，使敌人畏惧。这是军事才干胜出。

这一通长篇大论，从做人之道、政治站位、治理方式、胸襟气度、智谋才略、个人修为、战略眼光、管理智慧、为政之道、军事才干十个方面评价袁、曹，结果袁绍得了零分，曹操得了满分。虽然其中大部分还算符合事实，但毋庸讳言，拍领导马屁的成分也是相当明显的。

平心而论，袁绍绝非如此一无是处，而曹操也不可能如此十全十美。荀彧和郭嘉把曹操说成这样一个三百六十度无死角的神人，连曹操自己听了都不好意思，笑道：“照二位这么说，我怎么担当得起啊？”（《资治通鉴·汉纪五十四》：“操笑曰：‘如卿所言，孤何德以堪之？’”）

千穿万穿，马屁不穿，务实如曹操者也是喜欢听好话的。不过，尽管荀、郭二人所言有不少水分，但总体上也不算瞎说，所以还是极大地鼓舞了曹操，增强了他必胜的信念。

一番吹捧过后，荀、郭二人开始就具体的战略发表意见。

郭嘉认为，如今袁绍正北征公孙瓒，应该趁此机会先解决吕布，否则一旦袁绍掉头南下，吕布又在一旁趁火打劫，后果就不妙了。

荀彧也赞同郭嘉的意见，认为必须先除吕布，再图河北。

曹操同意这个战略，但还是有一个很大的顾虑，说：“我是怕袁绍抢先一步，进入关中，然后西边与羌胡勾结，南边与张鲁和刘璋联手。如此一来，我就是以区区兖州、豫州之地，对抗天下的六分之五啊，到时候怎么办？”

荀彧认为，关中的军阀大大小小十几个，却各自为政，大多不足为虑，只有马腾和韩遂实力最强，就从他们入手，设法招抚二人，哪怕不是长久之计，但先稳住他们也好。等到关东彻底平定，回头再收拾他们也不迟。

为此，荀彧又给曹操推荐了一个能人，说此人一出马，曹操必可高枕无忧。

这个人就是时任朝廷侍中的钟繇。

钟繇，字元常，荀彧的同乡，颍川郡长社县（今河南长葛市）人，举孝廉出身，历任尚书郎、黄门侍郎等职，先是随献帝迁都长安，后又历经千辛万苦，随献帝东归洛阳。钟繇日后不仅成了曹魏重臣，而且因其深厚的书法造诣享誉后世，与书圣王羲之并称“钟王”。

荀彧推荐的人，肯定靠谱。曹操旋即让钟繇兼任司隶校尉，并“持节督关中军事”，授予他便宜行事之权。钟繇到达长安后，果然不负曹操所望，仅用一封信，为马腾和韩遂分析利害祸福，就成功将其招降。马、韩二人随即各遣一子入朝为质，以表归附朝廷的决心。

马腾和韩遂归降后，曹操解除了后顾之忧，便可以全力对付吕布、袁术、袁绍这几大诸侯了。

此时的吕布和袁氏兄弟并不知道，用不了多久，他们就将成为东汉末年这场逐鹿大戏的出局者。问题只在于：谁会是下一个？

汉室衰微，政在曹氏

袁术冒天下之大不韪，在寿春称帝后，心里始终有点发虚。

别的人他都不怕，可唯独忌惮曹操。

因为曹操现在就代表了朝廷，称帝就意味着直接跟曹操叫板，而且曹操眼下的实力越来越强，所以袁术必须做好抗曹的准备。

之前他和吕布缔结了儿女婚约，可一直未曾履行，现在为了防备曹操，袁术当然要赶紧跟吕布缔结统一战线。建安二年（公元197年）夏，袁术遣使来到下邳，专程为儿子迎娶吕布之女。

吕布听说亲家公称帝了，那么女儿嫁过去就是太子妃，日后还有可能当皇后，于是也挺高兴，就把女儿送了过去。

眼看这桩政治联姻马上就要成了，却生生被一个局外人给搅黄了。

这个人就是袁术的故交、上回写信把他骂得狗血喷头的陈珪。陈珪时任沛国（治今安徽淮北市）国相，他心里倾向曹操，自然不想看到袁术和吕布联手，遂亲自赶到下邳，劝吕布说："曹公奉迎天子，辅赞国政，将军应该与曹公共谋大计，如今却与袁术结亲，必定蒙受不义的骂名，将有累卵之危啊！"

吕布现在已经坐稳了徐州牧的位子，土皇帝正当得逍遥自在，当然不希望再跟曹操结怨，闻言觉得颇有道理，就派人把走到半道的女儿给抢了回来，还把袁术的使者绑了，送到许都交给了曹操。

曹操二话不说，旋即将此人枭首弃市。然后，曹操为了麻痹吕布，还给了他一个左将军的头衔，并亲自写信给他，大加慰勉。吕布受宠若惊，马上安排了一个人去许都觐见曹操。

这个人就是陈珪之子陈登。

陈登本是陶谦旧部，当初曾与糜竺一块儿去小沛劝说刘备继任徐州牧。刘备败逃后，陈登不得不成了吕布的员工，可心里着实厌恶这个新老板，于是早就想投靠曹操了。

所以这回，他们父子俩处心积虑搅黄这桩婚事，其实就是要给曹操纳投名状。

陈登临行前，吕布还给了他一个任务，就是希望自己的徐州牧一职能得到朝廷的正式任命。陈登嘴上唯唯，可一到许都，便当面向曹操献上了灭吕布之计。他说："吕布有勇无谋，轻于去就，这样的人早除早好。"

正合曹操心意，说："吕布狼子野心，肯定是不能长久豢养的。"随即任命陈登为广陵太守，然后也交给了他一个任务，就是让他充当卧底，回吕布身边潜伏，以备届时里应外合。临别前，曹操还亲切地拉着陈登的手说："东边的事情，就全都托付给你了。”

陈登回到徐州，却没有带回吕布想要的正式任命。吕布大怒，挥起长戟猛劈书案，咆哮道：“你爹劝我跟曹操联手，回绝了袁术的婚约，可今天我却没有得到我想要的，反倒是你得到了曹操的器重，你们爷儿俩这是把我卖了吧？”

想当卧底，没点过硬的心理素质是不行的。陈登看着吕布，面不改色，从容道：“我见到曹操时，是这么跟他说的：‘养将军如同养猛虎，必须用肉喂饱，否则是会吃人的。’可曹操却说：‘你错了，养吕布更像是养鹰，必须饿着才听使唤，要是喂饱了，他就飞了。’曹操原话如此，我也没办法。”

吕布一听，脾气顿时发不起来了。因为这两句对话实在很像那么回事，听上去的确是曹操的口气，好像也怪不到陈登头上。

这就是卧底陈登厉害的地方：扯谎的时候不但脸不变色心不跳，而且还把谎扯得十分精辟，让人不信都难。

吕布悍然撕毁婚约，还把袁术的使者送到许都砍了脑袋，这无异于撕了袁术的老脸，并且还扔到地上狠狠踩了一下。

袁术岂能吞下这口恶气？随即命大将张勋、桥蕤等人，与之前来投靠的韩暹、杨奉联兵，率步骑数万直扑下邳，兵分七路进攻吕布。

吕布此刻的嫡系部队只有三千人，战马也只有四百匹，显然不是袁术的对手。他惶然无计，就把陈珪叫来臭骂了一通，说：“现在袁术大兵压境，都是你惹的祸，你说该怎么办？”

陈珪很淡定，说：“韩暹和杨奉，本来就不是袁术的人，只是仓促勾结到一起罢了。既然没有共同的谋划，其关系便难以长久维持。我让犬子陈登从中策动一下，他们立马就散伙了。”

随后，陈登就以吕布的名义写了一封信给韩、杨二人，说二位救护圣驾，我手刃董卓，咱们都是大汉的功臣，何苦要跟袁术一块儿当国贼呢？不如咱们联手，一起干掉袁术，也算是为国除害了。

在信的最后，还承诺击败袁术后，缴获的所有兵器、粮秣、马匹等，全归他们。

最后面这个承诺才是重点。韩暹和杨奉才不管什么国贼不国贼，有油水可捞比什么都强。二人见信大喜，马上同意跟吕布联手。吕布当即率部出击，进逼张勋大营。韩暹和杨奉则按照约定，临阵倒戈。

张勋和桥蕤哪能料到这一出？遂被打得大败而逃。吕布追击，一连斩杀了对方的十个将领。张勋、桥蕤的部众要么被杀，要么坠河溺毙，几乎全军覆没。吕布仍不罢休，与韩、杨二人联兵，乘胜南下，一路烧杀掳掠，兵锋直指寿春。

袁术慌忙亲率精锐步骑五千，在淮河南岸列阵。吕布进军到北岸，见袁术严阵以待，知道自己未必捞得着便宜，便隔河笑骂了一阵，然后才引兵北还。

经此一败，袁术的实力削弱了不少，再也不敢像过去那么豪横了。曹操见状，便索性痛打落水狗，于建安二年（公元 197 年）九月，亲自率兵，征讨袁术。

袁术命桥蕤等人在蕲县（今安徽宿州市南）一带布防阻击。可这个桥蕤之前连吕布都打不过，现在怎么可能是曹操的对手？曹操一战便攻克了蕲县，将桥蕤等人全部斩杀。

袁术知道自己守不住寿春，只好带着余部和家眷仓皇南逃。

得知袁术遁逃，曹操没有再追。因为再往南追，战线过长，不利于后勤补给，而且吕布和张绣都还没收拾，他也无心恋战。随后，曹操班师，在路过沛国（治今安徽淮北市西北）时，有了一个意外收获，其意义甚至比打下蕲县更大。

他得到了一员虎将——许褚。

许褚，字仲康，也是谯县人，跟曹操是老乡，史称其“容貌雄毅，勇力绝人”。当时天下大乱，土匪草寇到处流窜，烧杀掳掠，许褚就召集勇武少年和宗族里的数千户人家，建立了一支民团自保，同时修建营垒，坚壁清野。

有一次，汝南一带的贼寇又纠集一万余人前来攻打。许褚率众抵御，奋力死战，但敌众我寡，箭矢都射光了，贼人还一拨接一拨地攻上来。许褚就命宗族男女去收集石头，然后搬起石头往下砸，其杀伤力顿时比弓箭大多了。贼人吓得纷纷退却，许褚就此一战成名。此后，淮河、汝水一带的贼人听到他的名字就哆嗦，要打劫也都自动绕道走了，再也不敢去谯县招惹他。

此次曹操路过家乡，许褚便率众来投。曹操听说了他的事，又见他一副虎虎生威的样子，大喜道："你就是我的樊哙（汉朝开国元勋、长年担任刘邦贴身侍从）！"当天便任命许褚为都尉，让他接替去世的典韦，专门负责侍从和警卫工作。

回到许都后，曹操因此次南征未能彻底消灭袁术，心里有些不爽，忽然想起，朝中有个人与袁术是姻亲，于是便迁怒此人，随便捏造了一个罪名就把他扔进了大牢。

这个人就是前太尉杨彪。

他是袁术的姐夫。当初，杨彪历经九死一生才跟着献帝逃回洛阳，不料现在却因与袁术的这层亲戚关系而遭了殃。

曹操给他捏造的罪名是"欲图废立"，就是打算废黜刘协另立新君。这可是大逆不道之罪，轻则掉脑袋，重则诛三族。

可明眼人都看得出来，这压根是不可能的事。杨彪之前虽然是太尉，名义上贵为三公，可自从董卓乱政之后，所谓的三公早就成了摆设。何况现在连这个职位都没了，而朝政大权又被曹操一手把持，杨彪哪有那个实力和胆量去搞什么废立?

时任将作大匠的孔融得到消息，连官服都来不及换，穿着便衣就去见曹操，说："杨公一家，四代都是清官，德高望重，海内瞻仰。《周书》云：'父子兄弟，罪不相及。'连至亲骨肉尚且不该牵连，何况袁术与杨公只是姻亲，岂能把他的罪过加到杨公头上？"

曹操对孔融这个人本来就有些反感，闻言自然不为所动，冷冷道："这是朝廷的意思。"

眼下的朝廷，都是曹操一个人说了算，所以他这话，摆明了就是非杀杨彪不可了，谁来求情都没用。

孔融身为海内名士，一向自视甚高，所以一点都不怕曹操，当即顶了一句："假如周成王要杀召公，周公能说他不知道吗？"

名士就喜欢掉书袋，所以这句话比较费解。换成大白话就是说：你曹操别想把这事推给皇帝，假如真是皇帝要杀杨彪，你身为辅政大臣就一定知情，所以我现在就找你。

然而曹操不想跟他多废话，说到这儿就下了逐客令，把他轰走了。

随后，曹操就把这个案子交给了一个狠角色，分明就是要把这桩冤案办成铁案。

这个狠角色，就是许都令满宠。

满宠可是当时名震朝野的酷吏。关于此人手段的狠辣，有一件事足以说明。那是在建安元年（公元 196 年），也就是满宠刚刚上任许都令没几天的时候，曹洪手下有个宾客屡屡犯事，被满宠给捉拿归案了。曹洪是曹操的堂弟，他以为满宠一定会卖他一个人情，就写了个条子给满宠，让他放人，没想到满宠根本不搭理他。

打狗还要看主人呢，你满宠算哪根葱？！

曹洪大怒，马上去找曹操告状。曹操命人传满宠来见。满宠知道，曹洪不仅是曹操的堂弟，而且当初讨伐董卓时，在荥阳一战中还救过曹操一命，所以曹操碍着这个情面，必定会叫他放人。

于是，满宠干脆就先杀了那个宾客，然后才去向曹操复命。曹洪气得跳脚，可人都死了，他再跳也没用。

满宠秉公执法、不讲情面的做法，大可媲美当年曹操乱棍打死蹇硕叔叔的事。所以，此举很对曹操的胃口，他当即大赞满宠，说："职责在身的人，就该像他这样。"

如今，杨彪落到这么狠的酷吏手上，还能活吗？

孔融心急如焚，只好去找荀彧。荀彧为人正直，当然不会坐视不管，于是传话给满宠，说："你如实录下口供即可，千万不能严刑逼供。"

没想到满宠这家伙，谁的账都不买，照旧严刑拷打。

孔融和荀彧都认为，杨彪这回必死无疑了。数日后，满宠去向曹操汇报，说："杨彪在拷打之下，仍旧没有招供。此人名重海内，如果坚持不承认罪行，那杀他就难以服众，恐怕会让主公失去人心。"

曹操一想，为了区区一个杨彪，损害自己的人望，的确不太划算，于是当天就把杨彪给放了。

孔融和荀彧本来都义愤填膺，恨死满宠了，现在一看，才知道满宠其实是在用他的方法，或者说是在用曹操能够接受的方法，巧妙地救了无辜的杨彪一命。

看来，酷吏也不全都是坏蛋。从此，孔融和荀彧对满宠的印象大为改观。

经此一难，杨彪对眼下的时局有了痛彻心扉的领悟，总结起来就八个字："汉室衰微，政在曹氏。"（《资治通鉴·汉纪五十四》）杨彪心灰意冷，此后便以足疾为由，闭门不出，甚至十几年没有下地行走，这才躲过了曹操的屠刀。

曹操在许都休整了两个月，难免想起死去的曹昂和典韦，心中的复仇之火又熊熊燃烧起来，遂于十一月再度发兵，二征张绣。

他一战便打下了湖阳（今河南唐河县西南），生擒刘表部将邓济，继而进围舞阴，又将其攻克。拿下这两座城池，就有了进攻张绣和刘表的桥头堡。可是，此时正值深冬，天寒地冻，大雪阻路，如果再往前打，不但行军困难，后方的补给也运不上来。曹操只好压下复仇之火，暂时按兵不动。

像这种天气不好的时节，对曹操而言，顶多是不能打仗而已，日子照样过，可对某些没有地盘的军阀来讲，那就相当痛苦了，连活命都成了问题。

比如韩暹和杨奉。这对难兄难弟自从背叛袁术、投靠吕布之后，才发现吕布这种老板比袁术还不靠谱。袁术至少还管饭，可吕布这厮居然让他们自己去找饭吃。

没办法，韩、杨二人只好在徐州和扬州到处流窜，烧杀掳掠，可尽管如此，部众还是填不饱肚子。因为自从入秋以来，徐、扬一带便发生了严重的干旱，粮食歉收，老百姓自己都纷纷饿死了，哪还有粮草供养这些兵匪？

韩暹和杨奉饿得眼冒绿光，就跟吕布打了辞职报告，说要去投奔荆州的刘表。没想到，吕布竟然毫无人性地拒绝了，不准他们跳槽。

韩、杨二人顿时气不打一处来。

反了！跟着这种没人性的老板，不被饿死也得被气死，索性咱们先弄死他！

可是，光凭他们两人，想弄死吕布还有点困难，因为吕布的麾下大将高顺、张辽等人一个个都很猛，没那么容易对付。

所以，必须找个帮手，一块儿打吕布。韩暹和杨奉朝四周望了一圈，本着“敌人的敌人就是朋友”的原则，很快就锁定了一个人。

他就是刘备。

当初人家徐州牧干得好好的，硬是被吕布这厮给抢了，刘备一定恨死了吕布，所以找刘备合伙最合适。

不过，人心隔肚皮，刘备到底怎么想的谁都没把握。韩暹和杨奉商量了一下，决定由杨奉先去小沛投石问路，韩暹留在城外策应。

杨奉随即带着部众来到小沛，然后就受到了刘备的盛情款待。杨奉和手下好久没开荤了，顿时如狼似虎地扑了上去。

然而，杨奉万万没想到，这是他最后的晚餐。

宴席刚进行到一半，刘备就命人把他绑了，然后直接拉出去砍了脑袋。可怜杨奉最终连个饱死鬼都没做成，因为这顿饭他根本就没吃完。

刘备是有原则、有底线的人，当然不可能跟这些劣迹斑斑、穷凶极恶的兵匪合作。何况这些人一贯反复无常，有奶便是娘，今天可以跟你一起合伙打吕布，明天就会和吕布一块儿灭了你。所以，不论从哪个角度讲，刘备都只有一个选择——杀了他们。

韩暹和部众在城外苦苦等候，最后等来的却是杨奉被砍头的消息。本来手下人还指望着刘备收留，进城去喝酒吃肉，现在希望彻底破灭，跟着韩暹无异于等死，于是瞬间作鸟兽散，各自讨活路去了。

韩暹万般无奈，只好带着剩下的十余名骑兵向西走，准备回老巢并州。可是，刚走到不远的杼秋（今安徽萧县西北），韩暹和十来个手下就被当地的县令张宣给干掉了。

这就是乱世。当你手里头有兵（当然还得有粮）的时候，你就可以耀武扬威、称王称霸；可一旦树倒猢狲散，任何一个名不见经传的小人物都能把你收拾了。

韩暹和杨奉当初挟持天子的时候，一度也霸气得很，可终究逃不过如此凄凉而不堪的下场。

下场同样不堪的，还有李傕和郭汜。

差不多在韩、杨二人被杀前后，郭汜也被自己的部将砍掉了脑袋。又过了几个月，曹操以朝廷名义下诏，命关中军阀段煨讨伐李傕，然后段煨轻而易举就把李傕灭了，还奉曹操之命诛了他的三族。

出来混，迟早是要还的。这帮军阀当初骑在献帝刘协和文武百官头上作威作福、为所欲为的时候，他们的结局就已经注定了。

东征西讨的曹司空

建安三年（公元198年）正月，大雪初融，道路复通，曹操率部回许都休整。两个月后，他打算再度出兵，三征张绣。

荀彧却拦住了曹操，不让他出征。荀彧认为："张绣背靠刘表这棵大树，实力不可小觑，把张绣逼急了，刘表一定来救。反之，张绣毕竟是从外面来投靠刘表的，刘表不太可能长久养着他，日子长了两人一定闹翻。到时候用点政治手段，就可以诱降张绣。"

曹操不听，还是率领大军开拔了。

理由可想而知：心中那把复仇之火烧得太旺了，所以他等不到张绣和刘表闹翻的那天。

此时，张绣正驻军穰城，曹操将穰城团团包围，命部众日夜猛攻。可是，刚刚开打没几天，许都就传来了一个情报，令曹操惊出了一身冷汗。

情报来自袁绍的一个降卒。此人透露，袁绍帐下谋士田丰献计，让袁绍趁曹操不备，发兵攻打许都，抢夺天子。

曹操就怕袁绍来这一手，闻讯立刻解围而去，火急火燎地往许都赶。

不过，此时的曹操并不知道，他其实是虚惊一场。因为那个降卒的情报只说对了一半：田丰的确建议袁绍打许都、抢天子，可问题是袁绍根本没听田丰的。

事情的起因是：自从曹操挟天子以令诸侯以来，不时便会下一道诏书给袁绍，内容就算不是对袁绍不利的，至少也是让他不爽的。表面上，曹操只是司空，袁绍才是大将军，可事实上，只要曹司空有兴致，要起袁大将军来是根本不用看日子的。

袁绍为此十分郁闷，就想把天子弄到离自己近一点的地方，以便对朝廷和天子也施加一些影响，便宜不能都让曹操一人给占了。

于是，袁绍就派人去忽悠曹操，说许都地势低洼，过于潮湿，对皇上的龙体不利，而旧都洛阳又残破不堪，不宜居住，所以最好还是让天子移驾鄄城。此地离袁绍所在的邺城也就二三百里地，不管他是想入朝觐见还是来抢人，都比较方便。

可是，曹操岂能被他袁绍忽悠？当然是一口回绝。

袁绍唱这么一出，除了暴露自己的后知后觉和黔驴技穷，实在达不到任何目的。当初天子在洛阳时，沮授早就劝他赶紧下手了，是他自己脑子糊涂，觉得把天子供在身边很麻烦，这才让曹操得偿所愿。

到现在，他才意识到其实挟天子的好处远远大于麻烦，可你早干吗去了呢？

就算你眼下后悔了，想分一杯羹，可用这种办法忽悠曹操，手法也实在太过拙劣，不仅徒劳，而且只能让曹操看笑话。

就在这时候，田丰上场了，对袁绍说："既然迁都之计不成，那就只剩最后一个办法了——早日拿下许都，奉迎天子。如此便可随时以天子名义下诏，号令海内。这是上上之策，如果不这么做，终将成为别人的手下败将，到时候后悔就来不及了。"

亡羊补牢，为时未晚。上回袁绍不听沮授的，让曹操占了先机，可没关系，这回听田丰的，趁现在曹操去打张绣，许都空虚，只要派一支精兵突袭，定能把天子抢到邺城。到那时，就轮到曹操郁闷了。

然而，袁绍之所以是袁绍，就在于他的脑子总在关键时刻卡壳。

他居然再次否决了这个提议。

被一块石头绊倒一次，还可以说是运气不好，或一时糊涂，可接连绊倒两次，那只能说是智商堪忧了。

可是，如果你以为袁绍在这块石头上只绊倒两次，那就错了。短短两年后，当袁绍率十万大军在官渡与曹操对峙之际，其帐下谋士许攸再次献计，劝他分兵袭取许都，奉迎天子，却又一次遭到了袁绍的拒绝。

也就是说，袁绍被同一块石头绊倒了三次！

这样的人不失败，那可真是没天理了。

当然，这些都是后话。眼下，曹司空以为袁大将军变聪明了，真的要来偷袭许都，于是拼命往回赶。

张绣这个狠角色，一看曹操撤兵，立刻率部尾随，在后面紧咬不放。与此同时，刘表觉得有机可乘，也亲自率军，火速赶到安众（今河南邓州市东北），然后据守险要，一举截断了曹操的退路。

前无去路，后有追兵，曹操顿时陷入了腹背受敌的险境。

可是，明明已经落到了如此险恶的境地，曹操却依然自信满满。当时他恰好接到荀彧从许都送来的例行报告，就在批复中顺便说了一句："等我到了安众，必定破敌。"

当晚，曹操率部进抵安众。他知道刘表在前面堵他，所以没走大路，而是趁着夜色，命部众在山中生生开凿出了一条险道，然后神不知鬼不觉地绕过了安众。

刘表和张绣得到曹操遁逃的消息，立刻合兵一处，在后面拼命追赶。然而他们完全没料到，曹操只是派一支小股部队佯装奔逃，而主力部队早已设下了埋伏。待他们追至，曹操亲率精锐步骑突然杀出，顿时把他们打得丢盔弃甲，大败而逃。

后来，曹操回到许都，荀彧问他，当时情况那么危险，为何还有信心破敌？曹操说："敌军围追堵截，就是把我军置于死地，但恰恰是这样，反而激发出我军置之死地而后生的勇气，所以我知道定能获胜。"

不过，此次班师，曹操也并不是完全没吃亏。

因为张绣背后还有一个"算无遗策"的贾诩。之前张绣要追击，贾诩便劝他别追，说追击必败，张绣不听，结果就在安众被曹操打了个措手不及。稍后，贾诩登高望远，观察了一下曹军的动向，反而告诉张绣，说现在可以追了，这次必胜。

张绣蒙了，说："之前不听你的，才中了曹操的埋伏，现在都已经败了，哪能再追？”贾诩却胸有成竹道：“兵势有变，赶紧追。”

张绣向来相信贾诩，尽管心里没底，可还是收拢了残兵败将，硬着头皮又追了过去，没想到居然被贾诩料中了，果然大败曹军的殿后部队。

一回来，张绣便迫不及待地问贾诩：“上回我以精兵追敌，你说必败；这回我以败兵追敌，你说必胜。结果却都让你说中了，这究竟是何道理？”

贾诩答：“这很简单。首先，将军虽然善于用兵，但还不是曹操的敌手。而曹军班师，曹操必定亲自殿后，所以我知道将军必败。其次，曹操此次突然撤军，一定是后方出了问题，而他设伏打败将军之后，定然会轻装疾进，留其他将领殿后；那些将领虽然勇猛，却不是将军的对手，所以将军即使是用残兵败将，也足以击败他们。”

一番话，说得张绣心服口服。

这就是高手过招。曹操和贾诩，显然都属于这种“运筹帷幄，决胜千里”的高手。曹操之所以三征张绣都无功而返，除客观因素外，主要原因之一，就是张绣背后有贾诩这样的高人。

自从刘备投靠曹操、三进小沛之后，吕布看他就觉得很碍眼，一直想把这颗钉子拔掉，只是被袁术牵制着，腾不出手。眼下袁术丢了寿春，惶惶若丧家之犬，只好跟吕布握手言和。于是，吕布终于可以回过头来收拾刘备了。

这年夏天，吕布派出了麾下猛将高顺和张辽，大举进攻小沛。

高顺这个人，在三国这场大戏中的戏份不多，却值得一提。首先是因为，他手下有一支在当时非常出名的劲旅，称为“陷阵营”。这支部队的装备十分精良，虽然兵力不多，总共才七百余人，但在高顺的训练下，却个个有以一当百之勇，史称其“号令整齐，每战必克”，堪称精锐中的精锐。

除了作战勇猛、治军有方，高顺的忠义也一直为后人所称道。据史书记载，高顺“为人清白，有威严，少言辞”，且从不饮酒，更不贪赃纳贿，属于乱世军阀中十分罕见的洁身自好之人。

高顺其实早已看出吕布这个老板浑身都是毛病，却始终忠心耿耿，从没想过离他而去。每当吕布举措失当时，高顺就会苦口婆心地规劝，说：“自古以来，凡破家亡国之人，并非没有忠诚明智的部下，而是不能重用。将军做事情，很少深思熟虑，总要等到错误出现，才说这回又失误了。回回言‘误’，失误岂可胜数！”

吕布也知道高顺是一片忠心，但就是不肯听从。

实际上，就算他想听也没用。因为人的性格、思维方式、行为习惯都不是一天两天养成的，想改变也绝非一朝一夕之功。用儒家的话讲，一个人平时若没有“克己”“自省”等修身的功夫，想要真正改变心性，无异于痴人说梦。而吕布这种人，就算再活几辈子，恐怕也不知道何谓克己，何谓自省。

曹操得知刘备被围，立刻派遣夏侯惇前往救援，可夏侯惇跟刘备加在一块儿，也仍然不是高顺和张辽的对手。当年九月，小沛被高顺和张辽攻陷，刘备带着关羽、张飞及残部再度逃亡，而他的老婆孩子则又一次落到了吕布手上。

见吕布如此嚣张，曹操大怒，决定亲征，彻底铲除这个心腹之患。

可是，麾下众将却都反对，说刘表和张绣在西边蠢蠢欲动，这时候去东边打吕布，后方就危险了。正当众人七嘴八舌之际，荀攸站了出来，说：“不然。刘表和张绣刚被主公打败，暂时还不敢轻举妄动，而吕布骁勇异常，又与袁术勾结，若长期纵横于淮河、泗水一带，必有豪杰纷起响应。如今，趁他立足未稳、人心未定之机出兵，必可击破。”

曹操深以为然，当即率部出征。

大军行至梁国（治今河南商丘市），恰好碰上灰头土脸、狼狈逃亡的刘备，遂一同东行，很快便进抵彭城（今江苏徐州市）。

眼见曹操来势汹汹，陈宫当即建议吕布，趁曹军长途跋涉、士马疲惫，主动出击，定能取胜。吕布却不以为然，说：“还是等曹操自动送上门吧，我把他们赶到泗水之中，让他们全都淹死。”

吕布到现在还牛皮烘烘，却不知自己的末日已经降临了。

当年十月，曹操攻克了彭城，并再次屠城，给自己的征战生涯又增添了一个污点。

此前安插的卧底陈登，这回终于派上了用场——曹操一到，他便率广陵郡的部众前往接应，并充当前锋，带着曹军一路挺进到了下邳。

兵临城下之际，吕布才率部出战。

之前吹牛皮说要把人家赶到泗水中淹死，可真的一交手，吕布却连战连败，不得不龟缩在下邳城中，再也不敢露头。

曹操知道，要彻底击败吕布，不是那么简单的事，即便最后能赢，也要付出很大的伤亡，于是给吕布写了封信，为他陈说祸福，劝他投降。

吕布这时已经有了恐惧之感，因为他也知道，自己终究不是曹操的对手，所以看完信后，就打算开门投降。陈宫却拦住了他，并献上了一个破曹之计："曹操长途奔袭，补给线过长，攻势难以持久。而今之计，不如将军率精锐步骑到城外驻扎，我率余部坚守城中。他若进攻将军，我就率部攻他后背；他若攻城，将军就在外救援。顶多十天半个月，曹操粮草不继，我们再反攻，定可破敌。"

吕布也觉得此计可行，便打消了投降的念头，决定让陈宫和高顺守城，然后亲率骑兵出城，截断曹操粮道。

假如吕布真这么做了，曹操估计会很头疼，而吕布的末日很可能也不会这么快降临。只可惜，在这生死存亡的关头，他老婆几句话就让他改变了主意，从而断送了一切可能性。

吕布的老婆是这么说的："陈宫和高顺向来不和，将军一走，他俩必定不会齐心协力守城，万一有个差池，将军还能在何处立足？何况，当初曹操对陈宫那么信任，陈宫尚且背叛了他，你待陈宫，远远没有曹操那么好，竟然敢把整座城池和妻儿都交给他，孤军远走，一旦有变，妾身还能再做将军的妻子吗？"

这阵枕头风一吹，陈宫的计划就彻底泡汤了。

吕布思前想后，觉得现在唯一能救自己的，恐怕只有袁术了，旋即派部下许汜、王楷前去求救。

袁术一看吕布终于求到自己头上了，便冷笑道："当初吕布不把女儿送来，活该有今天的失败，何必又来求我？"

许汜、王楷焦急道："明公今天不救吕布，就是坐等自己的失败。吕布一旦败亡，下一个就轮到明公了。"

唇亡齿寒的道理袁术也懂，只是当初被吕布撕了老脸，心里始终不痛快。而且袁术这个人，一直是侥幸心理比较重的，他才不信没了吕布自己就会马上完蛋。于是，他口头答应了下来，却始终不发一兵一卒，只命部众做出备战的姿态，然后散播消息说要出兵，算是给吕布声援。

一报还一报。当初你那么耍我，把我袁术的脸扔在地上踩，就该想到会有今天。所以，我现在能做出一个声援的姿态，已经很够意思了，别指望我真的去救你。

吕布意识到，不把女儿送过去，袁术这口恶气是不会消的。可如今下邳已被曹军团团包围，怎么才能把女儿送出去?

为此，吕布做出了一个令人吃惊的举动：他居然用锦缎把女儿裹得严严实实，绑在马上，然后在某个深夜带着女儿冲了出去。结果被曹军发现，一时间箭如雨下，吕布只好又跑了回来。

其实，即使吕布杀出重围，把女儿送过去，袁术也不会发兵救他。因为，这桩所谓的儿女姻亲本来就是政治交易。在吕布局面好的时候，袁术当然可以跟他联手，交换彼此想要的利益。可如今吕布落到了这步田地，还能拿什么跟袁术交换呢?

说到底，袁术和吕布一样，都是彻头彻尾的利己主义者，而且还是非常短视的那种，连所谓的“精致的利己主义者”都算不上。他们做事的动机，向来都只是眼前可见的利益，从来没有什么深谋远虑。所以假如两人易地而处的话，吕布同样也不会救袁术。说白了，只要自己能够多苟活一日，他们宁可眼睁睁地看着对方完蛋——即使明知道曹操接下来就会把屠刀挥向自己，他们也仍然会心存侥幸。

所以，就算吕布有十个女儿，而且全都送给袁术，也还是救不了他的命。

吕布之死：魂断白门楼

在吕布被围的这些日子，也不是没有人想救他。之前曾两次收留吕布的张杨，跟他的关系算是比较铁的，就打算出兵援救。

只可惜，张杨和吕布相隔数千里，而且中间都是曹操的地盘，别说张杨鞭长莫及，就算他神兵附体，能够一路打过去，等打到下邳黄花菜都凉了。

所以，张杨心有余力不足，只能在驻地野王的东郊练练兵，隔空替吕布摇旗呐喊，客观上跟袁术差不多——声援而已。

令人意想不到的是，张杨发出声援没多久，就被他的一个部将杨丑给干掉了。因为杨丑一心想投奔曹操，见张杨竟然为吕布出头，索性就造了反，把他给杀了。

然而，还没等杨丑抱上曹司空的大腿，张杨的另一个部将眭固就又把杨丑给杀了。这个眭固就是之前黄巾余部黑山军的首领，后来投靠了张杨。不过，他杀杨丑，可不是为了给张杨报仇，而是因为杨丑想投奔曹司空，可他却想投奔袁大将军。

随后，眭固命一部留守野王，自己率大部进驻射犬（今河南沁阳市东北），准备与袁绍呼应。

徐州这边，曹军围着下邳攻了一个多月，却始终打不下来，搞得全军上下都疲惫不堪。曹操见状，就动了撤军的念头。荀攸和郭嘉连忙劝阻，说："吕布有勇无谋，而今屡屡败北，早就锐气尽丧了。三军以大将为主，主帅一旦没了斗志，部众必然士气低落。另外，陈宫虽有谋略，但行动迟缓。所以，现在应该趁吕布斗志尚未恢复、陈宫计谋未定之机，加大攻势，必能把吕布拿下。"

荀、郭二人这话，表面上是在说吕布，其实就是拐着弯在劝谏曹操，让他这个主帅千万别先丧失了斗志。曹操听懂了他们的意思，旋即重新打起精神，开始琢磨智取的方法。

很快，他就想到了办法：水攻。

下邳旁边就有两条大河，一条泗水，一条沂水，放着现成的"地利"不用，这不是傻吗？曹操立刻命部众凿渠引水，然后把两条河的大水全都灌进了下邳城。

吕布此前吹牛说要把曹操淹死在泗水里，没想到现在竟"一语成谶"，只不过不是应验在曹操身上，而是应验到了他自己头上。

就这样，吕布和他的部众在大水中浸泡了一个多月，那真叫一个苦不堪言。吕布万般无奈，只好登上城头，对曹军喊话说："诸位不要这样困我，我会向明公自首的。"

陈宫在旁边一听，不由火起，怒道："曹操就是个逆贼，叫什么'明公'！今日投降，就像鸡蛋扔到石头上，哪还能活命！"

正如荀攸和郭嘉所言，主帅一旦没了斗志，就别指望下面的人卖命打仗了。吕布公然在城头上喊出要投降的话，将自己的恐惧和软弱表露无遗，将士们听了会做何感想？尽管最后吕布被陈宫骂醒，没有付诸行动，但将士们的心肯定在这一刻全都寒了。

在深冬的大水中浸泡了一个多月，也没把他们的意志击垮，但是吕布短短的一句话，却足以把他们的忠心和勇气摧毁大半！

就此而言，吕布其实不是败给了曹操，而是败给了自己。

至此，吕布的败亡基本上已成定局了，因为悲观和恐惧的情绪已在军中蔓延开来。接下来，只需要一件小事，就足以把这种情绪引爆。

很快，引爆点就出现了。

事情源于吕布的一个部将侯成。侯成有一匹宝马，不久前被盗了，现在找了回来，于是同僚纷纷向侯成道贺。侯成遂摆酒设宴，并提前送了一份酒肉给吕布。吕布本来就快崩溃了，见这帮家伙居然还有闲心开"派对"，顿时暴怒，大骂侯成："我早就下了禁酒令，你们竟然还敢喝！这是打算用酒把我灌醉，再把我卖了吗？"

不管有没有禁酒令这回事，吕布这通大骂，显然都是情绪失控的表现。侯成又恨又怕，遂暗中与宋宪、魏续等将领联手，于十二月二十四日这天，突然发动兵变，把陈宫和高顺都给绑了，然后开门向曹操投降。

事发仓促，吕布来不及反应，只好带着少数亲兵躲到了白门楼（下邳的南门城楼）上。曹军一拥而入，把白门楼围了个水泄不通。

吕布彻底绝望，遂命左右砍下他的头，去献给曹操。左右不忍，便拥着吕布下楼投降了。

此刻，吕布仍然心存侥幸。他自恃作战勇猛，而曹操现在正是用人之际，所以很可能不会杀他。因此，见到曹操时，他便故作镇定道："从今往后，天下便可平定了。"

听他没头没脑地来这么一句，曹操有些蒙，就问："何出此言？"

吕布答："明公的心腹大患便是我吕布，可今天我归顺了。往后，如果让我吕布率领骑兵，明公自己率领步兵，那天下岂非指日可定！”

曹操闻言，沉吟不语。

其实这一刻，爱才的曹操也的确心动了。吕布虽然人品不咋的，但打仗确实是一把好手，这样的人杀了，未免可惜。何况，关于“人品”这个东西，曹操向来不太看重，只要有才，他就喜欢。

然而，此刻曹操身边还站着一个人——此人被吕布夺了地盘，且好几次险些命丧吕布之手，对他早已恨之入骨，岂能让他活着走出下邳城？

这个人当然就是刘备。

此时，不识相的吕布又把头转向刘备，用讨好的口吻道：“玄德，你是曹公的座上客，我是阶下囚，曹公把我绑得这么紧，你就不能说句话吗？”

毫无自知之明的吕布，到了这一刻，竟然还奢望刘备能替他说情，这种谜之自信也不知所从何来。刘备再怎么有修养，也不是那种以德报怨的圣人。别的不说，光是老婆孩子就被吕布抓了两回，刘备现在不亲手宰了他就算很有涵养了，还指望刘备替他说好话？

听吕布说绑得太紧，曹操笑了，说：“捆绑一只吃人的老虎，不得不紧。”随即命人给吕布松绑。

吕布窃喜，以为自己终于可以活命了。

可就在这时候，刘备开口了，喊了一声“不可”，然后只说了一句话。就是这句话，瞬间宣判了吕布的死刑。

刘备说：“明公不见布之事丁建阳及董太师乎？”（《三国志·吕布传》）

曹公难道没看过吕布当初是怎么对待丁原和董卓的吗？

这可真叫一语惊醒梦中人。尽管曹操的用人标准向来是唯才是举，可这并不等于他愿意把“史上最危险员工”养在身边。换言之，一个老板再怎么不看重员工的品行，至少还是有一条底线的，那就是忠诚。

所以，像吕布这种动不动就在老板背后捅刀子的人，曹操绝不会再留着他。

眼看自己被刘备一句话就判了死刑，吕布怒目圆睁，对刘备破口大骂：“大耳儿，最叵信！”（《后汉书·吕布传》）

你这个大耳朵的东西，最不讲信用！

吕布临死前的这句话，用来骂他自己还是比较贴切的，骂刘备就属于血口喷人了。不过对于这种将死之人，刘备就懒得跟他计较了，权当没听见。

此时，曹操把目光转向一旁的陈宫，淡淡道：“公台平生自诩谋略无穷，今日又如何？”陈宫坦然自若，指着吕布道：“是此人不用陈宫之言，才走到这个地步，如果他听我的，未必会败。”

尽管曹操痛恨背叛，可他对陈宫还是有感情的，这一点跟吕布完全不可同日而语。

曹操永远忘不了，他创业生涯的第一个高光时刻——由东郡太守上位兖州牧，便是得益于陈宫的谋划和全力促成。从此，曹操才成为名副其实、割据一方的诸侯，并真正具有了与四方群雄一较短长并逐鹿天下的资本。

这份功劳，曹操始终铭记于心。所以这一刻，他是准备原谅陈宫的。为此，曹操故意抛出了一个话头，只要陈宫不想死，顺着这个话头往下说，甚至都无须服软求情，他这条命自然就保住了。

曹操说的是：“你若是死了，老母亲怎么办？”

聪明人在这种时候，一定会涕泪横流，尽力表现出不能为母尽孝的悲伤和痛苦之情，然后曹操便可以就坡下驴，以成全他的孝道为名，宣布赦免。如此一来，既可保住陈宫一命，又不会坏了曹操的规矩——毕竟汉朝是以孝治天下的，所以拿“孝道”这个冠冕堂皇的理由，便能让曹操用一种可以服众的方式，来原谅陈宫曾经的不忠。

然而，令曹操万万没想到的是，陈宫的确是接过了“孝道”的话头，但却不是以此求生，而是以此求死。他说：“我听说，以孝治天下的人，不会害别人的至亲。所以，老母是存是亡，在于明公，不在于我。”

这头该死的犟驴，真是不知好歹！

这一刻，曹操估计都在心里骂人了。然而，他还是很有耐心地抛出了第二个话头，暗暗希望陈宫能抓住这最后的活命机会。

曹操说：“那你的妻子和儿女怎么办？”

很遗憾，视死如归的陈宫再次拒绝了他的好意。陈宫说：“我听说，施仁政于天下者，不会绝人之后。所以，我的妻儿是存是亡，在于明公，不在于我。”

完了，彻底没辙！

曹操只见过巧舌如簧以求活命的人，却从没见过雄辩滔滔只求速死的家伙。也罢，接连给了陈宫两次机会，曹操也算是仁至义尽了，所以听完陈宫的话，他只能沉默。

陈宫主动要求行刑，然后昂起头颅，义无反顾地走向了绞刑架。看着他决绝的背影，曹操再也没忍住，终于怆然涕下。

这一刻，那个在战场上杀伐决断、残忍无情的曹操隐去了，那个在权力斗争中阴险狡诈、不择手段的曹操隐去了。我们看见的，只是一个恋旧的、讲义气的、情感丰富的人。

就是这个拥有细腻情感的曹操，才会写出“对酒当歌，人生几何，譬如朝露，去日苦多”这样感伤的诗句；也是这个拥有充沛情感的曹操，才会写出“老骥伏枥，志在千里。烈士暮年，壮心不已”那样豪迈的诗篇。

若是没有注意到这些情感，我们就看不见一个完整的曹操。

这一天，在下邳城的白门楼下，吕布、陈宫、高顺一起被押上了绞刑架，结束了他们在历史舞台上的演出。

吕布之死，天下恐怕没有几个人替他惋惜。而陈宫是自己一意赴死，也没什么话好说。三个人中，唯一值得人为之扼腕叹息的，便是为人清白、勇猛善战且忠心耿耿的高顺了。

以高顺的将才，如果他愿意归降的话，曹操一定不会杀他，并且还会给他一个光明的前程。只是，高顺却宁愿选择与吕布一同就戮，以生命为代价坚守他“不事二主”的忠诚。

作为一个惯于在背后捅老板刀子的反复无常之人，吕布死的时候，还能有一个如此忠贞的下属陪他上路，实在是他的幸运。反之，像高顺这种德才兼备的员工，却情愿给吕布这么一个不靠谱的老板陪葬，似乎可以说是他的不幸。

不过，在我看来，与其说高顺忠于的是吕布这个人，还不如说，他忠于的是自己内心的价值观。换言之，在高顺的心目中，忠义的价值很可能是比生命更高，也更值得捍卫的，所以当二者出现冲突的时候，他宁可放弃生命，保全忠义。

从这个意义上讲，我更愿意把高顺的死看成“殉道”，而不是给吕布“陪葬”。时至今日，可能绝大多数人都不会认同高顺的选择，觉得他这么做很傻，但是评价古人，还是应该考虑他们所处的时代。诚如有人说过：“人，总是要有点精神的。”

当然，有人放弃生命选择忠诚，也就有人会放弃忠诚选择生命。

比如张辽。他当天就投降了曹操，并很快被任命为中郎将。从此，张辽的人生就掀开了崭新的一页。从前的张辽跟着吕布东跑西颠、反复跳槽，不要说干出什么像样的业绩，连在史书中露面的机会都很少。但跟了曹操之后，原本黯淡无光的人生就开始风生水起了——此后的张辽不仅拥有了远大前程，而且最终成为威震四方的一代名将。

与张辽一同归降，并得到曹操重用的，还有一对父子：父亲叫陈纪，此前曾在朝中担任尚书令；儿子叫陈群，眼下还没什么知名度，不过日后却成了赫赫有名的曹魏重臣，历仕曹操、曹丕、曹叡三代。由他创建的选官制度——“九品中正制”，影响了此后魏晋南北朝的数百年历史。

陈宫死后，曹操很讲义气地把他的老母和妻儿接到了许都，一直厚待他们，不仅将陈母供养到寿终，后来还替陈宫的女儿张罗了终身大事。陈宫若地下有知，定当无憾。

比起陈宫让人宽慰的身后事，当初跟他一同背叛曹操的张邈，其结局和家人最终的命运，就堪称悲惨了。

早在三年前，即兴平二年（公元 195 年）冬，张邈跟着吕布逃奔刘备时，就让他的弟弟张超带着一家人躲到了雍丘（今河南杞县）。可能在张邈看来，自己前途未卜，带着家人一块儿逃亡太过危险，所以才做了这个安排。然而，事与愿违的是，没过多久，曹操就亲自率部围住了雍丘。张邈心急如焚，就想去跟袁术讨要救兵，结果刚走到半道，就被自己的部下砍了脑袋。

很快，雍丘也被攻破，张超被迫自杀。

曹操入城后，竟不顾与张邈过去的交情，将他的三族全诛杀了。

这个举动，着实让人有些意外。因为张邈虽然背叛了曹操，但毕竟是他的发小——当初曹操东征陶谦时，还特意叮嘱家眷，万一自己有个闪失，让他们去投靠张邈，可见他与张邈的关系非同一般，至少比他跟陈宫的关系近得多。

可为何同样是背叛，曹操却能善待陈宫的家人，对张邈的家人反而毫不留情，要如此赶尽杀绝呢?

也许，原因恰恰就出在曹操与张邈的关系上。因为两人过去关系太好，所以张邈的背叛对曹操情感上的打击就更大，对他的伤害就更深，所以他的愤怒也就更不可遏制。而曹操向来是一个爱憎分明的人，而且他表达爱憎的方式，比一般人要强烈得多。所以，正如当初为父亲复仇，他不惜屠杀徐州百姓以泄愤一样，诛杀张邈三族，可能也是出于同样的愤怒。

此外，时间可能也是一个原因。他诛杀张邈三族的时候，离张邈背叛他才刚刚过了一年多，怒火正旺；而陈宫被杀时，距离当初的背叛已经将近五年了，曹操心中的愤怒或许也没有那么强烈了，所以才会对陈宫的家人网开一面。

消灭吕布之后，徐州基本上就没什么像样的抵抗力量了。

之前，泰山郡一带还盘踞着臧霸、吴敦、尹礼、孙观等割据势力，这些人也曾一度跟吕布联手，但吕布败亡后，他们就作鸟兽散了。曹操先是发布悬赏令，抓到了臧霸，然后又让臧霸去招降吴敦等人。很快，这些人便纷纷归附。曹操全部予以任用，授予了臧霸等人郡守、国相等职。

至此，徐州全境平定，彻底收入了曹操囊中。

曹操凯旋。刚回到许都没几天，就有一位江东的使者带着当地特产入朝进贡来了。

这个使者就是孙策的谋士张纮。

孙策让张纮入朝，目的很明确，就是跟曹操搞好关系，取得朝廷认可，为割据江东谋求政治上的合法性。而这几年，曹操对这个在江东攻城略地、迅速崛起的年轻人也颇感兴趣，有心想笼络他。于是，双方一拍即合，很快开启了一段政治上的蜜月期……

纵横江东：孙策的巅峰时刻

自从兴平二年（公元 195 年）归取江东、占据曲阿等地后，孙策就一直按照自己的既定战略在行动。

他的目标，当然是据有整个江东。

当时，孙策的主要对手有这么几个：吴郡（治今江苏苏州市）太守许贡、会稽（治今浙江绍兴市）太守王朗、豫章（治今江西南昌市）太守华歆，以及盘踞在吴郡一带的山贼严白虎、盘踞在丹阳郡的地方豪强祖郎等人。

第一个被孙策摆平的是吴郡太守许贡。

关于许贡的结局，历史上有两种说法。一种出自《三国志・朱治传》。朱治是孙坚旧部，在孙坚死后与孙贲等人一起归附了袁术，但朱治早就看出袁术这个人不靠谱，后来又见孙策在袁术手底下混得很不如意，就力劝他脱离袁术、归取江东。所以，孙策最终能够自立门户，与朱治等父亲旧部的鼎力支持是分不开的。

按《三国志・朱治传》的记载，孙策占据曲阿不久，即兴平二年（公元 195 年）冬，朱治便奉孙策之命征讨许贡，将其击败，攻陷了吴郡。许贡逃亡，投奔了山贼严白虎。司马光的《资治通鉴》也采信了这一说法。

第二种说法，出自《三国志・孙策传》所引的《江表传》。该书称，孙策入据江东后，许贡惧不自安，表面上不敢与孙策为敌，背地里却使了一个阴招。

他暗地里给朝廷（实际上是曹操）上了一道奏表，说孙策骁勇，大有当年项羽的势头，这种人最好赶紧召他入朝，给他富贵尊宠（其实就是夺其兵权），否则放在外面的话，迟早必成大患。

许贡的意思很明显，就是劝曹操在孙策羽翼未丰时把他除掉，不然等他在江东成了气候，到时候必定成为曹操的大敌。

这个借刀杀人之计十分歹毒，不过许贡也太小看孙策了。孙策其实早就安排人暗中盯住了他，所以这道奏表刚刚送出城，就被孙策的人截获了。

孙策看完奏表，不动声色，找了个借口约他见面。许贡不知奏表被截，欣然赴约。孙策当面摊牌，质问他为何在背后捅刀子。许贡极力狡辩，矢口否认这道奏表是他写的。孙策见他毫无悔意，便不再多言，当场命手下把他绞杀了。随后，孙策任命朱治为太守，兼并了吴郡。

这第二种说法，很可能才是许贡之死的真相。因为，几年后行刺孙策的三名杀手，正是许贡的门客。如果按第一种说法，许贡是在战场上被朱治打败的，后来逃奔了严白虎，那么这三个门客的复仇动机就被大大削弱了，似乎不太可能那么强烈。正因为许贡只是写了一道奏表就被孙策绞死，才会让门客觉得主子死得太冤，所以矢志为他报仇。

不管许贡是怎么死的，反正吴郡是被孙策给拿下了。半年后，即建安元年（公元 196 年）夏，孙策便把目光转向了会稽。

当时，以严白虎为首的一众山贼势力都不小，各有部众万余人，四处盘踞，所以将领们都认为，应该先铲除眼皮底下的严白虎等人，再南下去打会稽。孙策却不以为然，说："严白虎那帮人不过是强盗而已，并无大志，回头再收拾他们也不迟。"

随后，孙策亲自率部渡过浙江（今富春江），兵锋直指会稽王朗。

眼见孙策来势汹汹，王朗手下的功曹虞翻劝他，说孙策善于用兵，应避其锋芒，不要与他正面开战。王朗不听，亲率重兵在固陵（今浙江杭州市萧山区）布防。孙策数度进攻，皆未能攻克，其叔父孙静献计，说："王朗据守坚城，一时难以攻破，此去南边数十里，有个地方叫查渎（今浙江杭州市萧山区西南），从此处切入，便可深入敌后，正所谓'出其不意，攻其不备'也。我自当率部作为前锋，定可一战破敌。"

绕过坚城，断敌后路，就等于把刀插在了王朗的后背上，这样固陵城便不攻自破了。此计甚好，孙策当即采纳。是日夜，孙策命部众燃起无数火把，制造要进攻固陵城的假象，同时派出一支精锐骑兵，直扑查渎，攻陷了此处的一座要塞高迁屯（今浙江诸杭州市萧山区东北）。

王朗得知后路被断，大惊失色，立刻派部将周昕去截击孙策。孙策回头迎战，将其击溃，斩杀周昕。王朗担心被包围，只好与虞翻等人弃城而逃，然后登船渡海，准备避难交州，可刚跑到东冶（今福建福州市），就被孙策截住了。王朗又跟他打了一仗，可惜又败了，再也无处可逃，只好举手投降。跟他一块儿投降的，还有之前劝谏的虞翻。

孙策遂自领会稽太守。

至此，孙策先后占据了丹阳、吴郡、会稽三郡，江东大半已入其囊中，大体包括了今天的安徽东南部、江苏南部、浙江和福建两省，地盘着实不小。孙策觉得是时候跟朝廷（曹操）汇报汇报工作了，便派遣张纮拎着江东的土特产入朝进贡。

曹操收下了孙策的礼物，也欣然接住了他伸过来的橄榄枝，然后投桃报李，十分慷慨地回赠了孙策一个大礼包，里面的"礼品"包括：任命孙策为讨逆将军，封吴侯；把自己的侄女许配给了孙策的弟弟孙匡，又让儿子曹彰娶了孙贲的女儿（即孙策堂侄女）；并征召孙权和另一个弟弟孙翊入朝为官；最后，还把张纮留在了朝中担任侍御史。

加官进爵，互相联姻，这些当然都是孙策求之不得的好事。不过，征召孙权、孙翊入朝这一条，却暗藏着曹操的心机——目的无非就是把孙策这两个弟弟留作人质。孙策当然不会把两个弟弟往虎口里送，所以这一条他就"选择性失明"了，权当没看见。至于把张纮留在朝中，则是利弊参半：坏处是孙策的身边暂时少了一位重要的谋士，好处是张纮可以随时了解朝廷和曹操的动向，从而获取孙策所需的各种情报。

孙策在江东势如破竹，又跟曹操打得火热，自然引起了一个人的嫉妒和不安。

这个人就是他的前老板袁术。

本以为年轻人不可靠，没想到这小子转眼间就打下了好几个郡的地盘，俨然成了跟自己平起平坐的一方诸侯。袁术感到了莫大的威胁，于是就搞了一个小动作，派人带着官员印绶前往丹阳郡，收买当地豪强祖郎等人，让他们策动当地的山越土著，一同起兵造孙策的反。

不过，这种小动作对孙策根本没用。因为还没等祖郎搞出什么花样，孙策已经带兵打过来了。建安三年（公元 198 年）冬，孙策攻至祖郎据守的陵阳（今安徽青阳县），一战便将其攻克，生擒了祖郎。

当年孙策刚出道时，招募的第一支部队就是被这个祖郎给团灭的，连他自己都险些丢了性命。此刻落到了孙策手里，祖郎料定自己是必死无疑了。

可出乎他意料的是，孙策竟然命人打开了他的枷锁，还对他说：“当初你袭击我，用刀砍中我的马鞍，可我现在要创立大业，所以不会记仇，只要是能用之才，不管是谁，都可以跟我一块儿打天下，你不必害怕。”

祖郎感激涕零，当即叩头谢罪。孙策当天便任命他为门下贼曹，就是专门负责抓贼的治安官。

搞定了祖郎，但此刻的丹阳郡还有一个对手。

这个对手就是曾经跟孙策单挑的太史慈。

自从刘繇败逃后，太史慈就一个人单干了。他先是逃进了芜湖附近的山中，自称丹阳太守，后来又跑到了泾县（今安徽泾县），在这里得到了山越各部落的拥戴。太史慈本以为在山里打游击，孙策一定拿他没办法。不料，孙策收拾完祖郎后，立刻把矛头对准了他，然后在勇里（今金坛市西北）一战中将他生擒了。

当太史慈被五花大绑地带到孙策面前时，孙策微笑着亲手替他松了绑，然后握着他的手道：“还记得神亭（今江苏金坛县西北，即二人单挑之处）那件事吧？假如你当时抓了我，会把我怎么样？”

太史慈淡淡道：“那可不好说。”

孙策大笑，说：“从今往后，你要跟我一起共创大业。我早就听说，你是一位刚烈忠义之士，但你以前跟错了人。我是你的知己，以后你不必担心不如意。”

当天，孙策便任命太史慈为门下督。班师之时，他又故意安排祖郎和太史慈在前面开道——这对军人来说是一种极大的荣耀，自然令二人十分感激。

通过这些举动，孙策不仅招抚了他们的人，而且收揽了他们的心。有道是“士为知己者死”，二人从此就死心塌地追随这位年轻老板了，尤其是太史慈，更是迅速成为孙策倚重的大将之一。

扫清了丹阳郡，接下来，孙策的目标自然就是南边的豫章郡了。

当时，刘繇投奔豫章不久即病故，留下了一支一万余人的部队。照理这支部队肯定会归附豫章太守华歆，而他们确实也向华歆表达了归附之意，可出乎所有人意料的是，华歆居然拒绝了。

他的理由是：身为大汉臣子，不能在未经朝廷允许的情况下，擅自吞并别人的部众。

如果在太平年代，这样的理由当然是成立的，问题是在眼下这样的乱世，居然还有人固守这些完全不合时宜的规矩，这要么是迂腐，要么就是虚伪。

为了弄清华歆到底是迂腐还是虚伪，以便制定下一步战略，同时也为了兼并这支无主的部队，孙策决定派人前去豫章。

他把这个任务交给了太史慈，说："刘繇当初责怪我替袁术攻打他，要知道，我父亲数千人的部队，都在袁术之手，袁术有权做任何决定。我志在建立大业，怎能不向袁术低头，以换取他的支援？后来，袁术篡逆，我劝他他不听。大丈夫相交，道义为上，若是在大是大非上意见相左，就不得不绝交。我跟袁术交往的经过便是如此，遗憾的是刘繇死了，不能当面跟他解释。现在他儿子在豫章，你替我转达，然后将我的意思告诉他的部众，愿意跟我的，就带他们过来；不愿意的，就好生安抚。另外，观察一下华歆这个人，看他能力如何。此行需要多少兵马，你自己决定。"

太史慈道："将军宽宏大量，赦免了我，我当尽死以报德。而今双方并未开战，所以不必多带人马，几十人足矣。"

此事就这么定了下来。可左右却纷纷劝阻孙策，说太史慈一旦得到刘繇余部，必定一去不回。孙策却非常自信，说："子义（太史慈的字）若离开我，还能去投奔谁？"

随后，孙策亲自为太史慈饯行，送他到了城门口，然后握着他的手，问他何时能回来。太史慈说，顶多两个月。

太史慈走后，很多人都议论纷纷，说像太史慈这种有勇略、有胆识之人，放他走就如同放虎归山，看来孙策这回一定是失算了。孙策听到传言，有些不悦，就对众将说："你们不要多嘴，我的判断自有根据。太史慈虽有勇略和胆识，但绝非那种纵横天下之人。他以道义为重，一诺千金。对于知己，他宁死也不会辜负，你们不必想太多。"

事实证明，孙策这帮手下的确是想多了。他们的老板虽然年轻，但看人的眼光却实在老到——两个月时间不到，太史慈便回来了，而且带回了一个极有价值的重大情报。

太史慈禀报孙策，说：“华歆虽然是一个有德之人，但胸无韬略，才干平庸，仅能自保而已。比如丹阳人僮芝就占据了庐陵（今江西泰和县），还有番阳（今江西鄱阳县）的豪强也自立山头，声称不受豫章太守管辖。而对这些人，华歆也只能干瞪眼，一点办法没有。”

孙策听完，忍不住拊掌大笑。

看来，这个华歆还真不是虚伪，而只是一个墨守成规、毫无魄力的老古板而已。

这就好办了。摸清了华歆的底，孙策反倒不急着拿下豫章了。因为华歆根本不是对手，豫章迟早是孙策的，不论什么时候他想要，都如探囊取物那般容易。所以，眼下的孙策，决定把精力放在一件更重要的事情上——为父报仇。

当年射杀孙坚的黄祖，时任江夏（治今湖北武汉市新洲区）太守。

孙策的下一步行动，便是挥师荆州，进攻江夏，亲手砍下黄祖的脑袋！

当然，荆州刘表的实力不可小觑，黄祖也没那么容易杀。为此，孙策必须从现在开始就着手进行战备。

此时是建安三年，孙策年仅二十四岁。放在今天，这不过就是大学刚毕业两年而已，但孙策已然纵横江东无敌手，成了名震天下的一方诸侯。

在这个人生的巅峰时刻，踌躇满志、摩拳擦掌的孙策万万不会想到，他的生命，其实只剩下短短一年多的光阴了。所以，很多他想做而且完全可以做到的事情，也注定只能开一个头，永远无法完成了……

黯然出局的枭雄们

这几年，曹操在黄河以南大杀四方，可袁绍在黄河以北却没什么大的进展。

他连年发兵，频频进攻死对头公孙瓒，没想到这家伙竟十分扛揍，始终搞不定。到了建安三年（公元 198 年）冬，被打的公孙瓒丝毫没有求饶的意思，反倒是打人的袁绍自己打累了。为此，他写了一封信给公孙瓒，说要不咱俩和好吧，我也不打你了，咱们和平共处。

袁绍本以为，自己主动示好，公孙瓒一定求之不得。不料，这个生性傲慢的家伙居然连信都懒得回，一句答复都没有。

非但如此，袁绍还得到情报，说公孙瓒一直在加强军备，拼命修筑防御工事，摆明了就是要跟他干到底。

袁绍怒了。给脸不要脸，你公孙瓒当真是活腻了吗？

至此，袁绍终于下定了彻底铲除公孙瓒的决心。这些年，曹操的势力范围在南边不断扩大，袁绍知道自己跟曹操很快就会有一场对决。倘若不把北边的公孙瓒先摆平，他的后方就始终不安全，也就难以倾尽全力对付曹操。

所以，公孙瓒必须死，否则袁绍就无法摆脱腹背受敌的窘境。

于是这年冬天，袁绍集结大军，亲自挂帅，北征公孙瓒。而此时此刻，公孙瓒却依然意识不到危险的降临，还在对他的长史关靖吹嘘，说："当今天下，四方龙争虎斗，但还没有一个人能在我的坚城之下跟我打上几年，这很明显，袁本初能奈我何？"

公孙瓒自以为战斗力很强，所以袁绍拿他没办法。殊不知，他之前能够屡屡击退袁军，很大程度上是因为袁绍尚未用尽全力，而这回袁绍亲自出征，冀州兵马必然是倾巢出动，跟过去岂可同日而语？

因此，公孙瓒的自负和轻敌就注定了他出局的命运。

此外，还有一点，也是导致公孙瓒最终败亡的重要原因，那就是他对待部众的态度。

之前，袁军每次来攻打，凡是有部将被围困，公孙瓒都从不发兵救援。他的理由是：只要有了救援的先例，那么后面的守将一旦被围，就会坐等援兵，从而不肯尽力死战。所以，干脆都别救。

这个理由乍一听好像有点道理，其实根本不靠谱。因为下级将领肯力战的根本原因，必然是出于对上级的忠诚和对友军的信赖，而绝不是出于对死亡和孤独的恐惧。兵法上固然也讲"置之死地而后生"，但那通常是在极端情况下不得已的办法，绝不能拿来当成惯例，更不能人为地制造"孤军作战"的困境，尤其不能成为老板对员工见死不救的借口。

所以，公孙瓒的这种奇葩做法，只能暴露出他对部众毫无体恤之情，因而非但不能催生部众的勇气，反倒是让所有人都寒了心。

恶果很快就呈现出来了。

此前袁军来攻，兵力都不是很多，所以幽州各地的守将还能勉强孤军奋战。但这回袁绍率大军亲征，他们就再也扛不住了，或者说是再也不愿替公孙瓒死扛了，于是要么投降要么溃散，幽州的大部分郡县转眼便都落入了袁绍手中。

袁绍一鼓作气，率军直抵易京（原称易县，今河北雄县西北）城下。

公孙瓒直到此刻才生出了一丝恐慌。他一边命儿子公孙续去向黑山军张燕等人求援，一边与关靖等人谋划应敌之策。公孙瓒本人的想法是：亲率一支幽州突骑，西出太行山，召集黑山军各部，然后杀入冀州，在袁绍后院“放火”，迫使他撤兵回援。

应该说，公孙瓒在最后这一刻，还是展现出了一名悍将的本色，敢于兵行险着、剑走偏锋。如果按照这个计划行动，虽然最终不一定能取胜，但一定不会那么快败亡。

然而，他的副手关靖却反对这个计划。

关靖说：“眼下，军中将士已然离心离德，之所以还愿意在此固守，是因为一家老小都在这里，只能依赖将军。他们若全力坚守，日子一长，或许可以迫使袁绍退兵。但将军若在此时离开，那么大本营便无人坐镇，易京的陷落，恐怕就在转眼之间了。”

公孙瓒觉得他说的好像更有道理，于是放弃了自己的计划。

屁股决定脑袋，位置决定思维。假如现在的公孙瓒还只是一名大将，那他肯定不会有这么多顾虑。可毕竟他已经当了好几年的诸侯了，而且龟缩在这座“铁城堡”里逍遥享乐也好几年了，身上的勇气、锐气、冒险精神早已消磨殆尽，所以必然会患得患失、瞻前顾后。

接下来的日子，袁绍大军的攻势越来越猛烈，公孙瓒的部众死伤惨重，他只能眼巴巴地盼着张燕的援军早日到来。

建安四年（公元 199 年）三月，公孙续终于带着张燕的十万援军，兵分三路，火速朝易京而来。

公孙瓒得到消息，大喜过望。

他一高兴，就做出了一个愚蠢的举动。大军未到，他便写了一封密信给儿子公孙续，让他抵达时在城北某处举火为号，然后他亲率五千突骑出击，夹攻袁绍。

不料，这封密信刚一送出，就被袁绍的巡逻兵截获了。

袁绍将计就计，命人在那个约定地点放火。公孙瓒以为援军到了，立刻率部出城，结果当然是中了袁绍的埋伏，被打得大败，好不容易才逃回了城里。

经此一败，公孙瓒的兵力无疑受到了更大的削弱。

事实上，公孙瓒只要继续固守，坚持到援军抵达，袁绍担心腹背受敌，大概率就退兵了，他完全没必要多此一举。

虽然公孙瓒现在局势危急，但袁绍这边也开始焦虑了。

因为张燕的十万援军很快就到，若不能在短时间内破城，袁绍只能撤军。如此一来，眼看煮熟的鸭子就飞了。

可是，易京这座铁城堡早已被公孙瓒经营得固若金汤，一味强攻是很难在短时间内攻克的。怎么办？

绞尽脑汁后，袁绍终于想到了一个办法——地道战。

他命部众挖掘了一条地道，直通易京城内，里面用木柱支撑，估摸着挖到城中心的时候，就一把火烧掉了那些支撑的木柱，于是地道轰然塌陷。然后，公孙瓒精心修筑的那些坚固的高楼就一座接一座坍塌了。

公孙瓒意识到大势已去，便拿着一条绳子，把自己的妻子、儿子、姐妹一一勒死，最后纵火自焚。

曾经威震河北、名闻塞外的白马将军公孙瓒，就以这样一种惨烈的方式结束了自己的一生。

一代枭雄就此出局。

袁绍率军杀入城中，第一时间命人冲上高楼，斩下了公孙瓒的首级。

当天，一直追随公孙瓒的大将田楷力战而死。长史关靖仰天长叹："之前若不阻止将军的计划，未必会失败。我曾听闻，君子把朋友推入险境，就一定要跟他同患难，而今我岂可独生？"遂单人独骑直冲袁军，被乱刀砍杀。

得知易京陷落，张燕的援军自然就掉头而返了。公孙续走投无路，流亡匈奴，旋即被匈奴的屠各部落所杀。

就在公孙瓒败亡的短短三个月后，另一个枭雄也紧跟着出局了。

他就是“仲家皇帝”袁术。

自从前两年被吕布和曹操先后击败，袁术的实力便大为削弱了。当时为了躲避曹操，他还曾一度逃离寿春。后来虽然偷偷溜了回去，但是骄奢淫逸的恶习却一点没改。《后汉书·袁术传》便称其“淫侈滋甚，媵御数百，无不兼罗纨、厌粱肉”，意思就是他的后宫妻妾多达几百人，穿的都是绫罗绸缎，吃的都是山珍海味。

自从他称帝以来，江淮一带连年饥荒，老百姓饿死了很多，甚至发生了大规模的人吃人的惨剧。《三国志》称“江淮间空尽，人民相食”；《后汉书》称“士民冻馁，江、淮间相食殆尽”。虽说“江淮空尽”“相食殆尽”的说法有些夸张，但百姓大量死亡应该是事实。

这种时候，袁术却不思振作，仍旧醉生梦死，其结果自然是坐吃山空。很快，连他的部众都吃不饱了，于是纷纷逃亡。

袁术在寿春再也待不下去，只好一把火烧掉了伪皇宫，二度南逃。

此时，南边的灊山（今安徽潜山市）还有他的部将陈简和雷薄，袁术只能去投靠他们。可袁术万万没料到，落魄的凤凰不如鸡，陈简和雷薄居然紧闭城门，拒绝接纳他。本来还有少量部众跟着他，见状也都脚底抹油，溜得一干二净了。

至此，袁术终于陷入了众叛亲离的绝境。

而这一切，都是他自己作死，怪不得任何人。

像袁术这种人，本事不大，人品也不行，想坐稳一方诸侯的位子就已经很勉强了，当皇帝实在是太过自不量力。可人性就是这样子，不撞南墙不回头，不见棺材不掉泪，总是要穷途末路了，才意识到自己当初的狂妄有多么可笑。

袁术发现天地之大，几乎已无自己的容身之处，绝望中才想起了同父异母的大哥袁绍。

当初骂人家是奴才和野种，如今却只能觍着脸求人家收留。为了不让自己显得太难堪，袁术派人去跟袁绍求情的时候，还一并带去了自己的“诚意”，说是要把皇帝尊号让给袁绍。

当然，袁绍若是想当皇帝的话自己就当了，根本用不着袁术来“让”。袁术真正要让给袁绍的，其实就是天下所有想当皇帝的人都垂涎三尺的那个东西——传国玉玺。

混到今天这步田地，袁术身上唯一有价值、可以拿出来跟别人交换的东西，也只有这个天底下独一无二的宝贝了。为此，袁术低声下气地给袁绍写了一封信，说：“汉室气数已尽，袁氏秉承天命，当为君王，此事预言和祥瑞都很明显。如今你拥有冀、幽、青、并四州之地，人口百万户以上，谨把天命归献，请你振兴帝王大业。”

袁绍心里是百分之百想当皇帝的，只是不像袁术表现得那么露骨而已，所以“袁氏受命当王”这种说辞，他当然乐得接受，更不用说袁术手上还有传国玉玺，袁绍岂能不动心？此外，虽说他跟袁术早已翻脸，但再怎么说也是兄弟，这种时候如果拒绝袁术，难免遭人非议，会有损于他的高大形象。

是故，袁绍决定收留袁术。随后，他便以一种既往不咎的大度姿态向袁术敞开了大门，并让驻扎在青州的长子袁谭负责接应。

然而，青州与扬州之间，还隔着一个徐州。而徐州眼下是曹操的地盘，不论是袁谭想南下还是袁术想北上，都得从徐州经过。曹操当然不会让袁术就此逃出生天，遂命刘备和部将朱灵在下邳阻截。

此时的袁术，基本上已经丧失了战斗力，敢迈入徐州地界无异于找死。万般无奈之下，他只好灰溜溜地掉头南行，回寿春。

建安四年（公元 199 年）六月，袁术行至距寿春八十里的江亭，在此歇脚。袁术问下人还剩多少口粮，下人说，只剩下“麦屑”三十斛。时值酷暑，袁术忽然很想喝蜂蜜，就问下人有没有。答案当然是没有。

堂堂“仲家皇帝”，却穷困潦倒至此，连喝一碗蜂蜜水都成了无法实现的奢望。

往日的种种奢靡与浮华，宛如梦幻泡影般从他的眼前一一闪过。袁术坐在一张铺着破草席的床榻上，越想越悲哀，不停地长吁短叹。忽然，他无比愤懑又无比凄凉地喊了一句：“我袁术，怎么就落到了这步田地！”然后一口老血喷出来，人就栽倒在了床榻下。

据说，那天袁术吐了很多血，仿佛要把他这些年吸食的民脂民膏全都吐出来一样——最后吐干净了，人也就一命呜呼了。

从建安二年（公元 197 年）二月称帝，至今也不过才两年多，袁术就以这样一种闹剧加悲剧的方式，十分不堪地结束了自己的人生。

在这场大赌局里，一开始袁术其实拿到了一把好牌。

比如他一出道就顶着“四世三公”的金字招牌，然后又有猛人孙坚帮他打天下，甚至还帮他找到了传国玉玺。此后孙坚虽然早亡，但其子孙策大有青出于蓝之势，且起先也是愿意为袁术所用的。此外如周瑜、鲁肃等人起初也都在袁术帐下，只要袁术善用这些人才，好好经营，稳扎稳打，不要骄奢淫逸，不要急着称帝，那么江东完全有可能是他的天下。倘若如此，那么日后与曹操、刘备三分天下的人就有可能是他，而不是孙权了。

只可惜，袁术却生生把一手好牌打得稀烂，最后落了个众叛亲离、吐血而亡的下场，徒然给后人留下了一个千古笑柄。

在“称帝”这场闹剧中，袁术为世人形象地演绎了什么叫“过把瘾就死”。

袁术死后，他的堂弟袁胤怕曹操再打过来，不敢去寿春，便带着袁术妻儿，扶着他的棺椁，跑去投奔了袁术旧部、时任庐江太守的刘勋。

而袁术手中的传国玉玺，却不知何故落到了广陵前太守徐璆的手中。徐璆旋即把它献给了朝廷，当然也就等于献给了曹操。

不知道曹操拿到传国玉玺的那一刻，心中会不会掠过一阵“天命在我”的悸动？

我想，肯定是会的。要说曹操没有当皇帝的野心，恐怕没有人相信。但是，曹操之所以是曹操，就在于他的理智始终大于他的野心。他不仅现在不会称帝，日后也没有称帝，乃至直到生命的终点，他都没有跨过这一步。

尽管对日后的“魏王”曹操而言，要跨过这一步可谓易如反掌，而且大多数人不会也不敢反对，可曹操终于还是把野心深深地埋藏了起来，并且最终带进了坟墓。

用曹操自己在《让县自明本志令》中的话说，这就叫“不得慕虚名而处实祸”。除非天下已然一统，否则像曹操这种理性务实又深谋远虑之人，就绝对不会像袁术那样，为了一个皇帝的虚名而招来实实在在的祸患。

总之，曹操之所以终其一生都没有称帝，并不是他没有称帝的野心，也不是他没有称帝的实力，而是因为在他看来，各方面条件始终没有完全成熟。

反观袁绍、袁术这哥儿俩，在这件事上的定力就比曹操差得多——不仅袁二公子没脑子，连袁大公子也险些昏了头。

随着公孙瓒的出局，河北再无敌手，袁绍的野心便日益膨胀。袁术因称帝而加速败亡这一惨痛事实就摆在面前，可袁绍非但没有吸取教训，反倒在袁术刚死没多久，便悄然动起了称帝的念头……

第七章

官渡之战

张绣投曹：从仇人到亲家

消灭公孙瓒之后，袁绍坐拥冀、青、幽、并四州，可以说一举成为当时天下最强大的诸侯，没有之一。

原本就十分自负的袁绍，越发踌躇满志，眼中时常流露出一种睥睨天下、舍我其谁的神采。他手下一个叫耿包的主簿，一看老板整天神采飞扬，觉得这是一个献殷勤的大好机会，便私下去见袁绍，建议他应天顺人，登基称帝。

袁绍本来便有此意，一听顿时心痒难耐，于是立刻召集高管们开了一个会，专门讨论称帝的事。不料，议题刚一抛出，所有文武官员异口同声表示反对，都骂耿包大逆不道，应该拉出去砍了。

袁绍暗暗吃了一惊，没想到众人的反对竟会如此强烈。

还好，袁绍比他死去的老弟有脑子，像这种没有人支持的事情，那是绝对不能干的。为了澄清自己的立场，表明不称帝的态度，袁绍二话不说，当场就命人把那个耿包拉出去砍了。

这件事告诉我们，拍马屁是一门很深的学问，不要以为摸清老板的心思就够了，还得知道同僚们都在想些什么，否则心血来潮随便乱拍，那是会死人的。

袁绍很清楚，众人之所以反对自己称帝，是因为目前时机还不成熟；而时机之所以不成熟，最主要的原因，就是黄河南边有一个日渐坐大的强劲对手——曹操。

早几年，他和曹操虽然各怀鬼胎，但起码还维持着表面的同盟关系，可自从曹操挟天子以令诸侯以来，两人的矛盾冲突日益加剧，原本的暗中角斗便渐渐公开化。而两个月之前发生的“眭固事件”，更是让袁绍怒火中烧，仿佛挨了曹操一记火辣辣的耳光。

前文说过，眭固是原黄巾余部黑山军的首领，后来投靠了张杨。不久前，张杨被部将杨丑所杀，而眭固旋即又杀了杨丑，控制了张杨留下的部众和地盘。之后，眭固打算连人带地盘一块儿归附袁绍，这对袁绍来讲当然是求之不得的好事。

可是，谁也没想到，曹操很快就得到了情报，遂亲自率部逼近黄河南岸，命大将曹仁、史涣渡过黄河，对驻扎在射犬（今河南沁阳市）的眭固发动攻击。眭固自知不敌，带着部众向北逃窜，却还是被曹仁和史涣追上，当场斩杀。曹操随即渡河，进围射犬，将其逼降，紧接着又拿下野王（今河南沁阳市），就这样把张杨的部众和地盘一口气都给兼并了。

此举无疑是对袁绍赤裸裸的挑衅，袁绍岂能咽下这口恶气？

在袁绍看来，既然他与曹操迟早要有一场对决，那么时间拖得越久，曹操的实力就越强，到时候就越难铲除，所以没必要再等了，不如乘着消灭公孙瓒之余威，一举消灭曹操！

建安四年（公元 199 年）六月，即除掉公孙瓒短短三个月后，袁绍便迅速集结了十万大军，外加一万匹战马，准备渡过黄河，大举进攻许都。

然而，关于是否要在此刻与曹操决战，底下的谋士们却分成了两派，各执一词。

反对者以沮授为代表，他说：“近来讨伐公孙瓒，连年出师，百姓疲敝，仓库空虚，万不可轻动。眼下应该劝课农桑，与民休息，同时遣使入朝，向天子奏捷。曹操若是阻拦，便上表弹劾他，然后出兵进驻黎阳（今河南浚县），对其采取蚕食和袭扰之策，使其不得安宁，而我方则在以逸待劳的同时，修造船舶，训练水军。如此，一旦时机成熟，天下便可轻易平定。”

支持出兵的以郭图和审配为代表。他们针锋相对说：“以明公之神武，率河朔之精兵强将，讨伐曹操，可谓易如反掌，何必那么麻烦？”

沮授力争道：“平乱除暴，称为‘义兵’；凭借人多势众，称为‘骄兵’。义者无敌，骄者先灭。曹操奉天子以令天下，我军若南下攻击，师出无名，是为不义。而且，胜败是由政治上的谋略决定的，不在于军事上的强弱。曹操法令严明，士卒精锐，不是公孙瓒那种坐以待毙的人。而今，放弃万无一失的战略，出动没有号召力的军队，我替主公深感恐惧。”

郭图却冷笑道：“武王伐纣，能说是‘不义’吗？况且现在讨伐的是挟天子的曹操，岂能说师出无名？主公如今实力正强，将士们也都想在战场上一展身手，若不趁此机会奠定大业，正所谓‘天与不取，反受其咎’，这正是当年弱小的越国之所以最终称霸、强大的吴国之所以最终覆灭的原因（意为吴国的错误在于没有趁自身强大之时一举消灭越国）。沮授的方略，固然是沉稳持重，但完全不懂随机应变之道。”

综观双方的意见，沮授重在从政治角度评估，而郭图和审配则是纯粹从军事角度出发，二者因视角的差异自然就得出了截然不同的结论，很难说有什么高下对错之分。

在当时，由于曹操捷足先登掌控了天子，所以袁绍在政治上的确处于劣势，不仅号召力和影响力大打折扣，其出兵的正义性与合法性更是先天不足。

沮授正是从这一角度才反对出兵。虽说当时的东汉天下已经是一个军阀割据、诸侯混战的乱世，有兵就是草头王，但这并不意味着单凭武力就能扫灭群雄、定鼎天下。即使是在这样的乱世之中，“道义”“人心”等无形的东西也依然在发挥着强大的作用。比如一度强大的董卓、袁术、公孙瓒等，正是因为失去了道义和人心，才会昙花一现，迅速败亡。至于吕布、李傕、郭汜之流，更是“失道寡助”的典型例证——武力很强，但在政治谋略上一窍不通，在个人修为上又一塌糊涂，结果自然是死得很快。

由此可见，沮授坚持站在政治立场上看问题，总体上肯定是对的。假如袁绍只是想偏安一隅，像刘表那样做一个只求自保、不图扩张的诸侯，那他当然不必说这么多。正因为袁绍志在天下，一心想成就帝王大业，所以就必须讲究正义性与合法性，必须师出有名。换言之，只想做军阀，那你一切随意；若想做皇帝，一举一动就都要讲究“政治正确”，否则得不到人心，你也就得不到天下。

当然，话说回来，光有“政治正确”，没有枪杆子，同样不可能夺取天下。所以，像沮授说的“胜败取决于政治谋略，不在于军事上的强弱”这种话，显然是以偏概全了。人心可以靠无形的政治谋略去获取，可地盘却必须靠实实在在的武力才打得下来，二者是缺一不可的。

就此而言，郭图和审配认为现在我强敌弱，应该趁此机会一举消灭曹操，就是有道理的。若再给曹操几年时间去发展壮大，到时候强弱之势或许就易位了。

不过，郭图和审配却过于迷信武力，以为谁的拳头大谁就一定赢，说打曹操“易如反掌”，这显然也是失之偏颇了。曹操现在的军事实力固然比袁绍弱很多，但如果把政治谋略、用人之道、管理方法、用兵之道等软实力都加进去一起评估，那么曹操的综合实力绝不在袁绍之下。就算曹操不像荀彧和郭嘉曾经吹捧的那样是个“十项全能”选手，但综合得分略高于袁绍则是毫无疑问的。

遗憾的是，袁绍意识不到这一切。

骨子里，袁绍其实也是一个偏于迷信武力的人，当初劝何进召集四方将领进京，就是一个典型的迷信武力、不考虑政治后果的案例。按理说，在“四世三公”这样的家庭环境中成长起来的人，政治悟性和政治敏感度应该很高才对，可不知为何，袁绍在这方面恰恰不比常人高多少。若是再跟曹操一比，那就堪称平庸和迟钝了。

所以，面对沮授与郭、审二人的争论，他内心当然是倾向于后者的。

于是，他毫不犹豫地采纳了郭图和审配的意见，下定决心要与曹操一决雌雄！

沮授之前颇受袁绍重用，担任的是“监护诸将”的职务，拥有对所有将领的监察之权，而且还单独统率了一支兵马，可以说兼有谋士和将领双重身份。

郭图本来便嫉妒他，现在又因此事生出龃龉，遂对袁绍进言道：“沮授监统内外，威震三军，若声势越来越高，何以制约他？人臣的权威等同于人主，这是灭亡之兆啊。而且统兵于外之人，也不宜兼领内务。”

袁绍听信了郭图之言，遂将沮授的部众一分为三，只给他留了三分之一，把另外三分之二的兵力分别给了郭图和淳于琼。

袁绍即将大举进攻的情报，很快就传到了许都。

曹操麾下众将大为震恐，可曹操却很淡定，说：“我了解袁绍，他这个人志向很高，但智谋很低；表面英勇无畏，实则缺乏胆识；对人猜忌刻薄，却树立不起威信；兵力很强，但统率无方；部将骄慢，且政令不一。这样的人，土地虽广，粮食虽丰，不过都是替我储备罢了，到头来都得奉送给我。”

其实，面对马上就要到来的决战，曹操内心肯定不像他表面这么轻松。但是，身为领袖，必须拥有这种高度自信和大无畏的“革命乐观主义精神”。不论对手是否真的这么一无是处，都必须在战略上藐视敌人。只有这样，才能给部众信心和勇气。倘若领导自己先㞞了，那就别指望下属们替你打胜仗了。

当然，在战略上藐视敌人的同时，还必须在战术上重视敌人。曹操自然深谙此理。

这年八月，曹操亲自抵达黎阳前线，部署防御：命不久前归降的臧霸率精锐进驻兖、徐、青三州交界处的战略要地，防备青州的袁谭；命于禁驻守延津（今河南延津县北），刘延驻守白马（今河南滑县东），防备袁绍主力；命夏侯惇等人沿敖仓（今河南荥阳市东北）、孟津（今河南洛阳市孟津区东）一线布防，以备策应。

九月，他又命徐晃、张辽率兵万人进驻官渡（今河南中牟县东北）。

部署停当后，曹操才回到了许都坐镇。

此时，从地缘政治的角度来看，曹操的境况显然比过去好多了：东边的徐州，他已经拿下；西边的马腾和韩遂，也已经招抚；东南面的袁术，自己玩完了；江东的孙策，暂时也已笼络。所以，眼下最主要的对手，除了北面的袁绍，就只剩下西南面的刘表和张绣了。

简言之，在袁曹对决的这盘大棋中，刘表和张绣这两颗棋子可谓举足轻重——他们倒向哪边，哪边就握住了更多胜利的筹码。

关键时刻，袁绍走了一步好棋。他命人前去招抚张绣，同时给贾诩写了一封信，在信中跟贾诩拉交情、攀关系，极力示好。因为他很清楚，贾诩就是张绣的脑子，只要搞定贾诩，张绣必然归降。

张绣一旦归附袁绍，就等于在曹操后背插了一把刀子，这对曹操显然是极为不利的。

而对张绣来讲，归附袁绍似乎也是最合理的选择，毕竟在当时的天下，袁绍是最强大的诸侯，没有之一。

所以，当张绣带着贾诩一起接见袁绍的使者时，他甚至都忘了咨询贾诩的意见便准备答应了。可让他和使者都万万没想到的是，贾诩居然抢在他前面，对使者说了一句话："尊使回去后，替我谢谢袁本初，同时我还有一言相赠——连兄弟都不能相容，还能容得下天下国士吗？"

这句话说得非常不客气，就跟把口水直接吐到人脸上差不多。

使者蒙了，张绣更蒙。

愣了半天，张绣才尴尬地打了一个圆场，说："先生何必把话说到这份上呢？"

可想而知，被当众打脸的使者立刻就愤然离席了。张绣苦着脸问贾诩："搞得这么僵，接下来怎么办？"

贾诩淡淡一笑，只说了五个字："不如归曹公。"

张绣闻言，顿时又惊又疑："袁强曹弱，况且之前咱们还跟曹操结了死仇，怎么能去归附他？"

"正因如此，才应归附曹操。"贾诩说着，伸出了三根指头，"曹公奉天子以令天下，归附他名正言顺，此其一；袁绍兵强马壮，咱们区区这点人马，必不为他看重，而曹操兵力薄弱，必然会欢迎咱们，此其二；有霸王之志者，定乐于抛弃私怨，向四海之人展示他的胸怀，此其三。希望将军不要再犹豫了。"

这就是逆向思维，想法与常人截然相反，却往往是对的。

贾诩的厉害之处，就在于他对人性洞察入微，所以他不管谋划什么，都不只是简单地站在自己的立场上思考，而是更多地站在对方的立场上，找到别人关注的东西和真正的利益所在，然后投其所好，同时在这个过程中实现自身利益的最大化。

这正是贾诩“算无遗策”的根本原因之一。

在“投袁还是投曹”这件事上，他十分精准地把握了袁绍和曹操的心理——袁绍强大，所以投袁充其量只是锦上添花，对袁绍而言价值不算很大；而曹操弱小，所以投曹就是雪中送炭，对曹操的意义自然就非同一般。

此外，正因为与曹操有宿仇，所以投曹反而有“故事”可以讲，足以让曹操利用此事为自己打造一个“宽容大度、不念旧恶、唯才是举、公私分明”的漂亮人设。这对一心谋求霸业、志在一统天下的曹操而言，其政治意义甚至要比得到张绣这员猛将的军事意义更大。因此，投靠曹操，张绣和贾诩的价值才能得到最大化的凸显。反之，投靠袁绍就没有任何故事可讲了，平淡得不值一提，袁绍最多表面上做一做欢迎的姿态，随后肯定会把张绣和贾诩撇在一边；再加上袁绍阵营中钩心斗角得那么激烈，像张绣和贾诩这种“外来户”，很可能立足未稳就被人搞死了。

而这一切，全都在贾诩的“算盘”之内，无一遗漏。

当年十一月，张绣听从贾诩之言，率部归降了曹操。

不出贾诩所料，曹操果然不计前嫌，向昔日的仇敌敞开了怀抱，当即设宴隆重款待，还在宴席上拉着张绣的手坐在一起。随后，又让儿子曹均娶了张绣的女儿，拜张绣为扬武将军；同时，任命贾诩为执金吾，封都亭侯。

事实证明，“投曹”确实是双赢之举：张绣和贾诩不仅加官进爵，且从此有了靠山，而曹操不仅解除了后背的威胁，还博取了胸襟宽广的美名，可谓各得其所，皆大欢喜。

不过在这里，有件事却值得我们玩味一下：当年，曹操老父被杀，他为了复仇狠狠地屠了徐州；如今儿子被杀，曹操却跟仇人结成了亲家。面对同样性质的事情，为何曹操前后态度的反差会如此之大呢？

其实，这与胸襟和肚量没有半毛钱关系，只与一个因素有关：时势。

当初的曹操，本来就对徐州虎视眈眈，再加上父亲被杀，他就更有理由灭陶谦吞并徐州了。后来因陶谦顽抗，曹操一时半会儿打不下来，只好用屠城的办法来发泄，同时也是借此瓦解徐州军民的反抗意志。可我们设想一下，假如当时袁绍便与曹操撕破脸，并有开战之势，那么曹操还敢大肆进攻徐州并屠城吗?

答案绝对是否定的。

再设想一下，假如当时陶谦像张绣一样向曹操投降，那么曹操为了集中精力对付袁绍，也一定会尽弃前嫌，与陶谦握手言和，从而安定自己的大后方。

同理，眼下曹操之所以厚待张绣，最主要的原因也是有袁绍这个大敌存在。假如没有了袁绍这个威胁，那么曹操对张绣还会如此宽宏大量吗?

答案恐怕也是否定的。

因为一旦没有了袁绍这个威胁，那么曹操的下一个目标必定是荆州刘表。所以，他必然会大举进攻荆州，亲手宰了张绣，然后再拿下刘表。如果张绣和刘表顽抗到底，他同样有可能给荆州也来一次屠城。

其实不仅是曹操，很多政治人物做事情，经常会让人感觉前后矛盾，难以理解。其根本原因无他，只不过是由于时移势易，他们的利益点也跟着转移罢了。换言之，不管表面上的行为多么矛盾，其内在逻辑肯定都是一贯的，那就是，在对时势进行理性判断后，按照利益最大化的原则行动。

孙策复仇，割据江东

张绣投曹，无疑令袁绍既惊诧又愤怒。

不过，对袁绍来讲，张绣还只是一颗小棋子，能利用最好，不能利用也无关大局。他觉得更重要的一颗棋子，其实是刘表。

很快，袁绍就派人找到刘表，重申了他们之间的盟友关系，希望在即将到来的这场大战中，刘表能站在他这一边，从背后攻击曹操。

刘表满口答应，却愣是不动一兵一卒。

因为他不想选边站，只想坐山观虎斗——你们爱怎么打怎么打，反正我保持中立。

尽管凭借刘表的中立原则，荆州军民可以暂时避免战火，继续过他们的太平日子，但这种脆弱的太平显然不可能持久——不管袁绍与曹操对决的结果如何，最后的胜出者一定会来灭了他，只是迟早而已。

所以，刘表的中立原则说白了，就是苟且偷安。

可偷得了一时，却偷不了一世。

他的下属韩嵩等人看穿了这一点，便苦口婆心地劝谏他说：“如今两雄相持，天下的重心就落在将军身上了。将军若想有所作为，正好趁此机会采取行动；如若不然，就应该选择一方去归附。岂能像现在这样，拥兵十万，坐观成败，答应结盟却不肯出兵，看见贤明却不愿归附。结果，双方的怨恨都集中到将军身上，恐怕到头来也保持不了中立。曹操善于用兵，四方俊杰大多归附他，最后势必击败袁绍。到时候，曹操一定会大举南下，进攻荆州，恐怕将军难以抵御。而今之计，不如献出荆州，归附曹操，他必十分感激将军。如此方能福禄永享，传之子孙，是为万全之策也。”

刘表帐下的首席谋士蒯越也赞同这个主张，力劝他归附曹操。

可是，刘表虽然没什么雄才大略，但好歹也是颇具实力的一方诸侯，要让他拱手交出偌大一份家业，放弃老板的身份，去端曹操的饭碗，他肯定是不甘心的。

可是，看手下这帮人都这么敬畏曹操，说得好像他明天就会消灭袁绍，后天就会打过来似的，刘表心里又有些发虚。一番思想斗争后，他决定先派韩嵩到许都走一趟，刺探一下曹操的虚实再说。

韩嵩却道：“将军有命，我赴汤蹈火，万死不辞。不过在我看来，曹公终将平定天下，将军若愿归顺朝廷和曹公，可以派我去；若并未下此决心，那么我到了许都，天子万一给我官职，辞又辞不掉，到时候我就成了天子之臣、将军之旧部了。既然成了君王的臣子，当然要效忠君王，在大义上就不能再效忠将军了。希望将军三思，不要逼我辜负将军。”

刘表觉得韩嵩是心里有鬼才不敢去，便强迫他出发。

韩嵩只好奉命前往。到了许都，曹操果然给了他侍中之职，又兼零陵（治今湖南永州市）太守。韩嵩回来后，更是盛赞曹操，还劝刘表把儿子送到朝廷去当侍从，其实就是去当人质。

刘表大怒，认为韩嵩明显是被曹操收买了，便集合文武官员，要以背叛的罪名当众斩了韩嵩。众人震恐，都劝韩嵩谢罪。韩嵩却面不改色道：“是将军辜负我，不是我辜负将军。”又把之前对刘表说的那番话说了一遍。

刘表之妻蔡氏也劝他不要杀韩嵩，说韩嵩是荆楚一带的名士，言语耿直，杀他没什么理由。刘表却余怒未消，命人严刑拷打韩嵩的随行人员，想逼问出韩嵩背叛的证据，为此甚至把人给打死了，可最后还是什么都没问出来。

刘表没辙，只好免了韩嵩的死罪，但仍然将其囚禁。

发生在荆州的这起“韩嵩事件”，还有之前贾诩和张绣拒绝袁绍、投靠曹操的事情，无不从侧面证明了在当时的东汉天下，要论政治上的号召力和影响力，显然没有任何一个诸侯可以跟曹操比肩，其中当然也包括袁绍。

为什么曹操这么牛？

除了个人领导力和用兵能力极为突出、有目共睹，“奉迎天子”从而代表朝廷，占据了名正言顺的政治制高点和道义制高点，无疑也是最重要的原因之一。

所以，尽管袁绍与曹操的这场终极之战还未正式打响，但袁绍已然在“道义”和“人心”上先输一局了。

当然，这里说的“道义”并非伦理学意义上的，与人品和道德无关，而是政治学意义上的，即政治上的正当性与合法性。

建安四年（公元 199 年）冬，当曹操与袁绍在黄河两岸对峙之际，孙策正沿着长江一线展开他的复仇行动。

黄祖当时驻扎在沙羡（今湖北武汉市西南）。孙策自江东出兵，兵锋西指，庐江郡是必经之地。此时的庐江太守是袁术旧部刘勋，驻扎在皖县（今安徽潜山市），麾下部众数万，实力不可小觑。

当时，刘勋与上缭（今江西永修县）一带的豪强武装发生了冲突，正在犹豫要不要出兵讨伐。孙策得到情报，立刻抓住时机，给刘勋写了封信，说：“上缭那帮人，曾多次侵犯鄙郡，我一直想打他们，只因路途遥远，不便行动。上缭十分殷实，钱粮丰足，如果阁下讨伐，我一定出兵相助。”然后，孙策还随信给刘勋送上了一大笔金银珠宝和上等织物。

刘勋大喜过望，立刻出兵，却不知这是孙策给他挖的坑。

此时，孙策已进抵石城（今安徽马鞍山市东南），得到刘勋出兵的消息，马上命堂兄孙贲、孙辅率八千人进驻彭泽（今江西湖口县西），负责阻截刘勋，自己则与周瑜共率二万人奔袭皖县。

刘勋在老巢皖县还留下了三万多人，兵力其实比孙策多，但是主帅不在，群龙无首，战斗力自然大打折扣。孙策没费多少功夫就攻克了皖县，将三万人悉数俘虏，同时抓获的，还有刘勋的家眷，以及不久前投靠刘勋的袁术妻儿。

得到老巢被袭的消息，刘勋慌忙回师，却遭到孙贲、孙辅拦腰截击，被打得大败，遂退保流沂（今湖北黄石市），然后向黄祖求援。

刘勋虽然跟黄祖没什么交情，可黄祖很清楚，刘勋就是自己的东大门，主要作用就是阻挡孙策，一旦刘勋败亡，荆州便门户洞开，孙策就长驱直入了。

黄祖立刻命儿子黄射率水军五千驰援刘勋。孙策率部迎头痛击，大破刘、黄二人的水陆联军。刘勋带着残部亡奔曹操，黄射也仓皇遁逃。

孙策俘虏了刘勋部众两千余人，并缴获战船一千艘，旋即沿江西上，于当年十二月八日兵临沙羡。

刘表得到战报，赶紧派侄子刘虎与部将韩晞，率五千长枪兵增援黄祖。

十二月十一日，双方在沙羡城外列阵，展开会战。

孙策这一方的出战阵容很是壮观，除了他和周瑜，年仅十八岁的孙权也在其中，此外还有大将程普、韩当、黄盖（此三人皆孙坚旧部）和吕范等人。

终于等到这一天了！

复仇的火焰在孙策、孙权兄弟的心中熊熊燃烧，化成昂扬的斗志在他们的血管中奔涌。而周瑜、程普等人当然也知道这一战意味着什么，无不个个热血沸腾、奋勇争先。

从孙策后来写给朝廷的奏表中可以看出，这一仗打得相当激烈，而且规模不小，战果也很丰硕。

战斗是从平旦时分，也就是天刚亮的时候打响的。孙策说他自己“跨马掠阵”，即身先士卒，冲锋在前，而麾下部众也都“吏士奋激，踊跃百倍”。当时的战场上，“火放上风，兵激烟下，弓弩并发，流矢雨集”。战斗进行了差不多一个多时辰，到了辰时，敌军终于崩溃。黄祖几乎全军覆没，仅带着残部突围而走。孙策一方斩杀了刘虎、韩晞及其部众两万余人，另有一万多人跳入水中溺死；此外还缴获了战船六千余艘，以及无数的财物、辎重等。

黄祖逃得很仓促也很狼狈，把妻子儿女共七人全都扔在了沙羡城中，他们理所当然成了孙策的俘虏。

虽然这一仗赢得很漂亮，但没有手刃黄祖，对孙策而言还是颇为遗憾。如果天假以年，不让孙策那么早逝的话，那么毫无疑问，黄祖迟早得死在他手上。只可惜历史没有如果，所以诛杀仇人黄祖这件事，最终还是要等到九年之后，才在孙权的手上完成。

复仇行动结束后，孙策再度把目光转向了南边的豫章郡。

他挥师南下，进驻椒丘（今江西南昌市新建区东北），然后就按兵不动了。

上回太史慈带回情报，说豫章太守华歆才具平庸，所以孙策决定不战而屈人之兵，让华歆主动交出地盘。他把劝降的任务交给了不久前随王朗一同归附的谋士虞翻，说："华歆虽然是天下名士，但不是我的对手，你去告诉他，如果不开门投降，等我战鼓一响，就不得不伤及无辜了。"

虞翻随即赶到豫章，面见华歆，先是奉承了一番，说华歆与其旧主王朗都是海内名士，他虞翻仰慕已久云云。华歆赶紧客气了一下，说自己的名望不如王朗。

场面话说完，虞翻马上转入正题，问华歆道："敢问明府，不知豫章郡的粮秣储存、武器装备，以及士民的斗志，跟鄮郡（会稽郡）比起来如何？"

华歆说："大大不如。"

虞翻笑了，说："明府方才说名望不如王朗，那是谦虚之词；豫章的实力不如会稽，这才是实话。孙将军智谋过人，用兵如神，之前驱逐刘繇，先生亲眼所见；后来平定鄮郡，先生亦有耳闻。如今若想困守孤城，先生也自知粮草不足，若不早做决定，到时后悔就来不及了。孙将军现在已到椒丘，我要回去复命，若明日中午之前还没有答复，那我就只能跟先生告辞了。"

连最后通牒都只给这么短的时间，可见孙策是吃定华歆了。

华歆是个明白人，知道跟孙策打仗就是拿鸡蛋碰石头，所以也不用等到明天中午了，当即道："在下久在江表，常欲北归，孙将军既然来了，那我就可以离开了。"

当天夜里，华歆便写了一道降表，于次日凌晨派人送到了孙策手上，然后身着便装，在城门口毕恭毕敬地迎接孙策。

来而无往非礼也。华歆这么懂规矩，孙策当然也不能怠慢人家，便下马对他行了一个大礼，说："府君德高望重，远近所归，在下年少，当修子弟之礼。"旋即将华歆奉为上宾，礼遇甚周。

紧接着，孙策又一鼓作气，命堂兄孙辅出兵，平定了盘踞在庐陵的僮芝，然后将豫章一分为二，另外设置了一个庐陵郡，由孙辅任太守；豫章郡则由另一个堂兄孙贲任太守。

当时，江东大部分地区都已平定，只剩下邹佗、钱铜、王晟、严白虎这几股山贼，其部众多则万余，少则数千，仍然在负隅顽抗。孙策岂能容这些人在自己眼皮底下占山为王？随即亲自率部出击，将这些山贼一一平定。邹佗、钱铜等人皆死，而王晟因与孙坚有旧交，被孙策赦免。

最后，孙策大军逼近严白虎山寨，将其团团围困。严白虎惶恐不安，却又不甘心投降，便叫他弟弟严舆以求和为名来见孙策，并要求与他单独会面。孙策很清楚，这不过是严白虎的缓兵之计而已。此外，孙策也听说，这个严舆在山贼中以"有勇力"著称，严白虎派他来，并且特意提出单独见面，很可能是企图行刺。

孙策在心中冷笑，同意了他们的要求。随后，孙策屏退众人，单独接待了严舆，跟他有一搭没一搭地聊了一会儿天。接着，还没等严舆出手，孙策便突然掷出一把手戟，将严舆当场射杀。

那些山贼听说二当家被孙策亲手干掉了，一下就没了斗志。孙策趁机进攻，就这样剿灭了严白虎。

至此，江东全部平定。

从兴平二年（公元 195 年）冬天，带着父亲的一千多旧部进入江东，到眼下的建安四年（公元 199 年）冬天，仅用了短短四年时间，孙策便把江东的六个郡吴郡、丹阳郡、会稽郡、庐江郡、豫章郡、庐陵郡悉数收入囊中，其地盘大致包括今天的江苏南部、安徽东南部，以及浙江、福建、江西三省全境。

除此之外，孙策又利用讨伐黄祖之机把战线推到了荆州东面的江夏郡，相当于一举敲开了荆州的东边门户。

接下来，按照孙策的既定战略，他一方面会继续向西攻打荆州，另一方面，则把目光转向北方，准备进取徐州。

也就是说，刚刚割据江东的孙策，已经把曹操锁定为他的下一个对手了。

此时此刻，人在许都的曹操得到了孙策平定江东的消息，不由眉头紧锁，然后发出了一句感慨："猘儿难与争锋也。"（《三国志·孙策传》注引《吴历》）

猘，是狂犬之意；猘儿，就是小疯狗的意思，常用来比喻年少勇猛之人。

曹操这个评语虽然不太好听，却十分传神。他显然已经预感到了，在未来的日子里，这个凶悍的年轻人很可能将成为他最强劲的对手之一。

当然，世事难料，此刻的曹操并不知道，日后成为他对手的人却不是这个"小疯狗"孙策，而是比孙策更为年轻，也更有能耐的家伙——孙权。

决战前夕：刘备的叛逃

建安四年（公元 199 年）冬，曹操展开了第二轮防御部署。这一轮主要是在外围进行布防：命河内太守魏种备战于西，命程昱派兵驻守鄄城，备战于东；又命曹仁驻守阳翟（今河南禹州市）、曹洪驻守宛城，防备刘表；命李通驻守汝南郡，防备孙策。

十二月，曹操命荀彧留守大本营许都，然后亲自率部进驻官渡前线。

至此，曹操终于构筑起了一个全面的防御体系，同时也拉开了决一死战的架势，就等袁绍大军南下了。

可就在这个大战前夕的节骨眼上，曹操却接连遭遇了一场刺杀和一场政变。

刺杀发生在官渡前线，刺客有数人，为首的是曹操的一名贴身侍卫，名叫徐他。关于此人的身份背景和行刺动机，史书全都没有记载。我估计，要么是被袁绍收买，要么就是替人报仇，毕竟曹操杀过那么多人，想要他脑袋的绝不在少数。

由于徐他是曹操的贴身侍卫，这次行刺本来是很容易得手的，最后之所以刺杀未遂，主要是因为曹操的侍卫长许褚。

此次行动，徐他最忌惮的人便是顶头上司许褚，所以特地挑了许褚换班休息的时间点动手。那天，许褚本来已经下班了，回到了自己的营帐中，可人躺在了床榻上，心绪却一直不得安宁，总感觉有什么事要发生。

许褚辗转反侧，始终没有睡意，索性翻身下床，重新披挂齐整，又来到了曹操的大帐中。此时，徐他等人恰好也进入了大帐，正准备动手，可一看许褚竟然还在，而且神色十分警惕，顿时脸色大变。许褚一看就明白怎么回事了，当场将徐他等人全部砍杀。

大约许褚属于直觉超强的人，所以特别适合做保镖。曹操选他当侍卫长，的确是有识人之明。

这起刺杀事件虽然有惊无险，但是紧随而来的一起未遂政变，其结果却一度让曹操落入腹背受敌的险境。

这场政变的主角有两个，一个是时任车骑将军的董承，还有一个就是刘备。

董承是汉灵帝之母董太后的侄子，论辈分相当于天子刘协的表叔。此前护送刘协回到洛阳，董承也算是主要功臣之一，所以后来不仅加官进爵，而且有一个女儿被刘协纳入了后宫，封为贵人，因此董承也算是天子的老丈人。

拥有这样的双重身份，董承与天子当然就是一荣俱荣、一损俱损的关系了。自从曹操奉迎天子、迁都许县后，朝政大权被曹操一手掌控，天子和董承自然都成了摆设。面对“汉室衰微，政在曹氏”这样一个憋屈而无奈的现实，天子刘协很不甘心，国丈董承更不甘心。

既然当初王允可以发动政变，干掉大权独揽的董卓，那么今天董承凭什么就不能依样画葫芦，也来一场政变干掉曹操呢?

董承越想越觉得此事可行，于是声称拿到了天子从宫中秘密送出的衣带诏，然后暗中联络了偏将军王服、越骑校尉种辑、议郎吴硕等人，决定发动政变诛杀曹操。

所谓衣带诏，就是刘协用血写的一道诏书，因担心被曹操的耳目发现，只好把诏书缝在衣带里，然后送到了董承手上。

这份密诏的具体内容，史书无载，甚至连密诏是否真实存在，也没有定论。按《三国志》的相关记载，只是说董承声称拿到了衣带诏，并没有说诏书就是献帝写的。《资治通鉴》也采用了这个相对客观且适度存疑的说法。但《后汉书》的相关记载，却很肯定地说就是献帝不满曹操的专权和逼迫，故而主动写了衣带诏。

鉴于《三国志》的成书在《后汉书》之前，可信度更高，所以从严谨的角度来说，衣带诏是否真实存在应该是存疑的。不过，要是换一个角度，从献帝刘协当时的处境以及他本人的性格来看，那么密诏也完全有可能是他写的。

不论衣带诏是真是假，反正董承是紧锣密鼓开始策划了。他不仅拉上了王服等人，而且找上了刘备。毕竟，你刘备不是一直号称自己是中山靖王之后吗？那么身为汉室宗亲，在“诛杀曹贼，匡扶汉室”这件事上，你当然是责无旁贷的。

刘备是志在天下之人，投靠曹操本来便是不得已的权宜之计，找到机会他迟早会自立门户。如今董承的这个政变计划，在公是匡扶汉室，乃人臣所当为；在私则是一个以小博大的机会，反正光脚的不怕穿鞋的。

如果政变成功，刘备就成了汉朝的大功臣，前程不可限量；万一失败，他也可以脚底抹油溜之大吉，反正他本来就是要走的，横竖也没什么损失。

所以，刘备决定赌一把，遂加入了这个“谋诛曹操”的计划。

而此时的曹操，对刘备则毫无疑心。自从刘备前来投奔，曹操对他一直十分优待，不仅拜他为左将军，而且出则同车，坐则同席。《三国演义》中的经典情节“煮酒论英雄”，便发生在这个时候。

这个故事在正史中真实存在，罗贯中只是用精彩的文字描绘了一些细节，增加了一些对话，总体上并未虚构。

根据《三国志》的记载，有一天，曹操请刘备吃饭，貌似不经意地说了一句：“今天下英雄，唯使君与操耳，本初之徒，不足数也！”

翻译成大白话就是：当今天下，真正称得上英雄的，只有你和我，至于袁绍那种人，根本排不上号。

鉴于曹操的权谋之深，他说这句话肯定不是无心的，其用意便是试探刘备，看看他做何反应。而这句话在刘备听来，不啻平地一声惊雷。首先，曹操把他当成英雄，潜台词就是当成了对手，可刘备眼下是在给曹操打工，小命在他手里头捏着，闻言岂能不胆战心惊？其次，刘备此时已经参与了董承等人的密谋，“做贼心虚”，这话听上去就更像是曹操已经察觉到了什么。

所以，刘备吓得一激灵，连手里的筷子都拿不住，啪的一声掉到了地上。

如此惊慌失措，就算曹操本来对他没有疑心，这下恐怕也不能不怀疑了。

所幸，老天爷恰好在刘备惊掉筷子的当口，帮了他一个大忙，突然打了一声震耳欲聋的响雷。刘备急中生智，忙道：“圣人云：‘迅雷风烈必变’，良有以也。”

这句话的意思是，圣人说：“急速的雷声和猛烈的风暴，足以让人脸色大变，说得一点都没错啊。”

借着这声惊雷和巧妙的解释，刘备成功掩饰了内心的惊慌。

曹操相信了他，并未起疑，估计就是大笑几声，就没再说什么了。

但是，经过这件事，刘备显然已成惊弓之鸟。在许都的每一天，都令他如坐针毡。而老天爷又在这个时候，送给了他一个逃离曹营的机会。

当时，袁术还没死，正准备通过徐州北上，与袁谭会合，然后投奔袁绍。曹操得到消息后，立刻派部将朱灵和刘备前往下邳拦截。

刘备如蒙大赦，带上关羽、张飞及部众忙不迭地跑了。

他前脚刚走，程昱、郭嘉、董昭这帮精明过人的谋士立马对曹操说：“不能派刘备去。”言下之意就是放虎归山，必成后患。

曹操这才醒悟过来，赶紧派人去追，可好不容易逃出生天的刘备哪敢耽搁？早就绝尘而去了，连个影子都看不到。

没多久，朱灵就灰溜溜地回到了许都，报告曹操说刘备造反了。

刘备干掉了曹操任命的徐州刺史车胄，让关羽留守下邳，然后带着张飞及部众第四次进驻小沛，以防曹操派兵来攻。

当时，徐州地面上还有不少变民武装不肯归附曹操，如东海郡（治今山东郯城县）的变民首领昌豨等人。可这些人却对刘备颇有好感，刘备一来，他们便纷纷归附。刘备一下子变得兵强马壮，部众足有数万人。

但是，刘备的脑子还是很清醒的。他知道光凭自己，绝对无法与曹操抗衡，必须找一个强大的盟友。

而此时此刻，显然没有任何人比袁绍更适合做刘备的盟友。刘备随即派人去跟袁绍联络，双方马上缔结了一个反曹同盟。

形势突然恶化，让曹操后悔莫及。

本来他已经打造了一个非常完整的防御体系，足以让他没有后顾之忧，全力以赴对抗袁绍。结果刘备这一跑，重新占领了徐州，就等于把一张苦心打造的防御网撕开了一道大口子，并且令他陷入了腹背受敌之境。

曹操不敢迟疑，立刻派部将刘岱、王忠前去小沛攻打刘备。可是，这两人却不是刘备的对手，愣是打不下来。刘备还十分嚣张地放话说："像你们俩这样的，再来一百个，也不能拿我怎么样；就算是曹操自己来，谁输谁赢也还难说。"

刘备向来是比较谦逊低调的人，很少说出这么狂妄的话。这回，估计是料定曹操被袁绍牵制着，不敢亲自来打他，所以有些得意忘形。

可是，牛皮吹得太大，是很容易破的。

建安五年（公元 200 年）正月，"衣带诏事件"败露，曹操将董承、王服、种辑等人全部诛杀，并夷其三族。然后，曹操决定亲自去讨伐刘备。麾下众将一致反对，说："跟主公争天下的人是袁绍，如今袁绍即将大举南下，主公却去东边打刘备，万一袁绍抄了咱们的后路怎么办？"

曹操说："刘备是人杰，不尽早把他收拾掉，必为后患。"

关键时刻，郭嘉站了出来，力挺曹操，并对众将解释道："袁绍性情多疑，行动迟缓，不会这么快就打过来。而刘备刚刚叛乱，趁他立足未稳、人心尚未完全归附之机，快速发动进攻，刘备必败。"

做通了众人的思想工作后，曹操立刻率兵，直趋小沛。

河北方面马上得到了情报。谋士田丰当即建议袁绍，说："曹操去打刘备，战事不会很快结束。主公应抓住战机，亲率大军攻其后背，定可一战而胜。”

可是，正如郭嘉所言，袁绍果然是一个“性迟而多疑”之人，面对如此难得且稍纵即逝的战机，他却犹豫了起来。

没有人知道他为何犹豫，史书只记载了他以小儿子生病为由，否决了田丰的提议。

这就叫“天与不取，反受其咎”。老天爷给了袁绍这么好的机会，却让他白白丢掉了。我们只能说，如此缺乏决断力和行动力的人，最后败给曹操，实在是一点都不冤。

田丰没想到袁绍会在这么重大的节骨眼儿上犯糊涂，私底下气得拿手杖在地上猛敲，捶胸顿足道：“大势已去了！好不容易有这个机会，却因为一个婴儿的病而错失，可惜啊！”

曹操大兵压境之时，刘备仍然在小沛优哉游哉。直到探子来报，刘备虽然大惊失色，但还是不愿相信。然后，他亲自带着张飞等数十骑出城查探，果然看见了曹操的大旗。

这下牛皮吹破了。刘备自知不是曹操的对手，慌忙带着张飞等人掉头就跑。

不过，他并不是跑回小沛，而是一溜烟往北边跑了。北边是青州，即袁绍长子袁谭的地盘。此时此刻，除了袁绍，刘备也没有什么人可以投奔了。

就这样，刘备再一次丢掉了小沛，同时也再一次丢掉了老婆孩子。

从出道到现在整整十六年了，草根创业者刘备已经从一个二十岁出头的年轻人变成了年届不惑的中年大叔，可他仍然还在“失败、跑路，再失败、再跑路”的怪圈中苦苦挣扎。人家曹操和袁绍已经在角逐北方霸主的地位，马上要打响一场争夺天下的战争了，可他却连一块属于自己的地盘都还没有。

此刻的刘备，完全可以用“惶惶若丧家之犬”来形容，其内心的悲凉和无奈可想而知。

唯一值得庆幸的是，他命大。不论遭遇什么样的失败，刘备每一次都能绝处逢生。这首先当然是因为他始终奉行一条非常现实的生存原则——打不过就跑，跑不掉就降，所以活命的概率很大；其次，运气也是一个很关键的因素。

从屡战屡败的角度讲，他的运气并不好；可从“打不死的小强”这个角度讲，他的运气其实一直都不算差。

在这个世界上，一个人要想有所作为，除了能力和机遇，最基本、最重要的一点就是要活下去，并且活得足够久。如果像孙坚那样，一支冷箭就夺了性命，那你能力再强、打仗再猛都没有用。

所以，不管刘备失败多少次，只要他还活着，一切就都还有希望。

活下去。

对于任何一个创业者，这三个字都是最朴素也最根本的一条真理。

只要能活下去，打不死我的，必将使我更强大！

袁绍听说刘备前来投奔，立刻出城两百里迎接，给足了他面子，算是让备受挫折的刘备感到了些许安慰。

曹操兵不血刃地拿下小沛后，生擒了刘备的老婆孩子，紧接着便又马不停蹄地杀到了下邳。孤立无援的关羽抵抗了几天，终于还是城破被俘。

速战速决后，曹操立刻回师官渡。从他出兵到大胜回师，前后可能也就十几天，感觉根本就不是在打仗，更像是兜了一圈就回来了一样。

这就是曹操可怕的行动力，效率之高令人咋舌。

相比之下，袁绍的效率就让人很无语了。直到曹操回到官渡，袁绍才开始跟幕僚们正式讨论进攻许都的事。

田丰觉得最佳时机已经错过了，现在进攻许都毫无胜算，便劝谏袁绍道：“曹操既已打败刘备，现在的许都就不像之前那么空虚了。而且曹操善于用兵，机变无穷，虽然兵力少，但绝不可轻视。而今之计，不如采取持久战的战略。以将军目前的实力而言，据山河之固，拥四州之众，只要外结英雄，内修农战，然后遴选一批精锐，分为几路奇兵，不断袭扰河南。敌若救右，我军则击左；敌若救左，我军则击右。使敌军疲于奔命，百姓不得安生，我大军未动，其已陷入困窘，不出三年，便可坐收胜利之果。倘若放弃这个谋略，与曹操一战决成败，万一达不到预期目的，后悔就来不及了。”

此时的袁绍自恃兵强马壮，丝毫不把曹操放在眼里，坚信一战便可定乾坤，自然看不上田丰这种拖拖拉拉的战略，直接就否决了。

田丰心急如焚，仍然竭力劝阻。袁绍大怒，认为他在扰乱军心，就把他抓起来扔进了大牢。随后，袁绍便把帐下最牛的一个文士找了过来，命他起草一篇讨伐曹操的檄文。

这个人就是文豪陈琳。

陈琳不负所望，大笔一挥，一篇洋洋洒洒、战斗力爆表的千古名作——《为袁绍檄豫州文》就新鲜出炉了。

就是在这篇极富煽动力的檄文中，陈琳把曹操祖孙三代都骂了个狗血喷头：从他祖父曹腾开始骂起，说曹腾跟其他几个臭名昭著的宦官“并作妖孽”，伤天害理，残虐百姓；接着骂他爹曹嵩贪赃枉法，窃位弄权；然后顺理成章地骂曹操是“赘阉遗丑”，且人品很差，“好乱乐祸”；又骂他挟持天子，“败法乱纪，专制朝政”，以致朝中“百僚钳口，道路以目”，总之就是一个有着“豺狼野心”的祸国殃民的大恶棍。

最后，陈琳还总结了一句话，说：“历观载籍，无道之臣，贪残酷烈，于操为甚！”

骂完了曹操，就开始夸老板，说袁绍“奉汉威灵，折冲宇宙”，麾下有“长戟百万，胡骑千群”，一旦挟着“良弓劲弩”，迈着“雷霆虎步”，打过黄河去，那就像举起烈火焚烧蓬草、倾覆沧海冲刷污垢一样，没有任何东西消灭不了。

在檄文的最后，陈琳秉袁绍之旨发布了对曹操的巨额悬赏令，说凡砍下曹操首级者，封五千户侯，赏钱五千万。

另外，值得一提的是，陈琳还在檄文中说到了一件事。

这件事就是盗墓。

拜近年来十分火爆的盗墓小说及相关影视所赐，“摸金校尉”和“发丘中郎将”这两个词已经变得广为人知，而很多人不知道的是，它们的出处正是陈琳的这篇檄文。

据说，曹操当年为了拓宽财源，以弥补军饷的不足，就打起了盗墓的主意，为此专门设立了“发丘中郎将”和“摸金校尉”这两个职位，堂而皇之地把“盗墓”这种原本见不得光的犯罪勾当变成了由军队主导的合法行为。

按照陈琳的说法，曹操不仅为此设立了专门机构和人员，甚至本人还身体力行，“帅将吏士，亲临发掘，破棺裸尸，掠取金宝”。

当然，也有人说这是陈琳给曹操扣的一个黑锅——曹操派人盗墓或许实有其事，但更有可能是偷偷地干，只做不说，不太可能明目张胆地设立官职专司其务；至于说曹操亲自上阵去挖墓开棺，就更是无稽之谈了。

可怕的关羽，忠义的关羽

建安五年（公元200年）二月，袁绍亲率十万大军进抵黎阳前线。

三国历史上第一场具有决定性意义的大规模会战，也是中国历史上最著名的战役之一——官渡之战，就此拉开了序幕。

决战在即，袁绍阵营中却有一些大佬充满了悲观情绪，比如沮授。大军出发前，沮授召集宗族的人，把自己的家产给分掉了，还对他弟弟说：“曹操雄才大略，又挟持天子作为政治资本，我们虽然消灭了公孙瓒，但部众实已疲惫。而且，主公骄傲，将领自大，我军的溃败，恐怕就在此一行了。”

相反，曹操这边的人却显得胆气十足，比如程昱。当时他奉命驻守鄄城，可兵力却少得可怜，只有区区七百人。曹操过意不去，就打算再拨两千人给他。程昱却拒绝了，说：“袁绍拥兵十万，自认为所向无敌，看我兵少，必然轻视我，可能都懒得来攻打。若是多给我兵力，袁绍经过此地，就非打不可了，到时候鄄城定会陷落。”

不出程昱所料，袁绍得知他兵少，果然不予理会。

当时，为了迎战袁绍，曹操在正面战场上由北向南设置了三道防线：第一道，是刘延驻守的白马；第二道，是于禁驻守的延津；第三道，是曹操亲自坐镇的官渡。

从官渡往南约两百里，便是曹操的大本营许都了。

虽然曹操的防御部署很严密，但他最大的软肋还是兵力少。关于双方投入此战的总兵力，历史上一直存在争议，至今没有定论。袁绍方面，公认的看法是不少于十万，大致是十一二万，其中骑兵一万多；而曹操方面的兵力则说法不一，且差距很大。

《三国志·武帝纪》认为曹操的兵力不到一万人，其中还有两三千是伤兵。这种说法显然不靠谱。曹操若只有这点兵力，很难想象能与袁绍的十万大军相持半年之久，最终还能大获全胜。裴松之便对此提出了异议，但他只是列举了几条理由说曹操的兵不可能这么少，可具体到底是多少他也说不上来。

黎东方先生在《细说三国》中猜测曹军兵力是五万到七万，但也只是一笔带过，没有提供任何证据。时至今日，有研究者通过对各种史料的分析，推测说曹操在官渡之战前的总兵力可能达到了十万余人，但为了防备马腾、刘表、孙策等人，同时还要分兵据守外围的一些战略要地，所以真正投入官渡之战的兵力，可能是在三万到四万之间。这个数字，相当于在陈寿的说法（偏少）与黎东方的说法（偏多）之间取一个中间值，应该是比较可信、相对合理的。

不论曹操的具体兵力是多少，反正跟袁绍比起来肯定是众寡悬殊，这一点毫无疑问。

袁绍进驻黎阳不久，便派遣大将颜良率部渡过黄河（古黄河，在今黄河北面），对曹军的第一道防线白马城发起了进攻。

四月，曹操带着张辽、关羽诸将，亲自率军前去救援。临行前，荀攸献上一计，说："敌众我寡，必须分散敌军的兵力。主公到了延津渡口，就做出要渡河北上、抄袁军后路的样子。袁绍得到消息，一定分兵向西阻截，然后主公率轻骑突袭白马，攻其不备，定可生擒颜良。"

曹操依计而行。袁绍果然上当，立刻派兵在西线阻击，而曹操则率部昼夜急行，直扑白马。此时颜良正在埋头攻城，等得到情报时，曹军离他只有十余里了。颜良大惊，立刻掉头迎战。曹操命张辽和关羽率先冲锋。

此时的关羽，已被曹操拜为偏将军，且受到了优厚的礼遇。按《三国演义》的说法，叫作"封侯赐爵，三日一小宴，五日一大宴，上马一提金，下马一提银"。宴请和馈赠当属实情，但"封侯赐爵"则是稍后的事。

在《三国演义》中，关羽作为主要角色之一，早已出场无数回了，可在正史的记载中，这却是关羽在战场上第一次比较正式的亮相。

虽然他的正式亮相比很多人都晚，但一出场就是高光时刻，不仅惊艳了曹操，也惊艳了世人。据《三国志》记载，关羽一马当先朝袁军冲过去时，遥遥望见颜良的帅旗和车盖，便策马直取颜良，然后“刺良于万众之中，斩其首还”。

就这么短短的一句话，信息量却大得惊人。要知道，颜良麾下的“万众”可不是虚数。因为颜良是袁绍最倚重的大将之一，况且进攻白马又是本次大战的首场战役，袁绍志在必得，给颜良的兵力绝对不少于万人，而且肯定都是精锐。

关羽要想杀到颜良面前，首先得问这一万名精锐部众答不答应吧？而颜良作为主将，身边必然有不少副将和亲兵护卫，这些人肯定也不是纸糊的吧？最后来看颜良，虽然正史关于他的记载很少，但孔融对他和文丑曾有一句评价，说二人“勇冠三军”；沮授也说过颜良“骁勇”。由此可见，颜良本人的战斗力绝对是不可小觑的。

所以，关羽的可怕就在这里表现出来了。他要完成“刺良于万众之中，斩其首还”的任务，首先必须突破层层阻碍，杀到帅旗之下，然后与颜良及其左右交手，继而在短时间内将颜良斩杀，接着又要在那么多袁军将士的包围中砍下颜良首级，最后还要杀开一条血路全身而退。

什么叫“如入无人之境”？

什么叫“于万军之中取上将首级如探囊取物”？

关羽用他的行动为我们做出了最完美的诠释。

如果在影视作品中看到这样的情节，我们一定又会说这是“主角光环”，是编导为了塑造人物，不惜违背客观现实硬扯出来的。然而，这却是正史，是历史上真实发生过的事情，并非出自任何人的想象和杜撰。

就此而言，关羽被后人尊称为“武圣”，确属实至名归。

见主将的脑袋被人轻而易举地拿走了，颜良的部众顿时六神无主，再也抵挡不住曹军的攻势，当即溃败。

白马之围遂解，袁绍输了第一局。

虽然把刘延及部众解救出来了，但曹操并不想死守白马。当初在这里设置防御，本来便是为了迟滞袁绍的进攻而已，并非要与袁绍争一城一地之得失。所以，解围之后，曹操立刻将白马城中的百姓，以及囤积在此的军需物资、辎重等都迁了出来，然后主动撤退，沿着黄河南岸往西南方向的延津急行。

得知颜良被斩，袁绍又惊又怒，立刻下令大军渡河南下，追击曹操。此时，“悲观主义者”沮授又站了出来，劝阻说：“战场上的胜负，变化无常，不可不静心思量。而今之计，应先攻克延津，然后分兵进击官渡，若能夺取，再南下也不迟。若是轻率南下，一旦失利，我军便无退路了。”

袁绍本来就对沮授的悲观态度很是不满，现在又痛失颜良，正在气头上，巴不得马上杀了曹操以泄心头之恨，怎么可能听得进他的建议？

眼看袁绍一意孤行地朝着那个失败的结局而去，沮授的悲观情绪顿时达到了顶点。跟着大军一起渡河时，沮授望着浊浪滚滚的黄河水，忍不住悲叹道：“上面的人狂妄自大，下面的人急着邀功，黄河悠悠啊，我还能不能北返？”

随后，沮授便以生病为由，给袁绍递交了辞呈。

袁绍当然不准他辞职。大敌当前，你却给我撂挑子，这不是扰乱军心吗？迟早会让你滚蛋的，但不是现在！

虽然不准沮授拍屁股走人，但袁绍肯定也不会再让他带兵了，随即剥夺了沮授的兵权，把他的部众全都拨给了郭图。

在延津南面渡河后，袁绍命郭图进驻已然成为一座空城的白马，然后命文丑、刘备率六千骑兵先行追击曹操。

此时，令人意外的是，曹操并未一路向南撤到官渡，而是让主力回防，自己则带着不足六百人的骑兵停在了延津南面一个叫南阪的地方，并在此扎营，准备阻击袁军。

这就是曹操与袁绍不同的地方。袁绍只会坐在后方的大帐中遥控指挥，而曹操不仅会亲临一线战场，而且关键时刻还可以作为将领上阵。

比如现在，他就亲自承担了断后的艰巨任务。可让人捏一把汗的是，他只给自己留了不到六百人的一支小部队，却要抵挡文丑、刘备的六千骑兵，这仗怎么打？

可是，曹操却气定神闲，好像对这一仗很有把握。

他命哨兵在高处瞭望，有敌情随时禀报。很快，哨兵来报，说："敌人来了，有五六百名骑兵。"稍顷，又报告说："骑兵更多了，步兵不计其数。"

此处的骑兵应该就是文丑、刘备的先头部队，而步兵可能是袁军的别部，数量不详。可见，这一仗，曹操与敌军的兵力对比还不止是一比十，很可能更为悬殊。

听完哨兵的两次报告后，曹操居然回了一句："行了，不用再报了。"然后命部众一起出营，并叫大伙解下马鞍，让马儿吃吃草，放松放松，同时把从白马带来的辎重随意堆放在了道路上。

麾下诸将全都蒙了：这唱的是哪出？

众人纷纷说："敌人太多了，还是赶紧撤回大营固守吧。"

曹操却不说话。这时候，一旁的荀攸心领神会，对众将说："这正是诱敌之法，为何要撤？"

曹操闻言，看着荀攸，呵呵一笑。

片刻后，文丑、刘备带着骑兵追到了。众将大为紧张，都说该上马了。曹操却道："还不到时候。"

又过了一会儿，袁军骑兵越来越多，一部分人被那些辎重吸引，开始动手抢夺战利品。

曹操一声令下："时候到了！"众人立刻上马，迅速对袁军发起了攻击。

袁军本来便因辎重挡路而乱了队形，加上争抢战利品，整支队伍更是乱成一团，完全没有防备。

史书虽然没有记载曹军是从什么地方杀出来的，但按照常理推测，极有可能是从路边的树林里，否则之前他们一个个"解鞍放马"，袁军不可能没有发现。正因为道路上只有辎重不见曹军，所以在文丑、刘备及部众看来，曹操很可能是带着辎重跑不快，所以才放弃辎重，轻装撤退了。

这是任何人都会得出的显而易见的结论，无人意识到这是曹操的障眼法和诱敌之计。

曹军突然杀出后，袁军猝不及防，根本无法组织有效的防御。大将文丑当场被斩杀；刘备见势不妙，马上拿出他作为一名"常败将军"的看家本领——三十六计走为上，掉转马头一溜烟跑了。袁军彻底溃败。

第二局，袁绍又输了，而且输得比之前那一仗还要难看。

白马之战或许双方兵力差不太多，输了就输了，也说不上多没面子，可这一仗，袁军投入的是超过曹军十倍绝对优势兵力，却还是被人家打得落花流水，让袁绍的一张老脸往哪儿搁?

决战还远远没有到来，白马和延津这两仗只是前哨战，可袁绍却已经接连失去了两位“勇冠三军”的大将。这不仅是惨痛的失败，更是令人难以忍受的奇耻大辱，对袁军的士气无疑构成了沉重的打击。

关羽在白马之战中神一般的表现令曹操大为激赏，回师官渡后立刻封他为汉寿亭侯。

然而，曹操其实很清楚，关羽为人忠义，心心念念都是他那个誓同生死的大哥刘备，所以迟早会离开自己。

之前，为了刺探关羽的心思，曹操曾经让张辽去跟他谈心。关羽长叹道：“我深知曹公待我很好，然而我受刘将军之恩，发誓同生共死，不能背弃他。我终究不会久留于此，不过我会立功报效曹公，然后才走。”

张辽把关羽的话对曹操说了。曹操十分感慨，对关羽的义气深感敬佩。这回关羽于万军之中斩杀颜良，已为曹操立下大功，兑现了承诺，所以随时都可能走人。曹操明知这一点，却又舍不得让他走，只能重加赏赐。

可是，不管是侯爵之位还是金银珠宝，都不可能留住关羽的心。

关羽把曹操赏赐给他的所有东西，包括汉寿亭侯的印绶，全都归置齐整，原封不动地留在寝帐中，同时留下了一封告别信，然后就带着刘备的两位夫人甘氏、糜氏离开了曹营，北上寻找刘备去了。

得知关羽跑了，曹操麾下众将纷纷表示要去追杀他。曹操叹了口气，说：“彼各为其主，勿追也。”(《三国志·关羽传》)

一个不忘旧主，义薄云天；一个爱才惜才，胸襟宽广。

关羽和曹操在这件事情上的表现，从此传为千古佳话，被后人广为赞颂。

“义”是中国人特有的精神，几千年来一直流淌在中国人的血脉之中。尽管到了我们这个时代，这种精神早已式微，在现实中已经很难看到，可只要我们没有忘却历史，只要中国人还在传颂和崇拜关羽的人格精神，那么“义”这个字就永远留存于天地之间，也永远不会从我们的血脉中消失。

关羽离开曹营后，《三国演义》用了不小的篇幅浓墨重彩地演绎了一个“过五关斩六将”的经典情节。这个故事数百年来一直脍炙人口，几乎已是妇孺皆知，只可惜，它是罗老先生虚构的。

在真实的历史上，关羽要去袁绍那边找刘备根本不用这么麻烦。因为当时袁绍大军已经推进到延津以南，与曹营所在的官渡，距离不过一百多里而已。查看现在的地图，两地相距也才六十多公里，自驾游的话一个小时足矣。就算当时的路不好走，多拐几个弯什么的，也绝对不会超过一百公里，何须关公“千里走单骑”？还要“过五关斩六将”那么辛苦？

当然，也不能排除前线曹军没有接到曹操“勿追也”的命令，所以对关羽进行了拦截，可最多就是一些小规模战斗，不会像书中描述的那么精彩。

另外，顺便提一下，《三国演义》把斩杀文丑的功劳也一并给了关羽，这基本上也是虚构的。史书中并未记载文丑是谁人所杀，只说他死于延津一战，也没有记载关羽是否参与了这场战斗。更有可能的是，关羽已经跟随主力先行一步回到了官渡。

我们之所以如此推测，理由很简单——假如关羽参加了这场战斗，并且斩杀了文丑，那史书一定会记载，就像记载他之前斩杀颜良一样。既然史书只字未提，那只能说明关羽并未参加这场战斗，更没有斩杀文丑。

关羽来到袁绍大营后，估计袁绍的脸色一定很难看。

他可是杀死颜良的凶手啊！

袁绍当时肯定很想杀了关羽祭旗，以告慰颜良的在天之灵。然而，就算他想，也不可能这么做。

毕竟，刘备眼下是他袁绍的人，而关羽投奔刘备，也就等于投奔了他，所以不管心里再怎么咬牙切齿，袁绍也只能装出一副笑容予以收留。

蓦然见到关羽和两位夫人，刘备顿时百感交集。还好，虽然颠沛流离到处跑，而且总是打败仗，但至少老婆没丢，兄弟们也都团聚了，这可真是不幸中的万幸。

此时刘备身边的兄弟，不仅有张飞和刚团聚的关羽，还有一个人，就是赵云。

自从七八年前一别，赵云就回到了家乡，几乎处于隐居的状态。直到不久前听说刘备投奔了袁绍，赵云才赶到邺城，重新回到了刘备麾下。

赵云一来，就暗中帮刘备招募了数百名精壮士卒，为了避免引起袁绍的警觉，对外则声称这些人都是刘备旧部。

对此刻的刘备而言，只要弟兄们都在，就还有翻盘的资本。他是不可能永远替袁绍打工的，尽管袁绍待他不薄，一来就给了他一个“左将军”的高位，但刘备迟早是要走的。

只要等到一个合适的机会，刘备立马会带着弟兄们远走高飞……

对峙官渡：斗智斗勇的生死战

虽然接连打了两场胜仗，斩杀了对方两员大将，但曹操并未从根本上削弱袁绍，只是挡住了他的兵锋，挫伤了他的锐气而已，仍旧未能改变双方兵力悬殊这一事实。

为此，当袁绍大军渡过黄河，向延津以南挺进时，曹操便主动进行了战略收缩，命于禁撤出延津，以免陷入孤军被围的困境。

于禁奉命撤离后，并未直接返回官渡，而是与乐进共率步骑五千，沿着黄河南岸一路袭击袁军的别营——从延津西南一直打到了汲县（今河南卫辉市）、获嘉（今河南获嘉县），沿途焚毁了袁军三十余座营垒，斩首数千级，另外还生擒了数千人，其中仅将领就有二十余名。

连撤退都能取得如此骄人的战果，足见曹军的战斗力有多么强悍，显然远在袁军之上。

于禁本来的军衔是平虏校尉，回到官渡后，因功立刻被曹操火线提拔为裨将军。

至此，白马和延津两道防线均已不存，就剩下官渡这最后一道屏障了。曹操已经退无可退，只能在此与袁绍决一死战。

当年七月，正当曹操全神贯注地盯着面前的强敌思忖御敌之策时，让他万万没料到的是，自家后院居然在这危急关头起火了。

袁绍的谋略虽然不及曹操，但他也不是笨蛋。在正面战场接连输掉两局之后，他就把目光瞄向了曹操的后背，派使者前往汝南郡一带活动，居然成功招降了此地的黄巾余部刘辟。

刘辟当即起兵响应袁绍。使者再接再厉，又去游说驻守在此的曹操部将李通，说只要他肯叛曹，就拜他为征南将军。李通身边的人也不看好曹操，就劝他归附袁绍。李通手按佩剑，厉声怒斥道："曹公明哲，必能平定天下；袁绍虽然强盛，终究会成为曹公的俘虏。我就算是死，也绝不会有二心。"随即斩杀了袁绍的使者，并派人把"征南将军"的印绶送到了官渡前线，交给了曹操。

尽管收买李通失败了，可刘辟的归降已经是在曹操后院烧起了一把火，袁绍决定派人前去支援刘辟，将这把火烧旺，让它形成燎原之势！

而他选择的人，正是刘备。

史书没有记载此次任命是袁绍的决定还是刘备的毛遂自荐，不过依照刘备此时的心境来看，自荐的可能性很大。这显然是脱离袁绍的绝佳机会，他肯定不会放过。此时的袁绍似乎也没有更好的人选，所以就把任务交给了刘备。

刘备这些年虽然老打败仗，但好歹也算是在业界闯出了名头，其号召力自然比"黄巾贼"刘辟强得多，所以一到汝南，四周郡县便纷纷起兵响应。一时间，"曹"字旗便从豫州大大小小的城头上被扯了下来，取而代之的是迎风招展的"袁"字旗。

刘备一鼓作气，率部在汝水、颍水一带四处出击，把曹操后方的官吏百姓搅得惶惶不安，甚至兵锋一度逼近许都南面六十里外的㶏强县（今河南临颍县），对曹操的大本营构成了严重威胁。

与此同时，袁绍率大军继续南下，直抵阳武（今河南原阳县）。此处距官渡仅有百里之遥，显然对曹操形成了泰山压顶之势。

眼前大兵压境，背后还有刘备不断捅刀，此刻的曹操彻底陷入了腹背受敌的境地。面对这样的局面，一向充满乐观精神的曹操也被巨大的忧虑和压力完全笼罩了。

因前线吃紧，原本驻守在阳翟、防备刘表的曹仁不久前已回到了官渡。见曹操愁眉紧锁，曹仁便安慰道："南边那些郡县，都知道大军在前线御敌，势必无法救援，而刘备又突然以重兵压境，所以他们背叛也是情有可原的。"

如果曹仁只会说这话，估计只能给曹操添堵，好在他真正要说的是后面的提议："刘备手下大多是袁绍的兵，未必能死心为他所用，我军若迅速出击，必可将其击破。"

此时集结在官渡的兵力本来就不多，对抗袁绍主力已经有些吃力，若再分兵去打刘备，势必更加捉襟见肘。万一曹仁不能在短时间内结束战斗，而袁绍又大举来攻，后果将不堪设想。所以曹仁这个提议，无疑是兵行险着。

可是，不这么做又能怎么办呢?

兵力少，就只能通过快速机动来弥补，以运动战来化解劣势，若是固守一处，也极有可能被敌人围而歼之。既然不管怎么做都是冒险，那还不如主动出击，或许胜算更大。

深谙兵法的曹操最后还是同意了曹仁的策略，旋即命他率领一支精锐骑兵，火速南下，进攻刘备。

此刻的刘备，正在曹操的地盘上享受着纵横驰骋的快感。出道这么久，他还很少有过这种所向披靡的感觉，仿佛自己的战斗力突然就提升了一大截似的。

然而，这终究只是错觉。

刘备之所以能够闹得这么欢，原因不是他的战斗力提升了，而是曹操后方的这些郡县根本没有战斗力。比如程昱驻守的鄄城，已经算是兖州的战略要地了，可兵力也才区区七百人，更不用说许都以南的这些郡县，战略价值都不大，估计兵力只会更少，不会更多。换言之，不论是鄄城还是许都以南的郡县，其留守兵力基本上都只够维持城内治安，根本不足以抵御外敌。

所以，刘备其实是乘虚而入，捡了一个大便宜。

可是，当曹仁带着曹军的精锐骑兵一到，作为"常败将军"的刘备就只能无奈地现出原形了—— 一战即溃，只好又一次撒丫子跑路。

虽然刘备麾下有关羽、张飞、赵云这些不世出的猛将，但正如曹仁所言，他们自己的嫡系部众很少，手下几乎都是袁绍的兵，彼此间既没有牢固的情义，也没有足够的默契和信任，只是暂时拼凑到一起的，说是乌合之众也不为过。这样一支部队，欺负地方上的治安兵可能绰绰有余，要想跟曹仁麾下这些身经百战的精锐交手，却无异于以卵击石。

紧接着，曹仁又消灭了刘辟，并乘胜将许都以南的郡县一一收复，然后迅速回师。

值得一提的是，在曹仁回师官渡途经许都时，突然接到情报，说袁绍派出一支偏师，将领叫韩荀，正由西面而来，准备偷袭许都。于是曹仁马不停蹄，又迅速率部赶了过去，在鸡洛山打了一场伏击战，大破韩荀，之后才从容回到官渡。

平心而论，袁绍这个分兵合围的战略本来是很高明的：自己率主力在北面进攻，由刘备和韩荀分别从南面和西面杀向许都，这样的计划是很有可能成功的。遗憾的是，强中更有强中手——他的对手是曹操。而曹操不仅本人深谙兵法，其麾下将领和士兵的战斗力也比袁军强得不是一星半点。

就以曹仁此番作战为例，简直是把"运动战"的奥义诠释得淋漓尽致。当然，要让运动战发挥作用，将领和士兵的素质必须过硬，能够在长途奔袭和连续作战的情况下保持体力和战斗力。如果没有这样的素质，那一切都是空谈。

据史书记载，分兵合围的计划被曹仁粉碎之后，袁绍颇为无奈，"由是绍不敢复分兵出"（《三国志·曹仁传》），只能按部就班在官渡与曹操打硬仗了。

见袁绍求胜心切，有些急躁，沮授忍不住又站了出来，劝谏说："我军兵力虽多，但战斗力不如曹军；曹军缺粮，给养不如我军。所以，曹军希望速战，我军则应该缓战。而今之计，最好是拖时间，尽量消耗对方。"

可是，接连遭遇败绩的袁绍急于雪耻，根本没有耐心打持久战，自然不肯听从。

为此，建安五年（公元 200 年）八月，袁绍又把主力向南推进了一大步，在沙丘上筑起营垒，并向东西两翼延伸开去，连营数十里，摆开了决战的架势。

曹操虽然兵力薄弱，但为了防止被袁军包围，也只能如法炮制，命部队两翼展开，构筑起“一字长蛇阵”与袁军对峙。

双方的大营距离很近，已经在弓箭的射程之内。

刘备带着败绩回到了袁绍大营，想要脱离袁绍的心情更为迫切。因为在这场袁曹对决的大战中，不管他刘备再怎么折腾，也只能是替袁绍做炮灰，不可能捞到任何好处。

为了光明正大地跑路，刘备想了一个妙招——装出一副将功补过的样子，建议袁绍派人去跟刘表联络，说服刘表从背后攻击曹操。

当然，刘备还自告奋勇说，自己愿意辛苦为袁公跑这一趟。

南联刘表，这事袁绍并不是没做过，只是刘表那个老滑头总是口惠而实不至，就算这回换你刘备出马，就能说动他了吗？

袁绍不可能不产生类似疑问。而且往深了一想，他也完全有理由怀疑刘备是想借机跑路。可不知为何，袁绍居然就答应了。

在此，袁绍犯了一个曹操曾经犯过的错误。

当初曹操派刘备去截击袁术，事实证明是纵虎归山，后患无穷；而此刻袁绍放刘备走，后果无疑也是蛟龙入海，一去不回头。

可刘备的幸运就在于，在人生的重大转折点上，曹操和袁绍这两大枭雄接连犯错，仿佛脑子突然间短路了一样，从而成全了他这个若干年后的蜀汉皇帝。

有时候我们不得不承认，这就是运气。

历史从来都不是按照一套理性的逻辑演绎出来的，而是充满了各种偶然、非理性、巧合与运气。我们常常说历史有时候比小说更精彩，其原因之一，就在于小说家总是尽量按照逻辑去塑造人物、编织情节，生怕被读者骂胡编乱造；可吊诡的是，真实的历史反而往往不讲逻辑，历史上的人物也经常不按常理出牌，结果就有了许许多多出人意料的故事。

总之，刘备就这样脱离了袁绍，往荆州去了。不过，从官渡前线去往荆州，必然还要经过豫州。曹操得到情报，马上派部将蔡杨前去截击。

可刘备这次有人接应，是当地一个叫龚都的起义军首领。此人可能是刘备之前跟刘辟合作时结识的新朋友，手下有数千部众。有了这个地头蛇保护，刘备就不怕蔡杨了。他和龚都联手，跟蔡杨打了一仗，大获全胜，将蔡杨斩杀，顺利通过了豫州。

曹操深知，两军对峙，时间越久对自己越不利，便多少也生出了急躁心理，遂于九月初主动对袁营发动了一次进攻，结果失利，只好回营固守。

袁绍虽然没有听从沮授打持久战的谏言，但想要一口吞掉曹操也是不可能的，所以不论内心多么不情愿，也不得不跟曹操打起了旷日持久的消耗战。

为了取胜，双方都使尽了浑身解数。

袁绍命部众堆起了一座土山，然后在山上修筑了一排箭楼，天天放箭，居高临下对曹营进行“空对地”的压制性打击，相当于一举掌握了制空权。这可苦了曹军将士，只好人人都拿着一块盾牌防身，在营里走动时都要弓着身子，稍不留神就被一箭放倒了。

曹操很恼火，就命人拉来了一批攻城用的抛石车，并进行技术改良，增加了抛石的重量，还提高了射程，对准袁军的那些箭楼一顿猛轰，就跟地对空导弹似的，很快就将土山上的箭楼一一摧毁。由于巨石抛出声如霹雳，心惊胆战的袁军士兵纷纷称其为“霹雳车”。

袁绍见空中打击失效，就想起了当初打公孙瓒用的那一招——地道战，遂命部众挖掘隧道，一条接一条地挖到了曹营之中。

曹操针锋相对，马上命部众横向挖掘壕沟，与袁军地道呈垂直状，所以每当地道一挖进曹营，立马就暴露了，里头的袁军自然是来一个死一个，来两个死一双。

双方就这样斗智斗勇、来回拉锯，谁也奈何不了谁。

时间在一天一天地流逝，曹营的米袋子也在一天一天地瘪下去。

袁绍坐拥四州之地，人口众多，赋税丰足，有的是粮食，再打一年也不在乎。可曹操不行。他虽然地盘不小，横跨兖、豫、徐等六州之地，却都处于中原腹地，这些年兵荒马乱、征战不休，老百姓死了很多，还好他在许都展开了“屯田”，军粮才有了保障。可那是在平时，部分士兵会参与耕作，眼下却天天在消耗，坐吃山空，根本难以长久维持。

此外，对于袁、曹这场生死之战，曹操这边的很多官吏百姓其实是悲观的，甚至包括一部分文官武将，所以随着战事的胶着，当局面越来越不利于曹操时，后方的许多郡县就再度背叛，投靠了袁绍。许多文官武将甚至偷偷给袁绍写信，表露了“身在曹营心在袁”的立场，给自己留后路，曹操一旦失败他们还可以跟着袁老板混。

形势如此严峻，自然是令曹操忧心忡忡。

一贯内心强大的曹操，此刻也不由得打起了退堂鼓。可这个决心委实难下，他只好写了一封信给留守许都的荀彧，说出了退军的打算，想听听荀彧的意见。

如果曹操真的退军，那么大概率会被袁绍围困在许都，到时候内无粮草外无救兵，就只有死路一条。若如此，三国历史乃至中国历史就要改写了。

荀彧一看到信就吓坏了，赶紧回信道：“袁绍在官渡集结了强大兵力，欲与主公一决胜负。主公以最弱面对最强，若不能克敌，必受制于人，这正是天下兴亡的转折关头。袁绍不过是一个虚有其表的枭雄，能聚人却不能用人。以主公之英明神武，又有奉天子以令不臣之大义，何愁不能取胜？眼下虽然缺少粮秣，但也还没到楚汉在荥阳、成皋对峙那种程度。当时的刘邦和项羽，谁都不肯先退一步，正因为先退的一方会输掉气势。如今，主公以寡敌众，却能固守战略要地达半年之久，形势到了这一步，必将迎来转机，此乃出奇制胜之时，切不可失。”

荀彧这些话，并没有什么实质性内容，更没有提出什么出奇制胜的策略，但这时候的曹操真正需要的，其实也不是什么锦囊妙计，而是信心与勇气。

再坚强的人也有脆弱之时，再乐观的人也有消沉之日。这时候，能够给予他们恰到好处的鼓励，比什么都重要。因为人在面对巨大的困难时，缺的往往不是克服困难的办法，而是克服困难的勇气和信念。

当然，有信念的人不一定会成功，但是丧失信念的人一定会失败。

收到荀彧的信后，原本垂头丧气的曹操立刻“满血复活”，决定继续在官渡战斗下去。

当时，除了前线作战的将士，最辛苦的莫过于负责运粮的后勤部队了。

因为仗打到这个地步，双方在正面战场上能用的招数几乎都已用尽，剩下的，也就是尽量搜集情报，然后派出奇兵插入敌后，去袭击对方的运粮队了。

由于此时暗中投靠袁绍的人不少，所以袁绍得到的情报也更多，在这方面明显占了上风，经常偷袭曹军的运粮队，令曹军的后勤部队苦不堪言。

曹操只好拼命给他们打气，说："只要再给我半个月，我一定为你们击败袁绍，让你们不用再这么辛苦了。"

说半个月内击败袁绍，其实也就是给大伙画画饼、给自己打打鸡血而已，估计没人会信，恐怕连曹操自己都不信。

虽然不可能在短时间内打败敌人，但在袭击运粮队这件事上多加把劲，还是办得到的。很快，曹操这边也收到了一份情报，说袁绍有一支几千辆车的运粮队不日将抵达官渡，带队的将领名叫韩猛。荀攸立刻禀报曹操，说此人虽然勇猛，但自负轻敌，一击可破。

曹操问何人可担当此任，荀攸推荐了徐晃。

徐晃本是杨奉的部将，归降曹操后屡建战功，官至偏将军。曹操对他也很赏识，遂命他和史涣一起去执行这项任务。二人不负所望，率领一支轻骑绕过袁军大营，成功地伏击了韩猛的运粮队。

只可惜，几千车的粮食无法运回曹营，只能付之一炬。

奇袭乌巢：致命的一击

几千车粮食被曹军一把火烧成灰烬，对袁绍当然是不小的打击。不过，不必担心袁军士兵们会饿肚子，因为袁绍财大气粗，有的是粮食，烧了就烧了，他再从后方运上来就是了。

当年十月，又一批数量更庞大的军粮运抵前线，带队的将领是淳于琼，负责护送的部队足有一万多人。

这回，袁绍怕又被曹军给烧了，不敢再让他们把粮食运到官渡，而是命淳于琼前往大营东北面四十里外的乌巢扎营，将粮草屯在那儿。

沮授觉得这样还是不太保险，就建议再派一支部队在外围巡逻，以防被曹操偷袭。

虽然早已被袁绍晾在一旁，可沮授还是本着打一天工尽一天责任的原则，三番五次给袁绍提建议。可是，每一回都被袁绍否决，这一次也不例外。

也许在袁绍看来，让淳于琼带着一万多人守乌巢，已经是绰绰有余了，再派兵过去完全是多此一举。

其实，袁绍这么想也是合乎情理的。乌巢离官渡大营足有四十里，除非曹操是千里眼，否则怎么可能知道袁军的粮草在哪儿?

然而，令袁绍万万没想到的是，曹操虽然不是千里眼，却很快就知道了。

因为有人叛逃，泄露了情报。

这个人就是袁绍帐下的谋士许攸。

许攸之所以叛逃，说起来也很偶然。起因是他向袁绍献计，建议分兵奇袭许都，说一旦成功，便可奉天子讨曹操，到时候曹操就成了瓮中之鳖；即便暂时攻不下许都，也可令曹操首尾难顾，疲于奔命，最后还是可以击败他。

这个计策本身肯定是对的，问题是袁绍之前已经让刘备和韩荀试过了，然而并没什么用，所以袁绍早就死了这条心，也就否决了许攸的提议。

其实对于“偷袭许都”这个提议，袁绍之所以否决，归根结底，还是他对“奉天子以令不臣”这套说辞打心眼里并不认同，故而稍遇挫折就放弃了。倘若他能真正认识到掌控天子所带来的政治利益和各种各样的好处，那么绕过官渡去偷袭许都，在眼下仍然是非常值得一试的策略。

许攸的建议被老板否了，按说也不是什么大不了的事，顶多心里有些失落罢了，反正工资照领、活照干，也不至于这样就叛逃了。促使他走这一步的是紧接着发生的一件事——他的家人不知道犯了什么事儿，被留守邺城的审配给抓了。

许攸顿时又惊又怒。

不看僧面看佛面，老子辛辛苦苦在前线打仗，你审配却趁机在背后搞我的家人，这是几个意思？！

许攸的家人到底所犯何事，史书无载，不过我们不妨从审配平时的为人，来判断此事究竟孰是孰非。按史书记载，审配为人正直刚烈，常追慕古人节操，所以逮捕许攸家人这件事，很可能是秉公办理，并非出于个人恩怨。

当然，袁绍手下这帮人彼此不和，经常窝里斗，这是事实。但就算审配与许攸之间真有什么私怨，想搞许攸，前提也是你许攸的屁股不干净，让审配抓住了把柄，否则身正不怕影子歪，许攸大可以让袁绍主持公道，把事情弄个水落石出，何至于家人一被捕就叛逃呢?

可见，许攸大概率是干了什么见不得人的事，而且性质很严重，一旦被审配挖出来很可能得吃不了兜着走，所以只能三十六计走为上。

许攸的叛逃，对此刻的曹操而言，不啻于大旱之年碰上一场甘霖，也无异于在即将冻死的雪地里遇见一堆篝火。

当时曹操正在大帐里洗脚，正准备洗洗睡了，天大的烦心事也只能等到明天再说，突然听到侍卫来报，说有一位自称是故人的许攸求见。

曹操立马跳了起来，光着脚就冲了出去，看见来人果然是许攸，不禁拍掌大笑，喜不自胜道："子远（许攸字），你来了，我的大事就成了！"

许攸年轻的时候，跟袁绍、曹操都很熟，彼此早就知根知底，所以曹操很清楚，许攸在这个节骨眼上从袁营跑过来，一定是在袁绍那儿混不下去了。而他这一来，也必定会带来此刻曹操最急需的绝密情报。

虽然还不知道会是什么情报，但曹操在这一刻已经预见到了胜利的曙光。

他笑容满面地拉着许攸入座。还没等他开口寒暄，许攸便开门见山道："袁绍兵力强盛，你打算如何应对？眼下还剩多少粮食？"

不愧是袁绍帐下的主要谋士，眼光真毒，一句话就击中了要害。

"不多。"曹操道，"还可以吃一年。"

曹操虽然心情很激动，但并未失去应有的警惕。在没有摸清许攸的来意之前，当然不会泄露自己的老底。

许攸一听，不由冷然一笑："不对，重新说。"

曹操无奈，只好说："还可以吃半年。"

许攸顿时不乐意了，脸色一沉，道："足下是不想打败袁绍了吗？何必如此言之不实？"

大家都是老江湖了，玩虚的看来没有多大意义。曹操这才苦笑着说："方才是玩笑而已。实不相瞒，只能吃一个月了，你说该怎么办？"

其实曹营的军粮到底还能不能撑一个月，也是要打上一个大大的问号的。不过许攸已经没必要再追问下去，只要确认眼下的曹操迫切需要自己的情报就够了。

“您孤军独守，外无援兵而粮谷已尽，此乃危急存亡之时也。”许攸缓缓道，“袁绍有一万多车粮草辎重，就屯放在乌巢，守军的防备不太严密，若派一支轻骑前去突袭，出其不意，把粮草辎重全烧了，不出三天，袁绍必自行溃败。”

曹操一听，内心的狂喜已无法用语言形容。

这一刻，想必他的眼前已经浮现出袁绍授首、北方平定的画面了。

许攸这份情报，其价值比起十万雄兵或许有过之无不及。我们今天看谍战题材的影视剧，不难发现隐蔽战线的情报工作对于战争所具有的重大意义。许攸虽然不是曹操的卧底，但他在这个重大关头提供的这份绝密情报，无疑在很大程度上决定了官渡之战的胜负，从而决定了历史的走向。

曹操抑制不住内心的狂喜，连夜召集谋士和将领们开了一个军事会议，讨论突袭乌巢的行动。然而，大部分人都对这份情报的真实性产生怀疑，认为许攸不一定是真的投诚，也可能是袁绍的反间计。

也难怪众人怀疑，因为这件事情实在是太戏剧性、太不真实了。如果说这是上天所赐的好运的话，那么运气好到这种程度，委实令人难以置信。

不过，曹操却坚信许攸的情报是真的，也坚持要亲自带兵去奇袭乌巢。

关键时刻，荀攸和贾诩站在了曹操这边。有这两个最精明的谋士支持，曹操的底气更足了。事不宜迟，他果断下令：由曹洪和荀攸留守大营，命乐进、许褚等人集合五千精锐步骑，全部换上袁军的旗帜和军装，人衔枚（嘴里衔上小木棍，以防出声），马缚口，而且每个士兵都要带上一捆木柴。然后，曹操还特意命许攸同行。

让许攸跟着走这一趟，显然是很聪明的做法。此举目的有二：首先，许攸在袁军中地位甚高，而他叛逃的消息不会这么快便传开来，所以有他挡在前面，路上若遇袁军盘查，可轻松应对。其次，这也不失为验证情报真实性的一个办法——若情报为真，许攸便会坦然前往，若是假的，他定会心生恐惧，而曹操也定会察觉出来。

当天深夜，曹操亲自率领这支部队，从小道出发，往乌巢方向疾速前进。

从曹营到乌巢，中间基本上都是袁绍的防区，一路上自然是碰到了不少敌军的巡逻队。曹军的说辞是："袁公担心曹操偷袭后方，派我部来加强守备。"

这个理由说得过去，而且他们全都穿着袁军军装，加之还有许攸在场，所以对方没有怀疑，就放他们过去了。此外，如果袁军有口令之类的防渗透手段，许攸一定知道，所以同样拦不住他们。

天还没亮，曹军就赶到了乌巢，悄悄围住淳于琼的军营，在四周乘风纵火，袁军军营顿时陷入火海，一片大乱。天明，惊魂未定的淳于琼才发现曹军人数不多，立刻带上人马出营反击。

双方展开激战，淳于琼不敌，只好退回营中，固守待援。

很快，袁绍接到了淳于琼派人送来的急报，又惊又怒，赶紧把长子袁谭和谋士郭图及大将张郃、高览等人找来，商议对策。袁绍本人的意见是：你曹操去打乌巢，我就打你的官渡大营，就算你攻破了乌巢，只要我把你的大营拔掉，你就没有退路了。

他决定派张郃和高览率重兵去攻打曹营。

很显然，这就是"围魏救赵"的招数：你打你的，我打我的，迫使你回师。

这一招当初曹操也用过，而且还用得挺溜。可问题是，同样的计策，在不同的情况下，由不同的人用，效果不见得就是一样的，甚至很可能是完全不同的。所以说，兵法得活用，不能生搬硬套。倘若在帷幄之中套用一些兵法就能决胜千里，那当年纸上谈兵的赵括早就是千古名将了。

袁绍这个对策有一个很明显的误区：他以绝对优势兵力跟曹操对峙了这么久，如果曹营那么好攻克的话，他早就攻克了，何必等到今天？之所以迟迟打不下来，正是因为曹营的防守异常坚固，且曹军的战斗力十分强悍。尽管眼下曹操不在，可曹营的防守难道立马就变薄弱了吗？虽然曹操带走了一部分兵力，可如果防守得当的话，其战斗力不见得就会削弱多少，你袁绍凭什么认为现在去打就一定能打下来？

张郃身为久经战阵的将领，一听就觉得老板这个策略不靠谱，赶紧道："曹操率领的全是精锐，一定会攻破淳于琼。他一旦失败，便大势已去，请让我们先去援救乌巢。"

可是，郭图为了迎合老板，却坚持认为应该去攻曹营。

张郃据理力争道："曹操的大营固若金汤，就算强攻也无法攻克，而淳于琼一旦失守，所有的粮草辎重被毁，我们就都要成为曹操的俘虏了。"

然而，袁绍听不进去，仍然命令张郃与高览率主力去攻曹营，同时另外派一支轻骑去援救淳于琼。

至此，袁绍败局已定，再也无法挽回。

如果说曹操奇袭乌巢是把袁绍朝深渊推了一把，那么袁绍此举就等于是自己闭着眼睛纵身一跳！

张郃和高览无可奈何，只好率部对曹营发起了不计代价的强攻。

与此同时，曹操与淳于琼也在乌巢陷入了苦战，一时竟难分胜负。

说起来，淳于琼也算是资历很深的一员老将了，他和曹操曾经还是同僚——当年，汉灵帝组建西园军，淳于琼也是著名的西园八校尉之一。

所以，此人的作战经验还是比较丰富的，加之兵力是曹操的两倍多，故而令曹操打得异常艰苦。

就在这时，斥候来报，说袁绍的援军到了。左右大为紧张，对曹操说："等敌军接近，我们就分兵御敌。"

曹操正打得心头火起，闻言怒道："等敌人到了背后，再来报告！"

这就叫破釜沉舟背水一战了。将士们闻言，都意识到若不能在短时间内击败淳于琼，他们这些人包括老板曹操在内就都要被袁军团灭了，今天必定命丧于此！

人到了这个时候，就会激发出超常的勇气。众将士拼尽全力，殊死一搏，终于攻破袁军营寨，生擒了淳于琼，斩杀了眭元进、韩莒子、吕威璜、赵叡等多名将领，然后一把火将袁军的粮草辎重全都烧成了灰烬。

为了震慑袁军，曹军割下了淳于琼及一千多名俘虏的鼻子，还割了许多牛马的舌头，随即回头去迎战袁绍派来的援军，并把这些血淋淋的"肉块"扔到了袁军阵前。

虽然袁军将士也看惯了战场上的尸体，但从未见过这么残忍血腥的做法，见状无不大为惊骇。曹军遂轻松将这支援军击退。

淳于琼被乐进砍掉了鼻子，然后血流满面地被带到了曹操面前。

当时战场上十分混乱，曹操可能没料到乐进会对淳于琼下这个狠手，见状有些吃惊，忙道："怎么会弄成这样？"

淳于琼愤然道："胜负自有天意，何必问这么多？"

念在同僚一场，曹操有意留淳于琼一命。可就在这时，身旁的许攸却阴恻恻地说了一句："来日他若照镜子，定然不会忘记今天。"言下之意，淳于琼遭遇了"割鼻"这种奇耻大辱，肯定不会心甘情愿归顺你曹操，万一哪天找你报仇怎么办？

曹操一想也有道理，只好把淳于琼杀了。

许攸和淳于琼好歹也是老同事，可在人家性命攸关的时候，非但没说半句好话，反而落井下石，可见许攸这个人的人品实在不咋的，也可见袁绍阵营内部相互倾轧的现象有多么严重。

官渡这边，张郃与高览硬着头皮猛攻曹军大营，部下死伤无数，却丝毫没有进展。

郭图之前是力主用重兵攻曹营的，现在眼看着就要落败，担心袁绍会怪罪于他，便决意让张郃当"背锅侠"，赶紧向袁绍汇报说："张郃攻不下曹营，却出言不逊，想把责任往您身上推。"

这话很快就传到了身在前线的张郃耳朵里。

张郃气得差点吐血——老子提着脑袋在前线跟敌人拼刀子，你姓郭的居然在背后给我捅刀子？！

除了愤怒，张郃更感到恐惧。

曹营攻不下来，必然得有人来背锅。现在郭图这厮把自己择干净了，那袁绍一定会拿他张郃当替罪羊，所以回袁军大营只有死路一条。

既然袁营回不去了，那还有什么路可走？

答案只有一个——投奔曹营！

张郃跟高览一合计，索性把攻打曹营用的那些器械烧了个精光，然后就到曹营投降了。留守的大将曹洪深感疑惑：刚才不是还杀得昏天暗地吗，怎么突然说降就降了？不会是想使诈吧？

荀攸劝他不要想太多，说："张郃的计划不被袁绍所用，在那边已经待不下去了，所以怒而来奔，有什么好怀疑的？”随即以礼节接待了张郃跟高览。

张郃这一“怒而来奔”，纯粹是被郭图逼反的。换言之，在曹操与袁绍展开终极对决的这个赛场上，最后曹操大获全胜的临门一脚，完全可以说是郭图帮着踢的。

这一踢，就彻底把袁绍踢进了人亡政息的万丈深渊。

郭图甩锅这件事，加上之前许攸落井下石的事，还有更早之前郭图算计沮授等事，足以让我们看出一个可悲的事实——袁绍阵营的窝里斗是何等贻害无穷！

其实这一点，荀彧和郭嘉早就一语道破了：“绍大臣争权，谗言惑乱。”

像这些“谗言惑乱”、背后插刀的事，对袁绍集团的“高管”们来讲，可能早就习惯成自然了，可长期内斗、内耗的结果，就是把他们共同乘坐的这条船弄得千疮百孔。而当这条船最终沉没的时候，船上的每一个人都是受害者，同时也都是施害者。

下面的人成天窝里斗，原因到底出在哪里？除了一部分员工的人品的确有问题，最大的问题，恐怕还是出在老板袁绍身上。

曹操、荀彧、郭嘉都曾经给袁绍下过断语，总结起来主要有这几个方面：

“志大而智小”（曹操语），就是志大才疏；

“多谋少决”（荀彧、郭嘉语），就是谋划很多，决断很少；

“外宽内忌”（荀彧、郭嘉语），就是表面宽厚，内心猜忌；

“好为虚势，不知兵要”（荀彧、郭嘉语），就是务虚，喜欢讲排场，却不懂真正的兵法；

“兵多而分画不明，将骄而政令不一”（曹操语），就是兵力很强，但统率无方，部将骄慢，且政令不一。

有什么样的老板，就有什么样的“企业文化”。袁绍身上存在这些致命的缺点，就导致他的集团内部很难形成真正的凝聚力和向心力，也很难走在一个正确的方向上。因为对集团有益的意见，比如奉迎天子、与曹操打持久战等，仅仅由于不合老板口味，就总是得不到采纳；而那些精于算计的人就会曲意逢迎，说一些让老板觉得顺耳的话，从而踩着别人往上爬，实现自己利益的最大化。久而久之，必然形成“劣币驱逐良币”的结果——有公心的人全都靠边站，如沮授和田丰；善于钻营的人却站到了台前，如郭图。

这样的“企业”，破产倒闭是必然的。

当然，话说回来，袁绍最终落败，也有一定的偶然性。比如“许攸叛逃”就是一起偶发事件。谁能料到，留守邺城的审配会在前线战事最胶着的时候逮捕许攸的家人呢？又有谁能想到，许攸的反应会那么激烈，一下就投奔了曹操呢？

但凡审配有一点大局观，做事更理性一些，先别急着抓人，一切等到战事结束再说，也不至于把许攸逼得狗急跳墙。可见，审配的一念之差，就影响了整个官渡之战的大局，不能不说带有很强的偶然性。

第八章

北方的平定

袁绍阵营的窝里斗

乌巢被烧，淳于琼被杀，张郃、高览降曹，这一连串噩耗传回袁军大营后，全军上下立马炸锅，个个斗志全无，旋即崩溃，四散逃命。

袁绍无力回天，只好与袁谭、郭图等人带着仅剩的八百名侍卫骑兵，来不及穿戴齐整就逃过了黄河。曹操派人追击，没撵上，却擒获了七万多溃散的袁军士兵，还缴获了袁绍大营中的大量辎重、图书、珍宝等。

随后，曹操又干了一件很残忍的事，把七万多降卒全部坑杀了。

《后汉书》谈到这件事时，不知是有意回护，还是随口一说，反正就是替曹操找了一个杀降卒的理由，说这些人是“伪降”（即诈降），才被曹操给杀了。其实只要稍微想一下，就知道这个理由很扯。当时袁绍已经跑了，连大将张郃、高览都降曹了，这些大头兵何苦要诈降呢？他们图什么？在袁绍手底下当兵打仗，跟在曹操手底下当兵打仗，对他们来讲有什么区别吗？既然袁绍已经彻底败了，那跟着曹操不是照样可以混口饭吃？

总之，如果曹操肯收留，他们绝对会谢天谢地，对曹操感恩戴德，根本不可能诈降。

既然不是这些人的问题，那曹操为何还要杀他们呢？

当年在徐州屠城，的确是出于曹操残暴的性情，但这一次，虽然行为同样残忍，但曹操的动机却与当初完全不同——他是出于不得已。

原因很简单：这七万多人，就是七万多张吃饭的嘴，曹操眼下连自己的兵都快养不活了，哪来那么多粮食养他们？

假如乌巢的粮食还没烧掉，我相信曹操一定不会杀他们，因为这些人都是作战经验丰富的精锐士卒，收编过来就是一支劲旅，曹操求之不得，何必要杀？

只可惜，为了击败袁绍，那些粮食非烧不可，而粮食既然烧掉了，那这七万多降卒就注定是死路一条。

袁绍跑路时，沮授没来得及跟上，被曹军抓获了。当士兵押着他来见曹操时，沮授大叫："我是被抓的，不是投降！"

曹操跟沮授也是旧交，知道他的本事，有心要招揽他，便道："咱俩分处大河南北，这些年音信断绝，没想到今日重逢，竟然是把你抓了。"

沮授苦笑道："袁绍失策，自取其辱，我的才智和能力无从施展，被抓也是理所当然。"

曹操劝他："本初无谋，不用你的计策，如今天下未定，正当与你共图大业。"

沮授却摇摇头道："我的叔父和弟弟，性命都捏在袁绍手上。若承蒙您看重，那就早点杀了我，才是我的福气。"

曹操叹了口气："孤若是早得到你，天下事就不足虑了。"随即便把沮授放了，并礼遇有加。

然而，沮授终归还是思念留在冀州的亲人，不久后试图逃回去，却再度被抓。曹操无奈，只好把他杀了。

值得一提的是，当曹军在清缴战利品的时候，从袁绍的大帐中抄出了一批信件，正是许都和军中的一些官员、将领之前与袁绍暗通款曲的书信。

很多人都以为，这些铁证握在手中，曹操一定会对这些叛徒展开一场大清洗。可出乎所有人意料的是，曹操居然一把火将这些信件全都烧了。然后，他说了一句话："当初面对强大的袁绍，连我自己都不敢相信能够保全，更何况别人？"

曹操此举，赢得了后世史家众口一词的称赞，都夸他宽容大度。

事实上，曹操这么做，与其说是出于大度，还不如说是出于权谋。换言之，这是曹操收揽人心的一个妙招。

理由就是当时的天下大势：袁绍虽然败了，但还没彻底消灭，会不会卷土重来还不好说；而除袁绍之外，北方还有乌桓，南边还有刘表和孙策，西边还有马腾和韩遂，大西南还有张鲁和刘璋，此外还有一个到处乱窜的刘备……天下仍然四分五裂，曹操要打的仗还很多，正是用人之际，怎么可能在这个关键时刻对自己内部展开大清洗呢？那无异于自毁长城，只会令周遭的所有敌人拍手叫好。

所以，不论曹操内心多么痛恨这些意志不坚定的叛徒，他都必须强忍着做出既往不咎的高姿态，以便安抚这些人，同时向天下人展示自己宽广的胸怀。

如此一来，就可以让手下的老员工们继续安心工作，同时吸引更多仰慕他这个好老板的新人前来加盟。何乐而不为？

反过来想一想，假如袁绍已经是曹操的最后一个对手，消灭他之后天下就统一了，你猜曹操还会不会把这些背叛的铁证付之一炬？还会不会以如此宽容大度的姿态原谅这些叛徒？

我想，以曹操爱憎分明的性格，答案应该是否定的。

袁绍在官渡完败，几近全军覆没，冀州下面的郡县便纷纷倒向了曹操，其情形正与之前曹操形势危急、豫州下面各郡县都纷纷倒向袁绍一样。

没办法，这就是人性——有福大伙可以同享，有难你就自己担吧。

而比之更为可悲的是，袁绍这条船眼看就快沉了，他手底下那帮人却还在忙着窝里斗。

当袁绍大败的消息传回邺城时，有人告诉牢里的田丰，说这回他一定能官复原职，甚至很可能被袁绍重用。因为田丰之前反对袁绍出兵，如今果然言中，说明田丰很有先见之明，那老板当然要重用他了。

可是，这只是按照正常的理性来判断，而袁绍这种老板却不见得具备这样的理性。

田丰就很了解袁绍。

他苦笑着说："主公表面宽厚，内心猜忌，他是不会体察我的一片忠心的，只会记得我曾经多次忤逆过他。这回如果仗打赢了，他心里高兴，可能还会赦免我；但如今战败，他一定会心怀愤恨，恼羞成怒，我不指望自己能活下去。”

果然不出田丰所料，就在他做出这个悲观判断的同时，袁绍正与谋士逢纪聊起田丰，说：“冀州上下人等，听到我打了败仗，多数人都会同情我。只有田丰，之前便反对我出兵，和别人都不一样，让我很是惭愧啊。”

逢纪一听袁绍这口气，就知道他并不是真的愧疚，而是对此深感羞恼。于是逢纪就顺着老板的心思，断然把田丰推向了死地，说：“我听说，田丰得知主公战败，便拍手大笑，很高兴事情被他言中了。”

此言纯属胡扯，且十分阴险恶毒。逢纪与田丰究竟有何私怨，我们不得而知，但仅从这句话便足以看出，逢纪这是摆明了把田丰往死里整——此言一出，田丰就算有几个脑袋也不够砍的。

随后，袁绍便对左右的人说：“我不用田丰之言，果然为他所笑。”没过多久，就下令把田丰杀了。

田丰死后，袁绍阵营的内斗依然在继续。

这回倒霉的是审配。

他有两个儿子跟着袁绍上前线，结果都被曹军俘虏了，于是归降了曹操。这本来也是没办法的事，人家审配肯送儿子去打仗，而且一送还送了俩，说明人家还是很忠心的，至于战败被俘，那叫覆巢之下无完卵，谁也没辙。可偏偏就有人借机发难，想搞死审配。

为首的是一个叫孟岱的武将。他私下对袁绍说：“审配身居高位，专权独断，而且他的家族人丁兴旺，麾下部众的战斗力也很强。如今，他两个儿子又在曹操那边，迟早必定反叛。”

这话跟逢纪陷害田丰那句话有得一拼，都是见血封喉，一招致命。

更惨的是，不仅孟岱想搞死审配，连袁绍最倚重的谋士郭图也跳出来帮腔，还有另外一个谋士辛评，都异口同声说审配必反。

三人成虎，众口铄金，审配这回算是跳进黄河也洗不清了。袁绍基本上已经信了他们的话，想除掉审配，却又下不了决心。于是在采取行动前，他又特意问了一下逢纪，想知道他对这事怎么看。

其实，袁绍这一问，并不是想从逢纪嘴里听见什么对审配有利的话，而是想让逢纪帮他下定决心，因为袁绍知道，逢纪和审配素来不睦，绝对不可能帮审配说话。

可是，出人意料的事情就在这时候发生了。逢纪居然说："审配生性刚烈，为人正直，经常追慕古人节操，虽然两个儿子在曹操那边，但他必无二心，望主公不要怀疑。"

袁绍闻言，颇为惊讶，问："你不是一向厌恶审配吗？"

逢纪答："之前跟他争执，是出于私事；如今我这么说，是为了国事。"

袁绍听得频频点头，连声称善，旋即打消了杀审配的念头。

就这样，在宿敌逢纪的"秉公直言"之下，审配逃过了一场灭顶之灾。不过，如果我们真的认为逢纪这么做是出于公心，完全把个人恩怨抛在一边，那就把事情看得太简单了。

事实上，逢纪之所以在关键时刻救审配一命，真正的动机仍然是出于政治斗争的需要，而并非他口中所谓的"国家大事"。

什么样的政治斗争？

很简单：夺嫡之争。

袁绍是当时天下实力最强的诸侯（在败给曹操之前一直都是），家大业大，势必要考虑继承人的问题。而袁绍共有三个儿子：袁谭、袁熙、袁尚。三个儿子中，到底要立谁为继承人，不仅袁绍自己头疼，底下这帮谋臣肯定也都要选边站队，未雨绸缪。

当时的情况是，郭图、辛评站在长子袁谭一边，而逢纪和审配虽然没有很明显地选边站队，但有三个原因促使他们不可能选袁谭：其一，袁谭向来厌恶他们，具体原因史书无载，我们也不得而知；其二，郭图、辛评一贯与逢纪、审配不和；其三，也是最重要的，在三个儿子中，袁绍最喜欢幼子袁尚。

出于这三点，逢纪和审配绝不可能选袁谭，也不太可能去选袁熙，而只能选袁尚。换言之，他们两个不论在私在公都与郭图、辛评势不两立。

正因为此，尽管逢纪与审配之间也存在私怨，但是逢纪如果不设法团结审配，那么在这场夺嫡之争中就会被彻底孤立，很容易被袁谭、郭图、辛评联手搞死。也就是说，不论逢纪内心情不情愿，他都必须找机会与审配握手言和，才能与郭图他们对抗。

所以，当郭图和辛评一心想置审配于死地之时，逢纪无论如何也不可能落井下石，因为他今天若是帮郭、辛二人弄死审配，就等于帮着这两人在明天弄死自己。

逢纪会这么傻吗？

当然不会。是故，当袁绍拿审配的事情来问逢纪时，逢纪才会断然抛开过去的私怨，以大公无私的姿态替审配说了“公道话”。而其真正目的，就是借着这个难得的机会卖审配一个人情，从而化敌为友，以应对即将到来的夺嫡之争。

审配死里逃生，自然是对逢纪感激不尽，于是二人从此便化干戈为玉帛了。

没有永远的敌人，没有永远的朋友，只有永远的利益。这个人间铁律不论在古今中外都是通用的，在逢纪这件事上也不例外。

孙权登场：自古英雄出少年

当曹操和袁绍在官渡对峙、十几万人杀得难解难分之际，已然割据江东的孙策，正抓住时机悄悄北上，进兵徐州，准备抄曹操的后路。

他的首攻目标，就是广陵太守陈登。

之所以选择陈登，是因为之前孙策去荆州打黄祖时，陈登曾联络严白虎余部，企图在孙策后方制造混乱。眼下孙策回军，第一件事当然是找陈登算账。

当时，广陵郡的治所设在射阳。建安五年（公元200年）四月，孙策亲自率部进抵丹徒（今江苏镇江市东），在此等待后勤部队把粮草运上来。一旦粮秣就位，他便会渡江北上，大举进攻射阳。

孙策性喜射猎。在等候粮草的这段时间，闲来无事，他几乎每天都跑到城外打猎。由于他的坐骑是一匹少见的良马，速度飞快，所以随从侍卫往往跟不上他，经常被他远远甩在后面。换言之，孙策在打猎的多数时间里，几乎都是单独行动的。而这一点，无疑对他的安全造成了极大的隐患。

谋士虞翻很早就意识到了这个问题，曾劝谏孙策说：“明府外出射猎总是临时起意，且轻装简从，让左右官员来不及进行戒严，而侍从们也苦于保护不周。身为主公，若性情不够稳重，就难以立威；轻率出行，易遭遇不测。对此，还望明府稍加留意。”

孙策回答说：“先生说得很对。”

然而，他只是口头上虚心接受，行动上却依然故我，从未有丝毫改变。

于是，悲剧便就此注定了。

四月初四这一天，风和日丽，天高云淡，又是一个打猎的好日子。孙策自然是待不住，便又纵马出城了。跟往常一样，没过多久，他就把侍从们全甩掉了，单人独骑在树林里纵横驰骋。

而跟往常不一样的是，这回，不远处多出了三名刺客。

他们就是吴郡前太守许贡的门客。

前文说过，许贡因暗中给朝廷上表，要摆孙策一道，结果被孙策绞杀了。他手下的三个门客觉得他死得太冤，决意为他报仇。

这三个家伙肯定已经盯了孙策很长时间了，也摸准了他的行动规律，所以就在这一天悍然下手。他们躲在树丛中发射暗箭，其中一箭正中孙策面颊。等后面的侍卫们赶到，杀了这三个刺客，悲剧已然发生，谁也无力回天了。

孙策被紧急送回城后，自知伤重不治，立刻把谋士张昭等人传到榻前，说：“天下方乱，以吴、越（代指江东）的人口和实力，凭借三江（吴淞江、钱塘江、浦阳江）的险要，足以坐观天下成败，请诸公好好辅佐我弟弟。”

随后，又单独召见孙权，命人把“讨逆将军”和“吴侯”的印信绶带交给了他，说：“举江东之众，决机于两阵之间，与天下争衡，卿不如我；举贤任能，各尽其心，以保江东，我不如卿。”（《三国志·孙策传》）意思就是：在勇武和军事才干方面，他比孙权强；但是在用人之道和政治才干上，他相信孙权比他更有潜力，也会做得比他更好。

后来的事实证明，孙权的确没有让他失望。

当天夜里，孙策便溘然长逝了，年仅二十六岁。

孙坚和孙策接连两代人都骁勇无敌，“猛锐冠世”，却都英年早逝，壮志未酬身先死，实在是令人扼腕叹息。这既可以说是命运使然，也可以说是他们父子相同的性格缺陷导致的。陈寿就在《三国志》里用四个字概括了这一性格缺陷——“轻佻果躁”。

孙坚、孙策父子的确勇武过人，但也正是这一点，导致了他们的过度自信、草率轻敌和急躁冒进，从而给了敌人以可乘之机。有一句老话说：瓦罐不离井上破，将军难免阵前亡。古人用瓦罐盛水，天天跟水井打交道，习以为常，可总会有那么一天，稍不留神，瓦罐就在井口上磕破了。同理，将军经常打仗，也就习惯了与死神打交道，可即使与死神无数回擦肩而过，只要有一回迎面撞上，命就没了。

所以，一个人栽跟头，往往不会栽在自己不擅长的事情上，而恰恰更有可能栽在自己最擅长、最有优势的事情上。因为面对不擅长的事情，我们都会非常小心谨慎，从而主动避开危险；而面对经常做的擅长的事，我们就很容易麻痹大意，对危险视而不见，或者自认为完全有能力驾驭危险，结果就会导致悲剧的发生。

孙策的意外身亡，对年仅十九岁的孙权当然是一个突如其来的重大打击。

他完全反应不过来，当场哭得撕心裂肺，根本没有意识到自己现在已经是江东的主人，也已经一跃成为当时天下地盘最大、实力最强的诸侯之一。

你光顾着哭，这么一大摊事业怎么办?

张昭耐着性子听他哭了大半天，最后忍不住大声道：“孝廉（孙权曾被举为孝廉，因此时尚未正式成为主公，只能以此相称），这岂是你哭的时候？！”旋即命人给孙权换上官服，然后强行扶他上马，连夜巡视军营，首先把军队安抚住，以防生变。

紧接着，张昭集合文武官员，宣布了孙策的遗命，随后一边上表朝廷，奏报此事，一边向下辖所有郡县发布文告，命各级文官武将坚守岗位，严守职责。

时任江夏太守（遥领，非实任）的周瑜接到噩耗，第一时间从驻地巴丘（今江西峡江县）赶回来参加了孙策的葬礼，随后便留在了大本营吴郡，以中护军之职与张昭一起共掌军政，全力辅佐孙权。

当时，孙策一死，下面顿时人心惶惶，很多人都不看好这个年未弱冠的孙权，纷纷动起了跳槽和辞职的心思，只有周瑜、张昭等少数高管对这个年轻的新老板很有信心，坚信一定可以跟他一起共创大业。

还好有这两个实力派人物鼎力相助，孙权才算安全撑过了这段最敏感、最危险的“权力过渡期”。

孙策遇刺身亡的消息传到许都，曹操不禁长舒了一口气。

本来以为这个骁勇无敌、锐不可当的“猘儿”会是一个强大的对手，不料老天爷竟然早早把他收了，这对刚刚打赢官渡之战的曹操而言，无异于锦上添花，好事连连。

孙策没了，江东人心不稳，而那个嘴上没毛的孙权根本不在曹操眼中，所以他很自然地打起了江东的主意，准备“因丧伐之”。

关键时刻，孙策生前在朝廷布下的一颗闲棋冷子发挥了作用。

他就是时任侍御史的张纮。

虽然张纮眼下在朝廷为官，表面上是曹操的人，却“身在曹营心在吴”，一看曹操想乘人之危对江东下手，慌忙劝阻道：“在别人办丧事的时候发兵，不合古人的道义。万一不能取胜，又会把朋友变成敌人，不如厚待之，反而能收揽人心。”

张纮的潜台词，是建议曹操不战而屈人之兵，让孙权放弃割据，归顺朝廷。

曹操听懂了他的意思，觉得孙权若愿意归附，那当然比大动干戈好得多，何况现在袁绍还未彻底消灭，四方仍有不少割据诸侯，此时对江东发兵，的确不妥。

权衡了一番利弊后，曹操当即以朝廷名义封孙权为讨虏将军，兼领会稽太守，同时任命张纮为会稽东部都尉，让他回江东去执行一项任务——劝孙权归附。

此举正合张纮心意，就这样他名正言顺地结束了“卧底”生涯，回到了江东。至于曹操下达的任务，张纮自然没把它当回事儿。

孙权之母吴氏一向倚重张纮，见他归来，不由喜出望外，马上请他与张昭共同辅佐孙权。张纮不负所托，从此尽心尽力，极大地帮助孙权巩固了地位。

当时，不要说一般员工对孙权没信心，其实就连吴氏本人，对这个年轻的儿子能否守住他大哥创下的这份基业，心里同样没底。有一次，她忍不住私下询问大将董袭，说：“江东保得住吗？”

董袭回答："江东有山川之固，而讨逆将军（孙策）恩德在民，如今讨虏将军（孙权）继承基业，上下用命，有张昭主持军政，还有我董袭等人捍卫，地利人和都不缺，江东必万无一失，不必忧虑。"

董袭这番话，基本上是事实，但也不乏安慰吴氏的成分。比如他说"上下用命"，意思是江东的老少爷们儿都乐意为孙权效命，这话就不太准确。

别的人暂且不提，就说鲁肃吧，这位日后"联刘抗曹"的首席功臣、孙权最倚重的股肱之一，在孙策死后差点就卷铺盖走人了。

鲁肃，字子敬，临淮郡东城县（今安徽定远县）人，体貌魁伟，少有大志，家里非常有钱。由于从小不缺钱花，所以养成了乐善好施的性格。当时天下大乱，鲁肃也没啥正经事干，便召集乡里的一帮少年，天天练习击剑骑射，同时大做慈善，把家里的好多田地都给卖了，然后"大散财货"，一边赈济贫困，一边结交义士。

这样的大好人，自然受到了乡亲们的衷心爱戴，仗义疏财的名声迅速传播开来。

建安三年（公元 198 年），还在袁术手下担任居巢（今安徽巢湖市东北）县长的周瑜，有一次带着数百部众路过东城，因军中缺粮，便慕名找到鲁肃，准备打打秋风。

鲁肃家里有两座大粮仓，每仓储粮三千斛。一听周瑜道明来意，他二话不说，随手指了指其中一座粮仓，道："全拿去。"周瑜见他如此豪爽，不禁啧啧称奇，随后便与他结成了好友。

不久，袁术也听说了鲁肃的名声，便任命他为东城县长。可鲁肃看出袁术这个人不靠谱，不想跟他混，便带领宗族老少离开了东城，跑到居巢投靠了周瑜。不久，周瑜也弃官不做了，带着鲁肃一块儿来到吴郡，正式投到了孙策麾下。

鲁肃本以为跟着孙策一定可以大显身手，没想到孙策竟突遭不测，撒手人寰。看着虚岁才十九的孙权，鲁肃一点信心都没有，便决定一走了之，去投靠别的诸侯。

关键时刻，周瑜把他拦了下来，说你别看孙权年纪小，可他"亲贤贵士”，非常重视人才，终将成就帝业，跟着他一定前途远大；然后又极力向孙权推荐鲁肃，说：“鲁肃很有才干，可以辅佐你。如今正需要广泛招纳像他这样的人才，方可成就大业，切莫让他们流落于外。”

孙权当即召见鲁肃，一番攀谈之下，发现周瑜之言果然没错，心中大喜，遂屏退众人，单独与鲁肃“合榻对饮”，然后问他：“如今汉室倾危，我想创建像齐桓公、晋文公那样的功业，先生要怎么帮助我？”

鲁肃答：“我私下认为，汉朝已经不可能复兴了，而曹操也不可能一下子就除掉。为将军考虑，只有立足江东，以观天下之变。如今北方正是多事之秋，您正好趁此时机剿除黄祖，进伐刘表，占据长江以南的全部地区，然后建元称帝，进而夺取天下，必可建立像汉高祖一样的大业！”

孙权现在一心想的只是怎么守住大哥留下的基业，不料鲁肃竟然一上来就给他画了这么大一块饼，还怂恿他登基称帝、夺取天下，这可把孙权吓坏了。他赶紧道：“如今我只想尽一方诸侯之力，希望能够匡扶汉室，至于先生讲的这些，不是我能够企及的。”

虽然跟鲁肃打了一句官腔，但并不意味着孙权内心深处就没有当皇帝的梦想。换言之，这个年轻人也是有野心的，并且他的野心丝毫不比曹操和刘备小。只不过在现阶段，他绝不会轻易流露出这份不合时宜的野心。

孙权深知，饭得一口一口吃，路得一步一步走，而眼下他最迫切的任务，是稳住人心，整顿队伍，巩固地盘，树立威信，让手底下的人和四方诸侯都知道——他孙权绝对有本事守住大哥留下的这份基业。只有做到了这一点，他才能进而向天下人证明——孙权的本事甚至比大哥孙策更大！

简言之，他现在必须首先成为一个合格的“守成之主”，才可望在将来的某一天成为叱咤风云的“创业之君”。

所以，鲁肃这番话他并不是不认同，而只是不会在眼下认同。

这就是孙权高明的地方。尽管年未弱冠，但孙权有着远远超越他年龄的成熟和稳重，也有着远超他年龄的审时度势的智慧。从这里，我们便不难看出，孙权的性格与其父孙坚、其兄孙策都迥然不同——相对于“轻佻果躁”的孙坚和孙策，年轻的孙权似乎更为沉稳，也更有心机和权谋。

眼见鲁肃受到了孙权的垂青，身为“顾命大臣”的张昭就有些嫉妒了。他不止一次对孙权说，鲁肃这个人太不谦虚，年少疏狂（鲁肃时年二十九岁），不堪大用。然而，孙权却没听他的，反而愈加厚待鲁肃，前后赏赐给他的财物多得不可胜数，几乎令鲁肃的资产回到了当年的水平。

孙权之所以如此器重鲁肃，除了看重鲁肃的才干，还有一个更深层的原因，就是古人常说的“一朝天子一朝臣”。

张昭固然对孙氏忠心耿耿，而且能力也很强，但不管怎么说，他终究是大哥孙策留下的人。孙权要想有所作为，不仅要善用这些老人，而且势必要建立真正属于自己的人才班底——鲁肃正是这个班底的核心。

紧接着，孙权开始入手整顿军队，将现有部队进行了一番合并整编，在这个过程中又挖掘到了一位将才——吕蒙。

吕蒙，字子明，汝南郡富陂县（今安徽阜南县）人，其姐夫邓当是孙策麾下部将。吕蒙十五六岁就从家里跑出来，跟着姐夫从军了。邓当怕他有什么闪失，只让他当勤务兵，不让他上战场。有一回，邓当随孙策征伐山越，打完仗才发现这小子竟偷偷跟出来了，大吃一惊，回来就向吕母告了状。

吕母非常生气，要揍他，吕蒙却梗着脖子说：“咱家这么穷，都快活不下去了，我去打仗，说不定还能立功，博一个富贵。人家古人不是早说了吗，不入虎穴，焉得虎子？”

吕母一听，这小子说得貌似也有道理，也就下不去手了。

当时军中有一个官吏，见吕蒙小小年纪却一心想立功，便在背后嘲笑他说：“那小子有什么能耐？他要上了战场，就是拿肉去喂老虎。”后来，此人又变本加厉，当面羞辱吕蒙。吕蒙大怒，就把这个人杀了，然后到外面躲了一阵子，才回来跟上司袁雄自首。袁雄替他说情，并把他引荐给了孙策。孙策看出这小子有能耐，便赦免了他，并把他留在了身边。

几年后，邓当阵亡，张昭举荐吕蒙接替了邓当的职位，任别部司马。

穷小子吕蒙总算熬出头了。可还没高兴几天，原本看重他的老板就遇刺了，新老板压根不认识他，要想出头可就难了。更惨的是，这次合并整编，吕蒙的队伍也在合并之列，一旦被编到别人麾下，他连“别部司马”一职都保不住，还谈何出人头地？

吕蒙想来想去，最后想到了一招，遂跑去跟商家赊账，然后为部众统一制作了崭新的军服和绑腿，并加紧操练。不久孙权来阅兵，见他这支队伍军容齐整、训练有素，感到非常满意，随后不但没动他的队伍，反而把别人的队伍合并到了他的麾下。

就这样，吕蒙一举博得了新老板的青睐；而孙权也通过整顿军队，培植了一批以吕蒙为代表的青年将领。

尽管孙权已经很努力地在履行一个新老板的职责，也尽心尽力地维系着整个江东集团的稳定，可还是有相当一部分高管不买他的账，始终认为他那副孱弱的肩膀扛不起这份大业。

为首的有两个人：一个是孙权的堂兄、时任庐陵太守的孙辅，另一个是孙策生前亲自任命的庐江太守李术。

孙辅暗中给曹操写了封信，表明了投降之意，并请求曹操发兵南下，接收江东；李术则是公然反叛，不但自行出兵攻陷了扬州，杀了朝廷任命的扬州刺史严象，而且收留了一帮背叛孙权的文官武将，俨然就是要“另立中央”，与孙权分庭抗礼。

这两个人，无论是身份、地位，还是在江东集团的影响力，都不可小觑。他们的反水，无疑对刚刚坐上老板之位的年轻的孙权构成了严峻的挑战。

这仿佛是上天给孙权安排的一次大考：考得过，你就能坐稳老板的位子；考不过，江东集团就可能分崩离析，大哥留下的这份家业也会随之灰飞烟灭。

孙权没有畏惧，也没有迟疑，很快就出手了。

得到孙辅降曹的密报后，他第一时间逮捕了孙辅身边的所有亲信，悉数斩杀，然后把孙辅的部众分拆打散，编入了别的部队，最后把孙辅押回了吴郡，予以软禁。

接下来便是李术了。孙权动手之前，先给曹操写了封信，说：“扬州刺史严象是明公您任命的，李术竟然杀害了他，简直是肆无忌惮、大逆不道，应迅速诛灭。我现在采取行动，李术必会向您求援。明公身居‘阿衡’（辅弼天子）之位，天下观瞻所系，还望敕命部下，切勿接纳李术。”

孙权先把李术的后路给堵死，再从容发兵，大举进攻庐江郡的治所皖县（今安徽潜山县）。李术难以抵挡，果然向曹操求救，可曹操压根不搭理他。孙权军遂攻克皖县，斩下李术的首级，枭首示众，随后又把李术的两万多部众全部迁到了异地，打散后重新整编。

孙权以雷霆手段迅速平定了孙辅和李术的叛乱，不仅震慑了那些心怀异志之人，而且用行动向天下人证明了自己的能力——我完全有资格坐在江东集团老板的位子上。

这场大考，年轻的孙权交出了一份漂亮的答卷。

自古英雄出少年。刚刚登上历史舞台的孙权，已经隐约展现出了一个枭雄杀伐决断、纵横捭阖的手腕和身姿……

兄弟相杀：袁氏的末路

建安七年（公元 202 年）五月，因官渡兵败而一蹶不振的袁绍，终于在愤恨与不甘的煎熬中抑郁而终。

袁绍生前并未确立继承人，这显然给整个集团和袁氏三兄弟留下了一个莫大的隐患。

集团的大部分高管，都倾向于拥立袁谭，毕竟他是长子。可是，前文讲过，审配和逢纪有诸多理由反对袁谭，所以二人便趁众人计议未定之际，谎称有袁绍遗命，先下手为强，把三子袁尚推上了主公的宝座。

当时袁谭驻兵在外，等他赶回来奔丧时，大位已经让袁尚给占了。无奈之下，袁谭只好自立为车骑将军，率部屯驻黎阳。

袁尚一朝权在手，便把令来行，不仅用各种借口调走了袁谭的许多部众，而且把逢纪派到了黎阳，摆明了就是要监视袁谭。

这简直就是得寸进尺，欺人太甚！袁谭强压怒火，要求多派一些兵马给他。此时主事的是审配，当然回绝了他。袁谭这下终于爆发，一怒之下就把逢纪给砍了，公开与袁尚撕破了脸。

可怜逢纪机关算尽，到头来反误了卿卿性命——虽然他殚精竭虑地赢得了这场夺嫡之争，可非但什么好处都没捞着，反而成了最先出局的人。

当年九月，曹操得到袁氏兄弟反目的情报，立刻抓住时机，率部渡过黄河，猛攻黎阳。袁谭抵挡不住，只能向袁尚告急。

大敌当前，袁尚当然也知道一致对外的道理，遂命审配留守邺城，然后亲率主力南下黎阳，与袁谭联兵，在城外与曹军展开了对峙。

然而，连他们的老子袁绍都不是曹操的对手，这哥儿俩又凭什么跟曹操过招呢?

二人连战连败，不得不缩回黎阳城中固守。

当时，并州（约今山西省大部）大部分还是袁家的地盘，时任并州刺史的高幹就是袁绍的外甥。袁尚急命高幹南下进攻属于曹操地盘的河东郡（治今山西夏县），又派人去关中与马腾结盟，企图以此迫使曹操退兵。

高幹命部将郭援和南匈奴的流亡单于呼厨泉联兵南下，一路势如破竹，接连攻克平阳（今山西临汾市）、绛县（今山西侯马市）等地。与此同时，马腾也答应了与袁尚联手。形势忽然变得对曹操有些不利了。

尽管西线告急，可曹操绝不会轻易撤兵，因为他还有一个很厉害的手下守在长安，足以独当一面，暂时不需要他操心。

这个人就是钟繇。

钟繇自然不会令曹操失望。他一边亲自率部渡过黄河，对占据平阳的匈奴单于呼厨泉发起反攻，一边派属下张既、傅幹前去劝说马腾——此时的马腾显然是一个举足轻重的砝码，他偏向哪边，哪边就更有可能在这个局部战场上获胜。

其实，马腾并非真心与袁尚结盟，他不过就是脚踩两条船、坐山观虎斗而已。张既先到，对他陈说了一番利害，马腾却仍旧骑墙，不愿表态。

此时，钟繇在平阳城下久攻不克，而郭援已从绛县掉头北上，准备渡过汾水，攻击钟繇后背，解平阳之围。

眼看马上就要陷入腹背受敌之境，钟繇麾下诸将纷纷建议撤兵。钟繇却说："郭援大军南下，与关中那帮人（马腾、韩遂等）暗中勾结，可他们之所以还没有公然反叛，只是顾忌我在关中的威望。如果现在撤兵，就是在暴露我们实力不济，那所有人就都会与我们为敌了，就算撤兵，又能撤到哪儿去？这就叫不战自败。郭援这个人我很了解，刚愎自用，好胜轻敌，必然会轻视我军，而我军只要在他抢渡汾水之时发起进攻，必可大获全胜。”

钟繇之所以说他了解郭援，是因为郭援是他的外甥。

另一头，张既未能说服马腾，于是傅幹接棒上场。他先是对马腾一番恐吓，说你现在这样首鼠两端、坐观成败是很不明智的，等曹公缓过劲来，头一个诛杀的肯定是你。接着又是一番利诱，说你现在发兵去打郭援，可以跟钟繇前后夹击，这仗稳赢，那就等于一举断了袁氏的一条胳膊，又解除了曹公的一方危难，曹公必将感激你，到时候将军的功名富贵就无人可比了。

马腾想来想去，最后还是觉得帮曹操的赢面更大一些，遂命儿子马超率一万多人驰援钟繇。随后，马超与钟繇合兵一处，果然在郭援半渡汾水之时将其击溃。战斗结束后，很多人都说郭援死了，尸首却找不到。

正当众人纳闷之际，马超的部将庞德犹犹豫豫地从他的箭囊里拎出了一颗人头，正是郭援。

钟繇一看，顿时放声大哭。

庞德当然知道郭援是钟繇的外甥，所以刚才一直不敢把人头拿出来。现在看钟繇哭得那么悲伤，赶紧向钟繇谢罪。钟繇却摆摆手道：“郭援虽是我的外甥，却是国贼，足下何罪之有？”

郭援既灭，平阳随即也被钟繇和马超联军攻破了，南匈奴单于呼厨泉只能投降。

正当曹操与袁氏兄弟对峙黎阳、西线也一度告急之时，有个人偷偷从西南方摸了过来，准备趁火打劫，抄曹操的后路。

他就是刘备。

之前，刘备前往荆州投奔刘表，刘表接到消息，立刻出城，亲自到郊外迎接，然后十分热情地款待了他，并以上宾之礼待之。

刘表之所以对走投无路的刘备这么好，当然不是出于同为“汉室宗亲”的情感，而是觉得刘备有用，可以帮他抵挡曹操——其价值正与当初的张绣相似。

所以不久后，刘表就拨给了刘备一支兵马，让他进驻新野（今河南新野县）。新野位于荆州与豫州的接壤之处，是荆州的东北门户，刘备此行就是替刘表看守这个大门。

混了这么多年，到现在还摆脱不了雇佣兵的角色，刘备内心自然是很憋屈的。不过换个角度想想，每次失败都还有人愿意收留，也就等于还有东山再起的机会，所以终究是值得庆幸的。说白了，总是给人当雇佣兵，总是被人利用，其实并不可悲，真正可悲的是连被人利用的价值都没有。

想通了这一点，人也就坦然了，心态也就平和了。

刘备在江湖上混了这么多年，这也许是最大的心得之一。

既然是给人家当雇佣兵，当然得随时听招呼了。这回，刘表发现曹操远在黎阳前线，而西线又受到了郭援威胁，觉得有机可乘，便命刘备出兵，偷袭许都。

刘备率部推进到了叶县（今河南叶县西南），在此遭到了夏侯惇和于禁的阻击。刘备旋即一把火烧掉军营，迅速撤出了战场。夏侯惇下令追击，裨将军李典觉得不太对劲，说："敌军无故烧营而走，恐怕会有埋伏，再往南走，草木幽深，不宜追击。"

夏侯惇不听，让李典留守大营，亲自率部追击，然后果然遭遇埋伏，被刘备打得大败。李典闻讯，连忙赶来救援。刘备不再恋战，引兵撤退。

虽然刘备此行没对曹操造成任何威胁，也未占领尺寸之地，但毕竟打了场胜仗，对老板刘表也算有交代了。

身为雇佣兵，不出来打仗肯定不行，但打得太投入把自己赔进去也没必要。这中间的尺度，刘备拿捏得可谓恰到好处。

建安八年（公元203年）二月，解除了后顾之忧的曹操对袁氏兄弟发起了总攻。双方在黎阳城外大战了一场，袁谭、袁尚不敌，只好退保老巢邺城。

四月，曹操大军将邺城团团围困，同时还搂草打兔子，把邺城郊外刚刚成熟的冬小麦全部收割了。

收完麦子，众将领摩拳擦掌，准备一鼓作气把邺城攻下来。可是，郭嘉托着下巴想了半天，却给曹操出了个退兵的主意。

众将大为诧异。郭嘉道出了他的理由："袁氏兄弟争权，且各有党羽。若我们攻得太急，他们就会合作相保；我们缓一缓，他们则必定内斗。所以，我们不如先向南图谋荆州，静待其变，到时候再动手，可一举平定北方。”

曹操闻言，大赞一声：“善！”旋即撤军，还师许都。

不出郭嘉所料，曹军一走，袁氏兄弟立马就起了内讧。袁谭以追击曹军为由，让袁尚多给他一些兵马和装备。袁尚知道这是借口，当然不给他。袁谭大怒，而郭图和辛评又在一旁火上浇油，于是哥儿俩彻底翻脸，就在邺城城外打了一仗。结果袁谭兵少，被打败了，只好撤到了渤海郡的南皮县（今河北南皮县）。

当年八月，袁尚亲自率军攻打袁谭。袁谭又败，退保平原县（今山东平原县）。袁尚又进围平原，攻势极为猛烈，不让袁谭有一丝喘息的机会。

眼看就要撑不住了，袁谭别无良策，只好派出谋士辛毗（辛评之弟），觍着脸去跟仇敌曹操求救。

此时，曹操已经集结大军进驻西平（今河南舞阳县东南），准备进攻荆州。辛毗赶到西平，向曹操表明了归降和求救之意。曹操遂召集属下开了个会，讨论到底是先打荆州刘表，还是接受袁谭的投降并去救他。

众人大多认为，刘表实力较强，应先平定，至于袁氏兄弟，根本不足为虑。只有荀攸的意见与众人相左。他说：“刘表坐拥荆州，却无四方之志，这一点众所周知。反观袁氏，据四州之地，带甲数十万，如今兄弟交恶，势不两全，若一人把另一人吞并，力量得以集中，那就难以对付了。所以，应该趁他们内斗之机，断然出手，则平定天下指日可待。”

曹操听从了荀攸的意见。

可是，没过几天，他就变卦了，又觉得该先打刘表。辛毗察言观色，料定曹操改了主意，便去找郭嘉帮忙。郭嘉在袁绍帐下待过一段日子，跟辛毗有些私交，便带着他来见曹操。曹操很犀利地问辛毗：“袁谭会不会使诈？袁尚有没有那么好打？”

辛毗很聪明，并不直接回答这个问题，而是说：“明公不必问袁谭是否使诈，而该问形势是否对您有利。”接下来便是一通长篇大论，大意是说，袁氏阵营如今“兵革败于外，谋臣诛于内，兄弟谗阋，国分为二”，加上蝗灾肆虐，百姓饥馑，眼看就要土崩瓦解了，这时候去打袁尚，如同秋风扫落叶。若是等灾年过去，粮食丰收，而袁氏兄弟也意识到要一致对外，二人重修于好，那么战机就错过了。何况若是扫平河北，把袁氏的部众都收到麾下，曹操的兵力将会极大增强，足以令天下震动。

曹操被他说服了，遂于当年十月率军北上，进驻黎阳。

袁尚一看曹操来了，赶紧解围而去，撤回了邺城。他麾下有两名部将吕旷、高翔料定他迟早完蛋，便率部归降了曹操。袁谭逃过一劫，却一点都不安分，私下做了个小动作——偷偷刻了两枚将军印信给吕、高二人，企图拉拢他们，以便为己所用。

曹操其实也看得出袁谭心怀鬼胎，却不动声色，还主动与袁谭结成了儿女亲家，让儿子曹整娶了袁谭的女儿，然后才班师回到许都。

很显然，这是曹操在给袁谭最后一次机会。如果袁谭明智的话，从此夹起尾巴做人，即便不可能得到曹操重用，但凭着与曹操的这层姻亲关系，保住一大家子的荣华富贵肯定没有问题。

遗憾的是，袁谭缺乏这样的明智。作为袁绍的长子，他一心总想着继承袁绍的一切，不论这一切是被三弟袁尚抢去，还是被仇敌曹操夺走，他都不会甘心。

说好听点，这叫志气；说难听点，这就叫愚蠢。

而区别二者的标准就是：有没有自知之明。对于一个真正有本事的人来讲，不甘失败会给他带来东山再起的机会，比如刘备；而对于一个本事不大却又野心不小的人来讲，不甘失败的唯一结果只能是自取灭亡，比如袁谭。

大战邺城，夺取冀州

跟大哥袁谭一样，袁尚也是一个愚蠢且不自量力之人。

建安九年（公元 204 年）二月，撤回邺城才短短几个月，袁尚就又坐不住了，命审配和部将苏由留守邺城，然后再度率兵进攻平原。

曹操一看这小子如此执迷不悟，索性也不管袁谭了，亲率大军直取邺城——你们哥儿俩尽管打，我先端了你们袁家的老巢再说。

接下来的几个月，曹操先是筑土山、挖地道猛攻邺城，接着又率兵绕过邺城，攻克了毛城（今河北武安市西），断了邺城与并州上党郡（治今山西长子县）之间的粮道；然后又攻陷了邯郸（今河北邯郸市），断了邺城与幽州之间的粮道。

在此期间，留守邺城的大将苏由主动出城投降，而易阳（今河北邯郸市永年区东南）、涉县（今河北涉县）等地的守将也纷纷开门迎降，就连长期活跃在太行山一带的黑山军首领张燕也在这时归降了曹操。

至此，邺城已经彻底沦为一座孤城，陷落只是时间问题了。

然而，审配的顽强也让曹操有些出乎意料。

几个月来，筑土山、挖地道等战术都未能撼动邺城，曹操不得不在五月改变战术，主动铲平了土山，填埋了地道，改为挖掘壕沟——沿邺城四周挖出了一条长达四十里的沟堑。审配有些紧张，连忙登上城头观察，却发现曹军的沟挖得很浅，人马依旧可以通行，遂放声大笑，觉得曹操也没什么能耐，便置之不理。

可他万万没想到，一夜之间，曹军竟然把这条壕沟挖成了宽二丈、深二丈的“河床”，然后把流经邺城的漳水灌了进来，顿时彻底断绝了邺城与外界的任何通道。

曹操之前虽然已经断了邺城的西面和北面粮道，但袁绍毕竟在冀州经营日久，还是会有一些忠心的人想方设法把粮草和补给运进城，可现在大水围城，哪怕是一粒粮食也别想送进去了。不久，城中的百姓便饿死了大半。

饶是如此，审配及其部众也依然在坚守。

让人不解的是，直到这一年七月，袁尚才被迫解除了对袁谭的围困，率一万多人回头来救自己的老巢。

耽搁了这么长时间才回师，难道他就不怕邺城沦陷吗？

也许是袁尚充分信任审配，相信他可以顶住曹操的进攻，又或是袁尚铁了心要先干掉袁谭，为此不惜一切代价，就算丢了老巢邺城也在所不惜。除此之外，真的没法解释他为何心这么大，到现在才回来救。

此时曹军围攻邺城已将近半年，将士们也都打累了，一听袁尚回师，众将纷纷说：“此乃‘归师’，必然人人殊死奋战，咱们还是先撤，避开它的锋芒吧。”

所谓“归师”，是《孙子兵法》中的术语，原文为：“归师勿遏，围师必阙，穷寇勿追。”意思是，对退回大本营的军队不要阻拦，对被包围的敌军务必留下逃走的缺口，对走投无路的敌人不要穷追不舍。

兵法之所以强调这三点，是因为凡是陷入这三种境况的敌人，必定会殊死顽抗，那么己方就要付出惨重的伤亡，即便获胜代价也很高。

曹军的将领们正是基于这一考虑，才劝曹操暂时撤兵。

可是，兵法是死的，人是活的。曹操之所以厉害，不仅在于他谙熟兵法，更在于他会活用兵法。

曹操说：“袁尚如果从大路来，那咱们就先撤；若是他从西边的山道上过来，那定可将他生擒。”

曹操这么说，同样也是基于兵法，只不过是结合了战场上实际形势的兵法。他的意思是：袁军若自大路返回，双方就会在开阔地作战，对方只能前进，后退就是死，必会殊死一搏；而袁军若是从山道上来，由于地形复杂，就可进可退了，那他们必然没有决死之心。

随后，袁尚居然就从西山过来了，在距邺城十七里的滏水边上扎下了营寨。

此举正合曹操心意，遂下令部队准备战斗。

当天夜里，袁尚这边燃起烽火，通知城中守军，城中也立刻燃起烽火响应。审配率军从北门出城，准备与袁尚前后夹击，对曹军形成反包围。曹操迅速对审配发起进攻，审配不敌，只好又退回城中。曹操旋即掉头攻击袁尚，又一举将其击败。

袁尚撤到了漳水附近，却仍不死心，在岸边再次扎营。曹操不让他有丝毫喘息之机，下令部众包围袁营。可是，包围圈还没完成，袁尚忽然就丧失了斗志，派人前来请降。曹操不接受，又命将士加紧进攻。

袁尚没辙，只好拼死突出重围，退保祁山（今河南安阳市西）。

此时的曹操，并没有老老实实遵循“穷寇勿追”的兵法，而是穷追不舍，再度将袁尚包围。

这就是曹操灵活的地方。《孙子兵法》固然有“穷寇勿追”的训诫，但更有“兵无常势，水无常形”的上乘心要，即用兵作战要根据敌情的变化来采取灵活机动的战略战术，不能墨守某种作战方法。正所谓“能因敌变化而取胜者，谓之神”。

如果袁尚之前没有派人来请降，那说明他很可能怀抱死志，曹操说不定就放他一条生路了，不会把他逼这么紧；恰恰是请降之举，暴露了袁尚及其部众的恐惧和软弱，曹操当然不会放过这个一举消灭他的机会。

在曹军暴风骤雨般的攻势下，袁尚部将马延、张顗阵前投降，袁军顿时溃散，袁尚又一次突围，逃往中山国（治今河北定州市）。

不得不说，袁尚打仗不太行，跑路的功夫却实属一流，每次都能在曹军的团团围困中逃出生天。

曹军缴获了袁尚扔下的所有辎重，包括袁尚“冀州牧”的印绶、节钺及一干私人物品。曹操随即杀回邺城，并把这些战利品通通放在城下展示。守军一看，知道袁尚大势已去，斗志登时瓦解了大半。

可直到此时，审配的意志仍十分坚定，对部众说：“坚守死战！曹军已经疲惫不堪了，幽州援军马上就到，何必担心没有主公？”

审配所谓的幽州援军，指的就是袁绍次子袁熙，时任幽州刺史。不过他这话只是在安慰部众罢了。从袁谭和袁尚兄弟反目、同室操戈的那一天起，袁熙就一直袖手旁观，既不来劝架，也不帮任何一个，一副事不关己高高挂起的冷漠姿态。

这就是袁绍家三位公子的德行——老大和老三不共戴天，老二隔岸观火，似乎完全不知道什么叫“亲者痛，仇者快”，更是把“唇亡齿寒”这种最简单的道理抛到了九霄云外。

由这仨兄弟带领的袁氏阵营，若不败亡，那就是没有天理了。

不管有没有幽州援军，反正审配是抱定与城池共存亡之心了。他当然知道自己无力回天，但不战斗到最后一刻，他绝不放弃。

就凭着这股顽强的精神，审配居然在败局已定的情况下生生制造了一次机会，险些杀死曹操，扭转乾坤。

有一天，曹操出营视察，不料审配竟派出一队弩手埋伏在了曹营外。一看到曹操，所有弩手同时发射，雨点般的弩箭破空而至，其中好几箭都差点命中曹操，着实把他吓出了一身冷汗。

然而，审配决心战斗到底，但这并不代表别人也愿意跟他一起为袁家殉葬。

比如他自己的侄子审荣，就觉得这样的顽抗毫无意义。

审荣的职务是东门校尉，负责守卫东门。八月初二夜里，审荣悄悄打开城门，把曹军迎了进来。等审配反应过来时，一切都已无可挽回了，但他仍率领亲兵与曹军展开了激烈的巷战。

结果当然毫无悬念——曹军生擒了审配。

当时，一向与审配不睦的辛评及家人都被审配关在了狱中。曹军进城后，之前已投到曹操帐下的辛毗飞也似的赶到监狱，却发现大哥辛评及一大家子早就被审配杀了。

随后，审配被五花大绑地押到了曹操帐下。辛毗悲愤莫名，挥起马鞭狠抽他的头，骂道："奴才，你今天死定了！"

审配当即回骂："狗辈，正是你们葬送了冀州，我恨不得杀了你！至于我是死是活，是你说了算吗？"

稍后，审配被押到了曹操面前。曹操看着他，似笑非笑道："那天我出营视察，你射的弩箭可真多啊！"

审配怒道："我还恨射少了呢！"

曹操向来看重忠义之士，有意要留他一命，便道："你效忠袁家，这也是你不得不做的。"

如果审配想活命，顺着这话往下说，低个头，服个软，那这条命就算捡回来了。然而，他早就决意一死，所以始终"意气壮烈"，一句屈服的话也不说。

这就让曹操难办了。加之辛毗又在一旁号哭不已，让曹操主持公道，替他大哥一家报仇，曹操无奈，只好命人把审配拉出去斩首。

临刑前，审配还厉声叫刽子手让他面朝北方，说："我的主公在北边（指逃至中山国的袁尚）。"

毋庸置疑，审配算得上是一个忠义之臣，而且面对曹操大军，能坚守孤城达半年之久，其过人的才干和坚强的意志也令人印象深刻。然而，正如前文所言，袁氏这艘大船最终之所以沉没，船上的每一个人其实都有责任，其中自然也包括审配。

在袁氏集团连绵不绝的内斗中，审配便是主要角色之一，“贡献”的力量一点不比别人少，“砸船”的力度也丝毫不比别人弱。直到城池即将陷落之前，他还不忘杀了政敌辛评一家，其心狠手辣的程度可见一斑。而袁绍死后发生的夺嫡之争、兄弟相杀等一系列恶性事件，审配无疑也是罪魁祸首之一。既如此，他还有什么资格骂辛毗说是别人葬送了冀州呢？

所以，尽管审配最终“以死明志”，其节操令人动容，可仍然无法掩盖他之前的种种污点。他对袁氏的忠心，主观上或许不容否认，但从客观结果上来看，其实是要大打折扣的。换言之，这样充满瑕疵的“忠臣义士”，终究难以得到世人的认可。

审配被杀当天，陈琳也被曹军俘虏，绑到了曹操面前。

曹操问他：“你当年为本初作檄文，要骂就骂我一个人好了，何苦把我父亲和祖父都给骂了呢？”

陈琳惭悚道：“当初为形势所迫，箭在弦上，不得不发。”

曹操爱惜其才，遂既往不咎，不仅赦免了他，还任命他为军师祭酒，让他和阮瑀（建安七子之一）共同掌管记室。此后，曹操阵营发布的所有军国檄文，基本都出自二人之手。

曹操攻陷邺城后，随行的次子曹丕得到了一件意料之外的“战利品”。

准确地说，是得到了一个美女。

她就是被后人广为传诵的甄宓，当时的身份是袁熙的妻子。

“甄宓”其实不是她的真名。她的真实名字史书上并无记载，之所以留下这个名字，还要拜曹植那篇惊艳世人的千古名作《洛神赋》所赐。因为后世相传，曹植和这个美女之间有过一段凄美动人的爱情故事（据说《洛神赋》就是为她写的），而洛神别名“宓妃”，所以后人就把她称为“甄宓”，或称“甄洛”“甄妃”。

甄宓是中山国无极（今河北无极县）人，名门望族之后，祖上甄邯在王莽一朝任大司马，东汉初年又官至太保。甄宓之父甄逸，任上蔡县令。她三岁那年，其父便去世了，但因累世官宦，家里还是非常有钱，且积存了很多粮食。当时天下大乱，四方饥馑，甄家就用粮食去换百姓手中的金银珠宝，狠狠地发了一笔国难财。

甄宓十余岁时，便意识到这么做有很大的后患，就劝家人说："如今世道正乱，咱家却藏了这么多财宝，有道是'匹夫无罪，怀璧其罪'，何况咱们身边有那么多饥民，不如把粮食拿出来赈济亲族邻里，也好积一些恩德。"

家人一听，如梦初醒，都觉得很有道理，这才开始拿出钱粮大做慈善。

仅此一事，便足以看出这位美女不但心善，而且很有头脑。

袁绍占据冀州后，为次子袁熙迎娶了甄宓。后来袁熙出任幽州刺史，甄宓却留在邺城照料婆婆，没有随行。此次曹军攻陷邺城，曹丕早就听说甄宓貌美，一见之下，果然惊为天人，便丝毫不顾她已为人妻的事实，光明正大地娶了她，且甚为宠幸。

不久，甄宓生下一儿一女，儿子就是后来的魏明帝曹叡，女儿是东乡公主。

若干年后，曹丕做了皇帝，甄宓却失宠落寞，因口出怨言，被曹丕赐死。直到儿子曹叡即位，她才被追封为文昭皇后。

占领邺城后，曹操到袁绍坟前祭奠，还当众痛哭了一把。

胜利者给失败者哭坟，其中的政治意义当然要远大于个人情感，可要说曹操完全是在作秀，其实也不尽然。

毕竟他和袁绍是发小，感情终究还是有的。假如没有遇上这个乱世，两人不仅可以同朝为臣，很可能还会做一辈子的朋友。仅凭这一点，曹操就有理由在袁绍坟前一洒感伤之泪。

此时此刻，曹操很可能会回想起许多年前，他跟袁绍有过的一段意味深长的对话。

当时两人一同起兵讨伐董卓，袁绍曾经问他："如果讨董之事不成，在你看来，天下有哪个地方足以据守？"

曹操没有马上回答，而是反问他："你认为呢？"

袁绍说："我会南据黄河，北倚燕、代，收戎狄之兵，南向以争天下，如此便可大功告成。"

后来，袁绍果然就是按这个战略行动的，只可惜没有大功告成，反而是人亡政息了。

而曹操当时的回答，则大大出乎袁绍的意料。

曹操说的是："吾任天下之智力，以道御之，无所不可。"（《三国志·武帝纪》）

我会任用天下最有智谋、最有勇力的人，用正确的方法领导他们，那不论在什么地方都可以有一番作为。

后来的事实证明，曹操的确是这么做的，而且的确是这么赢的。

这就是曹操的智慧，也正是袁绍最后为什么会输给他的根本原因。

在袁绍心目中，地盘和兵力最重要，只要占据广土众民的地盘，拥有足够强大的兵力，平定天下便是顺理成章之事。而在曹操心目中，最重要的既不是地盘，也不是兵力，而是人才，以及驾驭人才之道——只要拥有人才并善用他们，地盘和兵力自然就有了，而王霸之业自然也在其中，何愁大事不成?

正所谓"天下以智力相雄长"。不论古今，凝聚人才，并且善用人才，才是成就一切事业的根本，其他的东西都是枝末，也都是从这一"根本"生长出来的。

袁绍或许到死也没弄明白这个道理，而曹操则是从一开始就把它想明白了。所以，袁绍最终败给曹操，绝非偶然。

祭拜完袁绍，曹操专程来到袁府，安慰了他的妻子，并把被乱兵劫掠的所有袁家财物悉数奉还，还另行赠送了不少绸缎布匹，最后还安排有司承担袁家今后的所有生活开支。

曹操拿下邺城、吞并冀州后，有个人自恃功高，常常出言不逊，让曹操很是恼火。

此人就是许攸。

他经常在大庭广众中，直呼曹操小名，道："阿瞒，如果不是我，你得不到冀州。"

当着众人的面，曹操虽心中恼怒，但也不便发火，只好笑笑说："你说得没错。"

许攸因此越发骄狂。有一天，他随曹操出行，经过邺城东门，又对身边的人说："曹氏一家若没有我，进不得此门。"

很快，这话就传到了曹操耳中。

曹操终于忍无可忍，当天就把许攸扔进了监狱，随后就把他杀了。

什么叫不作就不会死？

许攸用他的脑残行为和最终下场为我们做了生动的诠释。

北征乌桓：曹操统一北方

建安九年（公元204年）十月，袁绍的外甥高幹见冀州丢了，袁家大势已去，只好向曹操投降。

曹操仍然让他当并州刺史。也就是说，高幹只是把城头上的旗子换了一下而已，其他如官职、权力、地盘、人马等，什么都没变。

这就叫识时务的聪明人。

不过，高幹并未把这种聪明坚持到底。没过多久，他就降而复叛了。

这是后话。眼下，先他一步降而复叛的人，是袁谭。

早在曹操全力围攻邺城时，袁谭就已再度扯起反旗，出兵占领了甘陵（治今山东临清市）、安平（治今河北衡水市）、渤海（今河北沧州市）、河间（治今河北献县）等地，然后又进攻袁尚所在的中山国。袁尚不敌，逃往故安（今河北易县东南），投奔了二哥袁熙。

袁谭吞并了袁尚的余部，最后回防龙凑（今山东平原县东），摆出了跟曹操死磕到底的架势。

这又是一个自寻死路的家伙。

曹操没办法，只能成全他。在讨伐之前，曹操先礼后兵，写了一封信给袁谭，责备他背信弃义，然后宣布断绝与他的姻亲关系，并把他的女儿遣送了回去。

当年十二月，曹操亲率大军进讨。袁谭不敌，只好撤出平原县，退守南皮，并沿清河（流经南皮县西）一线布防。曹操进据平原，很快克复了附近诸县。

建安十年（公元 205 年）正月，曹操大举进攻南皮。这是袁谭最后的据点，他已经没有退路，只能殊死抵抗。一番激战后，曹军伤亡惨重。曹操无奈，打算暂时后撤，让将士们缓缓。大将曹纯（曹仁之弟）极力阻拦，说一后退士气便泄了，绝不能退。

这个曹纯可不是一般将领，他是曹军中最为精锐的王牌部队——“虎豹骑”的统领。

虎豹骑，顾名思义，就是战斗力极为强悍、作战像虎豹一样勇猛的骑兵。据《三国志》裴松之注引《魏书》记载，曹纯统领的虎豹骑，“皆天下骁锐，或从百人将补之”。意思是虎豹骑的成员都是当时天下最骁勇、最精锐的战士，普通部队里率领百人的将领，到了虎豹骑就是一名士兵而已。由这样的兵员组成的部队，可以想象战斗力有多么惊人。

正因为是精锐中的精锐，所以虎豹骑的历任统领都是曹操最信任的亲属：首任统帅是堂弟曹纯，此后的继任者是族侄曹休、养子曹真。甚至曹操本人还曾两度亲自统领：第一次是在虎豹骑刚刚组建，尚未选定曹纯为统领时；第二次是在曹纯死后，虎豹骑的指挥权尚未交给子侄辈的时候。

按照史料分析，虎豹骑的组建时间应在官渡之战后。而其第一次有记载的战斗，就是此次围攻袁谭的南皮之战。

当时，曹操听从了曹纯的劝阻，决定一鼓作气消灭袁谭，遂亲自跑到阵前擂动战鼓，为将士们鼓劲助威。

老板亲自上阵打鼓，当然极大地激励了部众的士气。曹军终于攻克南皮，袁谭突围而走。曹纯率领虎豹骑追击，将袁谭斩杀。

这是史书有载的虎豹骑在战场上的第一次亮眼表现。此后多年，虎豹骑更是随着曹操南征北战，屡建奇功，令对手闻风丧胆。

袁谭一死，袁氏阵营的实力被进一步削弱，剩下的袁熙和袁尚，只能躲在幽州苟延残喘，很难再有翻盘的机会了。

眼看袁氏兄弟已然是穷途末路，跟着这样的老板混还有什么奔头？袁熙麾下的部将焦触、张南决定弃暗投明，于是发动了一场兵变。袁熙和袁尚猝不及防，被打得大败，只好逃往辽西郡（治今辽宁义县西），投奔乌桓酋长蹋顿。

焦触自立为幽州刺史，随后胁迫下辖各郡县的太守、县令等一同归降了曹操。

随着焦触的归降，冀、青、并、幽四州貌似都已收入曹操囊中。其中，冀州和青州是曹操用武力打下来的，比较牢靠，而并州和幽州则不费一兵一卒就到手了，更像是天上掉下来的馅饼，怎么看都有点虚。

果不其然，就在焦触归降的短短几个月后，幽州就发生了叛乱——以赵犊、霍奴为首的变民斩杀了焦触和涿郡太守王松，打出了反旗。与此同时，辽东郡（治今辽宁辽阳市）的乌桓单于苏仆延又纠集了其他几个郡的酋长，联合出兵，大举进攻犷平（今北京密云区东北）。

此时驻守犷平的人是鲜于辅。此人早在官渡之战时便已归附曹操，被曹操封为右度辽将军。所以，乌桓人此次进攻，摆明了就是冲曹操来的。

当年八月，曹操率军北上，斩杀赵犊、霍奴，迅速平定了幽州之乱，继而直趋犷平，驰援鲜于辅。苏仆延等人没料到曹操进兵会如此神速，自忖不是他的对手，便解围而去，撤回了塞外。

就在曹操北上平乱之际，不久前刚刚归降的并州刺史高幹自以为有机可乘，遂再度反叛。当年十月，高幹攻陷上党（治今山西长治市上党区），生擒了曹操任命的太守，然后进军扼守战略要地壶关口（今山西长治市东），准备以太行山为屏障对抗曹操。

这个只聪明了一次就开始犯蠢的高幹，无疑是在步袁谭之后尘。

曹操接到战报，立刻命乐进、李典为前锋进攻高幹，随后于建安十一年（公元206年）正月亲率主力进围壶关。三月，壶关守军投降，高幹带着几名亲兵逃往平阳（今山西临汾市），向驻扎在此的南匈奴单于呼厨泉求救。

呼厨泉知道高幹现在已经是落水狗了，而曹操则所向披靡、如日中天，他怎么可能帮高幹去抗曹呢？于是一口回绝。

高幹走投无路，只好掉头南逃，准备到荆州投奔刘表。可刚走到上洛（今陕西商州市），便被当地都尉轻而易举地斩杀了。

曹操旋即命部将梁习出任并州刺史。

当时的并州，虽然高幹已死，但还有两股势力仍然是不稳定因素：一是以呼厨泉为首的南匈奴，二是依附南匈奴且拥兵自保的地方豪强。

梁习到任后，针对这两股势力迅速打出了一套组合拳：

第一招是“以礼相待”：亲自拜访匈奴和豪强中的头面人物，温言善语，礼遇甚周，跟他们拉近距离，建立关系；

第二招是“调虎离山”：保荐他们到州府出任官职，实际上就是把这些地头蛇调离了他们的巢穴；

第三招是“釜底抽薪”：下令征兵，把他们的宗族子弟全部征召入伍，美其名曰“义从”（志愿兵），然后把他们源源不断地送到曹操麾下的各个部队中；

第四招是“迁移人口”：把他们的家属陆陆续续迁到曹操新建立的大本营邺城，表面上是给了他们“一线城市”的户口，貌似很够意思，实则是把这些人变成了人质。

前面做了这么多铺垫，最后一招就是“图穷匕见”：对那些仍旧不肯顺从的匈奴酋长和地方豪强，就一个字——打！

据说梁习出兵后，一战就斩首了一千余级，俘虏了一万多人。

这一套组合拳打下来，活的人都服了，不服的人都死了。于是，并州迅速出现了这样一番喜人的景象：“单于恭顺，名王稽颡，服事供职，同于编户；边境肃清，百姓布野，勤劝农桑，令行禁止。”（《资治通鉴·汉纪五十七》）

翻译成大白话就是：单于呼厨泉老实了，酋长和豪强们也都跪下磕头了，大家都乖乖地承担赋税和差役，跟汉人老百姓一样了；边境太平，老百姓都在田野里辛勤耕种，政府鼓励农业发展，法令都能得到贯彻落实。

并州能够这么快出现太平景象，首先要归功于梁习的才干，其次也再一次证明了曹操在识人、用人上的智慧——总是能把人才放在最合适的位置上，最大限度地发挥他们的才干。

至此，冀、青、幽、并四州终于全部平定，剩下最后一个负隅顽抗的对手，便是幽州以北的乌桓了。

乌桓，也作乌丸，是中国北方的游牧民族，与鲜卑同为东胡部落的一支。西汉初年，东胡被匈奴单于冒顿击破，其中一支逃至乌桓山（今大兴安岭山脉南端），遂以山名为族号。东汉初年，乌桓从塞外南迁至辽东、朔方等郡，逐渐发展壮大，名义上受汉朝管辖，实际上并未真正归顺。

东汉末年，乘天下大乱之机，乌桓用掳掠、裹挟、收容等方式，先后得到了十余万户的汉人人口。袁绍占领冀州后，极力拉拢，以皇帝名义把乌桓的众多酋长封为单于，又物色了一些民女，以自己女儿的名义嫁给了他们。

乌桓各部落中，辽西郡酋长蹋顿实力最强，袁绍招揽他也最为卖力，双方一直维持着不错的关系。当初袁绍消灭公孙瓒，蹋顿便助了他一臂之力。所以袁熙、袁尚哥儿俩被曹操逼得走投无路后，只能投奔蹋顿。

蹋顿也很讲义气，答应帮他们夺回故地，遂多次“入塞为寇”。

因此，不把以蹋顿为首的乌桓势力灭掉，幽州肯定不得安稳，曹操在邺城也绝对睡不好觉。

建安十二年（公元 207 年）二月，经过差不多一年的休整和准备，曹操觉得时机已经成熟，遂正式宣布北征乌桓。

可是，这个决定却遭到了大多数将领的反对。他们的理由是：袁尚不过是一条丧家之犬，蹋顿不会真的替他出头，如果大军出塞征讨，许都空虚，难免被刘表和刘备偷袭。

关键时刻，又是郭嘉这个少数派站出来力挺曹操。

他认为，袁绍对乌桓和北方的民众有恩德，而曹操虽然平定了北方四州，但只是用武力征服，未及施恩，此时若去打南边的刘表，蹋顿必然对北方四州心生觊觎，一旦他联合胡汉大举南下，形势就危险了。反观刘表，不过是一个崇尚清谈、坐而论道的人，他知道自己的才干不足以驾驭刘备，若重用怕无法控制，若轻视，刘备必不为他所用。所以，曹操即便以举国之力北征，也丝毫不用担心。

曹操闻言，信心大增，立刻率大军北上，就此打响了统一北方的最后一战。

大军进抵易县，郭嘉又建议曹操留下辎重，轻装疾进，出其不意，攻其不备。曹操采纳，随即把辎重和重装铠甲全部放在后军，同时遴选了一批精锐，一律轻装，由他本人亲自率领，以急行军的速度北上。

当然，曹操从不打无准备之仗。他深知自己对北方的气候、地形、道路等都缺乏了解，而这些自然条件又会极大地影响行军作战，所以必须找一个这方面的行家，才能确保客场作战的胜利。

很快，他就找到了一个专业人才。

此人名叫田畴，当初袁绍前后五次征召，都被他拒绝了。可这回曹操征召，他却二话不说就赶了过来。仅仅选老板这一点，就足以看出此人的判断力和远见。有这么一个人当高参，曹操在陌生的北方作战也就不会吃亏了。

不久，曹军进抵无终（今天津蓟州区）。此处便是前线。时值盛夏，大雨滂沱，道路泥泞，乌桓大军又早已抢占各处战略要地，曹军根本无法前进。

这种时候，曹操只能找田畴问计了。

田畴说："咱们走的这条道，夏秋两季，全都会变成沼泽。说它浅，车马难以通过；说它深，舟船不能行驶，是长年无法解决的难题。"

曹操无奈，便问他还有没有别的路。

田畴说有，出卢龙塞（今河北迁安市西北），有一条古道可前往柳城（今辽宁朝阳市南），但那条路已经一百多年没人走了，桥塌路断，仅有残迹可寻。

曹操这个人，就怕无路可走，从来不怕走险路，因为恰恰是走险路，才有可能出奇制胜，于是忙问田畴有何具体方略。

田畴说："乌桓把主力都布置在无终前线，认为这是我军的必经之路，若无法前进，只能后撤。我们可以将计就计，佯装撤军，然后出卢龙口，穿越白檀、平冈，再往东北方向走，便能直插乌桓空虚的后方，必可出其不意，一战生擒蹋顿。"

曹操大喜，就说了一个字："善！"

随后，曹操率部后撤，然后故意放出风声，说雨季道路不通，只能撤兵，等到秋冬再行出击。

乌桓的斥候得到情报，立刻上报。蹋顿就此放松了警惕。

接下来，曹操以过人的胆识开始了一场险象环生的远征：他亲自率军，命田畴为向导，翻越徐无山（今河北玉田县北），一路向北挺进，然后逢山开路，遇水搭桥，硬是在崇山峻岭中开出了一条长达五百里的山路，就这样越过白檀、平冈，又悄悄穿过鲜卑王庭，向东直扑蹋顿驻守的柳城。

直到曹军距柳城还不到两百里时，乌桓斥候才发现了他们。

蹋顿大惊失色，慌忙集结袁尚、袁熙、辽东单于苏仆延、辽西单于楼班、右北平单于能臣抵之等人，共率数万骑兵，出城迎击曹操。

同年八月，曹军与乌桓联军在白狼山（今辽宁喀喇沁左翼蒙古族自治县东）猝然遭遇，双方在此展开了决战。

此时，形势对曹军是很不利的，一来是长途奔袭，人困马乏，二来是为了急行军，曹军将士少部分人还穿着轻甲，大部分人甚至连轻甲都没有，装备几乎等于没有。而对手则是以逸待劳，且装备齐全。

面对如此险恶的形势，饶是曹军将士个个身经百战，此刻也无不面露恐惧之色。

这种时候，拼的就是统帅的定力和战略了。

双方未及接战，曹操便已登上高处，瞭望战场形势。一番紧张的观察后，曹操笑了——乌桓联军虽然人多势众，但行动散漫，部伍凌乱，可见其战斗力十分有限。

曹操当机立断，命张辽为前锋，率先冲锋，然后全军出击，直冲敌阵。

没有预备队，也不考虑退路，这就叫孤注一掷！

一番激战后，乌桓联军全线崩溃。张辽一马当先，斩杀了蹋顿、能臣抵之及多名乌桓酋长。乌桓联军大部被歼，袁尚、袁熙、苏仆延、楼班等人侥幸逃脱，带着数千残部投奔了辽东太守公孙康。

曹军随即占据柳城。当地的胡人和汉人共二十余万，全部投降。

左右劝曹操乘胜追击，直捣辽东，把袁氏兄弟和公孙康一块儿收拾了。曹操笑了笑，说："我等着公孙康把袁尚和袁熙的人头给我送过来，不劳咱们出兵。"

同年九月，曹操凯旋。

公孙康是割据辽东的诸侯，由于地处东北一隅，没有其他诸侯来打，辽东几乎就是个独立王国。其父公孙度在世时，便长期以辽东王自居，谁的账都不买。公孙康承袭父位后，照样牛皮烘烘，几年前还一度想挥师南下去打曹操。

可如今，作为南面屏障的袁氏兄弟和乌桓人全都被打败了，曹操的兵锋已经指到了他的眼皮底下，公孙康就不得不三思而后行了。

他是个聪明人，知道曹操如果想打他的话，早就发兵过来了，之所以打到柳城就班师，无非就是要看他的态度和表现——若是他胆敢跟袁氏兄弟和乌桓残部穿一条裤子，那么曹操迟早会兵临城下。

公孙康权衡了一番利弊后，就知道该怎么做了。

他先是假惺惺地收留了袁氏兄弟和苏仆延等人，然后盛情邀请他们前来赴宴，并在府邸的马厩里埋伏了一队精锐武士。袁氏兄弟和苏仆延等人来到公孙府时，袁熙忽然生出一丝不祥之感，不禁迟疑了起来。袁尚骂他疑心病太重，强行把他拉了进去。

众人进到府内，未及入座，公孙康突然一声令下，那些伏兵便一拥而上，把他们全给拿下了。

当时天寒地冻，袁氏兄弟被捆绑着，瘫坐在雪地上。袁尚冷得受不了，便央求公孙康道："我们还没死，实在忍受不住寒冷，能给张草席吗？"

公孙康还未答言，一旁的袁熙却淡淡地说了一句："头颅方行万里，何席之为！"(《三国志·袁绍传》注引《典略》)

咱们的头颅马上就要行万里路了，还要草席干什么！

在袁氏三兄弟中，袁熙是最没有存在感的一个，然而当面临死亡时，他淡定自嘲的形象却与袁尚的软弱和畏怯形成了鲜明对比。不论之前的袁尚有多么风光，也不论之前的袁熙相形之下有多么黯淡，至少在生命的最后一刻，袁熙用最后一点骨气撑起了人生的最后一丝尊严，明显把袁尚给比下去了，也足以让他在后世读者的心目中留下一个不算太差的形象。

也许，正因为袁熙最后的表现比较亮眼，与他之前模糊黯淡的形象反差太大，看上去似乎不太合理，所以南朝刘宋的史学家范晔便在《后汉书·袁绍传》中，将这句话改成是公孙康说的。

但是，范晔的修改却没有什么史料依据，纯粹出于个人好恶，所以并不严谨。此外，《三国志》所引的《典略》毕竟是三国时期的史料，作者鱼豢是曹魏官员，与袁熙基本算是同时代人，其记载的可信度应该比《后汉书》高。有鉴于此，我更倾向于"头颅方行万里"这句话是袁熙说的。

很快，袁熙、袁尚及苏仆延等人的头颅便被送到了曹军大营。

公孙康既然这么识时务，曹操自然要投桃报李，旋即以朝廷名义任命他为左将军，封襄平侯。

然后，曹操立刻命人把袁尚的头颅挂在辕门上示众，并下令三军："敢有哭之者，斩！"牵招却独自设祭，放声痛哭，曹操认为他是忠义之士，于是举荐他为茂才。

诸将都觉得曹操真是神机妙算，说公孙康会把袁尚等人的头颅送来，果然他就乖乖送来了，便问曹操怎么算得这么准。曹操说："公孙康一向畏惧袁氏，我们若急于进攻，他们必定联手抵抗；我们缓一缓，他们反而会自相残杀。这是形势决定的。"

当时，曹军还在班师途中，尚未回到邺城。时值寒冬，又逢大旱，曹军一连走了两百里地，居然找不到一处水源，而粮食差不多也告罄了。将士们又饿又渴，苦不堪言。没饭吃，只好杀了数千匹战马来充饥；没水喝，只好自己动手开凿水井，据说足足挖到地面下三十余丈，才见到了水。

此次远征，堪称曹操自起兵以来最为艰险的一次。

有感于此，当大军来到了安全地带后，曹操立刻下了一道命令，要调查当初是哪些人劝谏他不要发动这次北征。

命令一下，三军将士顿时人心惶惶，很多人都觉得这回要遭殃了。

没多久，一份"劝阻北征之人"的完整名单便送到了曹操手上。可让所有人都没想到的是，曹操竟然给了名单上的每个人一份重重的赏赐。

正当众人既惊喜又诧异之际，曹操给出了他的理由："此次北征乌桓，实在是危险万分，全凭侥幸。虽然大获全胜，但只能说是上天保佑，绝不可视为理所应当。诸君的劝谏，才是万全之策，所以要给你们重赏，希望以后继续劝谏，不要闭口不言。"

没有对比就没有伤害。

看看曹操对待劝谏的态度，再对比一下袁绍对待田丰、沮授等人的做法，好老板和坏老板的分野十分明显，可谓高下立判。而且，曹操奖赏的还是提了错误意见的人，其目的就是不想阻塞言路；而袁绍惩罚的却是提出了正确意见的人，其动机仅仅是因为他丢了面子。把这个因素再考虑进去的话，那么曹操的智慧与袁绍的愚蠢就对比得更加显著了，二者简直就是云泥之别。

古人说：“德不配位，必有灾殃。”

如果我们不把“德”仅仅理解为狭义的道德品质，而是理解为更广义的能力、才干、综合素质的话，那么这句话就很适合袁绍。

虽然袁绍是“四世三公”出身，但如此耀眼的家庭背景或许可以让他在太平之世做一个太平宰相，却远远不足以让他在这个大乱之世成就王霸之业，更不足以让他成为中国北方的霸主。

只有曹操，这个既能做治世能臣又能做乱世奸雄的人，才有足够的资格坐上王者的宝座。

随着整个北方的彻底平定，曹操自然就把目光瞄向了那些仍然割据一方的诸侯，他们是荆州的刘表、刘备，江东的孙权，关中的马腾、韩遂，汉中的张鲁，益州的刘璋……

从起兵讨伐董卓的初平元年（公元 190 年），到此刻的建安十二年（公元 207 年），曹操用了整整十七年才统一了中国北方。当年的他 36 岁，风华正茂，血气方刚；现在的他 53 岁，虽然年过半百，却仍壮志满怀。

正是在北征乌桓凯旋的路上，曹操写下了“歌以咏志”的千古名篇《步出夏门行》。其中最为脍炙人口的名句便是：

老骥伏枥，志在千里；
烈士暮年，壮心不已。

自强不息的精神，建功立业的激情，平定四海的抱负，一统天下的野心，全都凝聚在这十六个字中。

此刻的曹操无法预知未来，所以他一定坚信，分崩离析的大汉江山必然会在他的手上重新统一起来，而这个群雄割据、诸侯争霸、战火纷飞、民不聊生的乱世，也必将在他的手上终结！

然而，遗憾的是，历史的车轮并没有往曹操期待的方向前进。短短一年后，他就在一个叫赤壁的地方，遭遇他这一生中最惨重的一次失败。就是这场战役，逆转了整个天下大势和历史的走向，也粉碎了曹操一统天下的梦想。

此后的整个天下，渐渐形成了三足鼎立、互相制衡的格局。

建安十二年（公元 207 年），当曹操站在“统一北方”这个历史节点上，用一种睥睨天下的目光扫视四方的时候，他并不知道，三国这场大戏最精彩、最高潮的一幕，其实才刚刚上演……

（未完待续）

激发个人成长

多年以来，千千万万有经验的读者，都会定期查看熊猫君家的最新书目，挑选满足自己成长需求的新书。

读客图书以“激发个人成长”为使命，在以下三个方面为您精选优质图书：

1. 精神成长

熊猫君家精彩绝伦的小说文库和人文类图书，帮助你成为永远充满梦想、勇气和爱的人！

2. 知识结构成长

熊猫君家的历史类、社科类图书，帮助你了解从宇宙诞生、文明演变直至今日世界之形成的方方面面。

3. 工作技能成长

熊猫君家的经管类、家教类图书，指引你更好地工作、更有效率地生活，减少人生中的烦恼。

每一本读客图书都轻松好读，精彩绝伦，充满无穷阅读乐趣！